TROISIÈME TRAITÉ.

DES BIENS,

ET DE LEUR TRANSMISSION,

OU DES OBLIGATIONS DONT ILS SONT L'OBJET
DIRECT ET PRINCIPAL.

Les bonnes lois ne sont que la
conscience écrite.
DE LA LUZERNE.

TABLE DES TITRES.

DICTÉE

D'UN

PROFESSEUR DE DROIT FRANÇAIS.

Majores majora sonent; mihi parva locuto
Sufficit in vestras sæpe redire manus.
MARTIAL,

SECONDE ANNÉE.

Années scholaires 1831-1832, 1834-1835,
1837-1838.

À DIJON,

CHEZ V. LAGIER, LIBRAIRE, PLACE SAINT-ÉTIENNE.

1835.

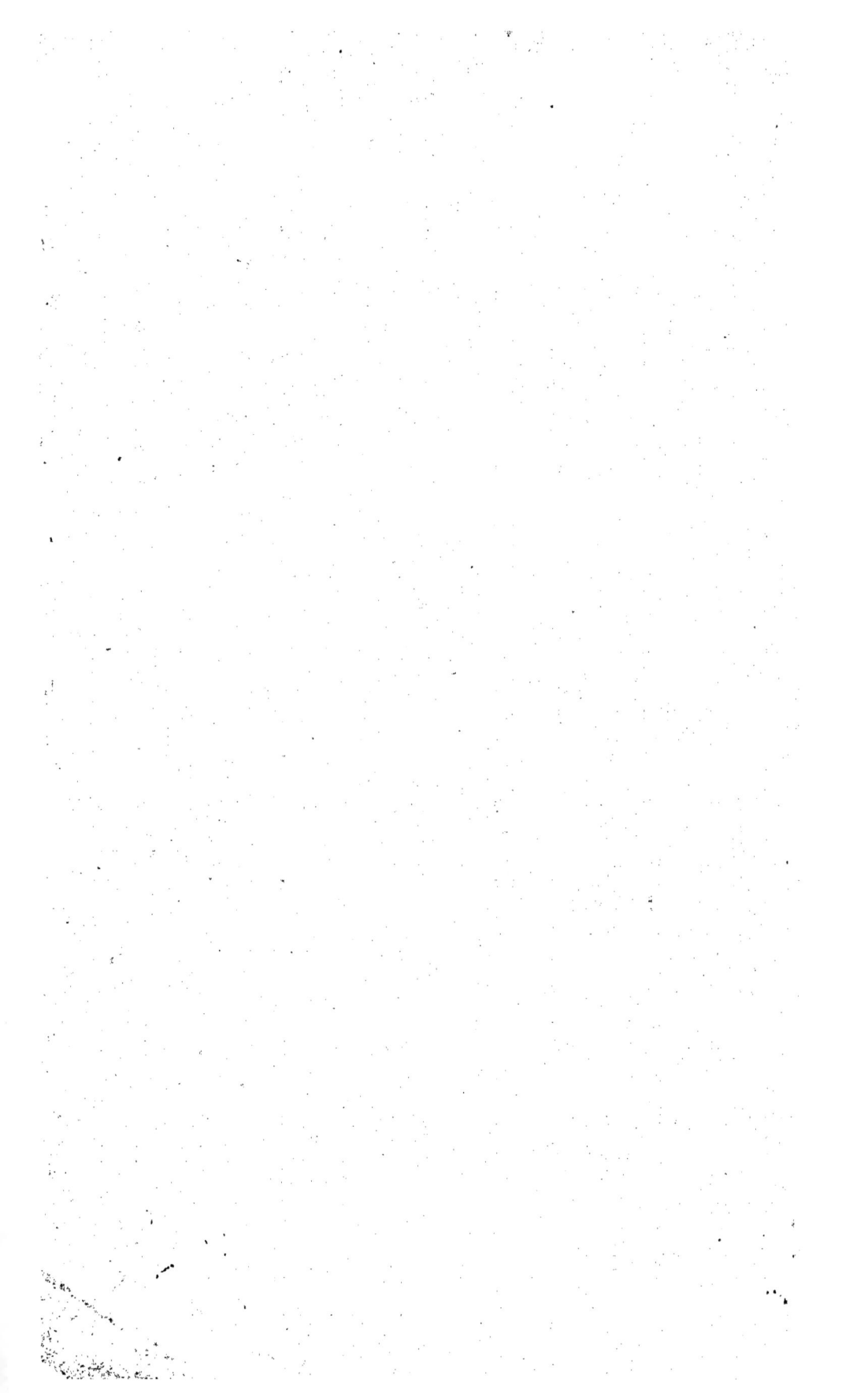

cimetières des paroisses; les chemins vicinaux et les places publiques ou rues soumises au même régime que les chemins vicinaux.

Les routes royales sont celles qui conduisent des départemens au lieu où siège le Gouvernement; les routes départementales, celles qui ont été principalement établies pour l'utilité d'un ou plusieurs départemens; les chemins vicinaux, ceux qui servent de communication entre deux ou plusieurs communes.

Les biens qui ne sont point dans le commerce se trouvent par-là même frappés d'inaliénabilité et d'imprescriptibilité : ils ne peuvent être l'objet d'aucune concession de droits réels incompatibles avec les usages auxquels ils sont consacrés. (2226, 681.)

Mais si, par un acte de l'autorité publique ou par le commun accord de tous les citoyens, ces biens avaient perdu leur destination première, alors ils sortiraient du domaine public ou municipal; et, n'étant plus qu'une dépendance du domaine ou patrimoine de l'État, ou de la commune, ils deviendraient de ce moment-là même aliénables et prescriptibles. (541.)

SECTION III.

DES BIENS CORPORELS ET DES BIENS INCORPORELS.

Les biens corporels sont ceux qui ont une existence physique et palpable, ou en d'autres termes, tombent sous les sens.

Les biens incorporels sont ceux qui, n'ayant au contraire qu'une existence morale et dépendante de la loi, ne peuvent être conçus ou aperçus que par l'entendement. — Tel est le droit de créance ou l'action qui naît d'une obligation.

La transmission des droits incorporels est, ainsi qu'on l'a déjà vu, soumise, par rapport aux tiers, à des formes spéciales et de pur droit civil. (1607, 1690, 2075.)

SECTION IV.

DES BIENS MEUBLES ET DES BIENS IMMEUBLES.

Les biens sont *immeubles*, lorsqu'ils consistent dans le sol ou participent à son immobilité; *meubles*, lorsqu'ils en sont naturellement ou civilement séparés.

ART. 1er. *Des biens immeubles.*

Les biens sont immeubles,
1° Par leur nature et leur adhérence ou incorporation au sol;
2° Par leur destination;
3° Par l'objet auquel ils s'appliquent.
Il y a enfin des biens qui sont immeubles par une pure fiction de la loi civile.

§ 1er. *Des immeubles par leur nature ou par adhérence et incorporation.*

Ce sont toutes les parties de la surface du globe, quelle qu'en soit d'ailleurs la destination; et généralement toutes les choses qui se trouvent attachées au sol par la nature ou par la main de l'homme, bien qu'elles puissent en être séparées, et par-là devenir meubles.
Tels sont d'abord les fonds de terre. (518.)
Telles sont également les maisons et usines fondées sur le sol, même les moulins à vent ou à eau, pourvu qu'ils soient fixés sur pilotis ou piliers, ou fassent partie du bâtiment; les tuyaux servant à la conduite des eaux, etc. (518, 519, 523.)

TROISIÈME TRAITÉ.

DES BIENS, ET DE LEUR TRANSMISSION.

TITRE PRÉLIMINAIRE.

DE LA NATURE DES BIENS EN GÉNÉRAL,
ET DE LEUR CLASSIFICATION.

L'on comprend sous le mot *biens* toutes les choses que Dieu a soumises à l'empire immédiat de l'homme, et qui peuvent être l'objet d'un droit réel ou personnel.

Quæ creavit Deus in ministerium hominibus... (*Deut.* 4, 19.)— De quibus in jure controversia moveri potest.

La loi établit ou suppose quatre divisions générales des biens.

La première, en biens qui n'appartiennent présentement à personne, et en biens actuellement affectés du droit de propriété.

La seconde, en biens qui sont dans le commerce, et en biens qui sont hors du commerce.

La troisième, en biens corporels et en biens incorporels.

La quatrième, en biens meubles et en biens immeubles.

SECTION PREMIÈRE.

DES BIENS QUI SONT OU NE SONT PAS ACTUELLEMENT AFFECTÉS DU DROIT DE PROPRIÉTÉ.

La classe des biens qui n'appartiennent à personne comprend toutes les choses qui, par leur nature même, ou par l'abandon du pro-

Pagination incorrecte — date incorrecte

NF Z 43-120-12

priétaire, sont demeurées ou rentrées dans la communauté négative où tous les biens se trouvaient confondus avant l'établissement du droit de propriété.

Par biens soumis au droit de propriété, l'on entend au contraire les choses qui sont sorties de cette communauté négative par l'un des moyens qu'a établis ou consacrés la loi civile.

Les premiers, ainsi qu'on le verra plus tard, tombent dans notre domaine par l'occupation, tandis que ce mode d'acquérir ne peut s'appliquer aux autres.

SECTION II.

DES BIENS QUI SONT DANS LE COMMERCE, ET DES BIENS QUI SONT HORS DU COMMERCE.

L'on dit qu'un bien est dans le commerce, lorsqu'il est susceptible d'une propriété privée; et qu'il est hors du commerce, quand sa destination actuelle est un obstacle à ce qu'il puisse être soumis à la possession et jouissance exclusive d'un simple particulier.

Ne sont point susceptibles d'une propriété privée tous les biens qui dépendent du *domaine public* ou du *domaine municipal*.

Le domaine public se compose des remparts, fossés, murs et portes des places de guerre et des forteresses; des routes royales ou départementales et des rues qui en sont la prolongation; des fleuves et rivières navigables ou flottables; des rivages de la mer; des ports, havres et rades; et généralement de toutes les portions du territoire français destinées à des usages publics intéressant la généralité des habitans du royaume. (538, 540. — *L. du* 16 *mars* 1807, 41.)

Le domaine municipal comprend les églises et

Art. 2. *Des meubles.*

Les biens sont meubles :
1° Par leur nature ;
2° Par l'objet auquel ils s'appliquent ;
3° Par une fiction de la loi civile. (527.)

§ 1er. *Des meubles par leur nature.*

Ce sont toutes les choses qui peuvent être transportées ou se mouvoir d'un lieu à un autre, et qui ne se trouvent point d'ailleurs immobilisées par accession ou par destination. (528.)

Ainsi sont meubles, les bateaux, bacs, navires, moulins et bains sur bateaux, et généralement toutes usines non fixées sur des piliers et ne faisant point partie de la maison. (531.)

Sont également meubles, tant qu'ils n'ont point été employés par l'ouvrier, les matériaux provenant d'un édifice entièrement détruit, et ceux assemblés pour en construire un nouveau. (532.)

Ea quæ ex ædificio detracta sunt, ut reponantur, ædificii sunt. (L. 17, § 10. *De act. empt.*)

§ 2. *Des meubles par l'objet auquel ils s'appliquent.*

Ce sont les droits incorporels ou droits de créances qui ont pour objet des choses mobilières de leur nature. (529, *init.*)

Ainsi sont meubles les rentes viagères et les rentes perpétuelles constituées à prix d'argent, les unes et les autres n'étant en effet qu'une créance d'autant de sommes d'argent ; qu'il doit échoir d'annuités, jusqu'à leur extinction. (529, 2e *al.*)

Les rentes foncières elles-mêmes, c'est-à-dire les rentes perpétuelles établies comme formant le prix, ou comme étant la condition de la vente ou cession d'un immeuble, seront désormais meubles, le Code les déclarant essentiellement rachetables; en d'autres termes, voulant que le débiteur puisse, en conservant l'immeuble, opérer sa libération par le remboursement en argent de la rente capitalisée. (530, 1er *al.*)

De même encore est meuble, comme ne tendant qu'à l'acquisition de choses mobilières, le droit de créance de celui à qui des fruits pendans par racine ou des arbres sur pied ont été vendus ou cédés.

§ 3. *Des meubles fictifs.*

L'on entend par là, les choses immobilières de leur nature, auxquelles la loi attribue un caractère mobilier relatif et temporaire.

C'est ainsi que le Code civil répute meubles les actions ou intérêts dans les compagnies de finance et de commerce ou d'industrie, encore que des immeubles dépendans de ces entreprises appartiennent aux compagnies, mais en limitant les effets de cette fiction aux associés entre eux et à leurs ayant-cause respectifs, et en lui donnant pour terme la dissolution de la société. (529.)

APPENDICE A LA SECTION IV.

DE L'ÉTENDUE DES MOTS MEUBLES ET IMMEUBLES DANS LES DISPOSITIONS DE LA LOI OU DE L'HOMME.

Les mots *meubles* et *immeubles* dans leur signification propre et légale doivent nécessairement comprendre tout ce qui est meuble ou immeuble d'après les règles qui viennent d'être tracées.

Néanmoins, ils ne sont pris par la loi elle-même, dans une acception aussi étendue, que

Tels sont en troisième lieu les récoltes pendantes par racines, et les fruits des arbres non encore cueillis, les bois taillis et arbres de haute futaie qui ne sont point abattus, etc. (520, 521.)

Tels sont enfin les ruches à miel, les poissons d'un étang, tant que la bonde n'en est point levée ; les pigeons de colombier et les lapins de garenne, tant que les uns ou les autres sont encore *in laxitate naturali*, etc. (524, *al.* 6, 7, 8, 9.)

§ 2. *Des immeubles par destination.*

Ce sont tous les objets que le propriétaire d'un fonds de terre, d'une usine ou d'une maison y a placés à perpétuelle demeure, ou comme devant en former désormais un accessoire inséparable. (524, *al.* 1er *et ult.*)

Tels sont, en ce qui concerne les fonds de terre, les cheptels donnés à un fermier ou à un métayer, et généralement tous les animaux attachés à la culture ; les ustensiles aratoires ; les semences, les pailles et engrais, etc. (522, 524, *al.* 2, 3, 4, 5, 12.)

Tels sont, par rapport aux usines, les pressoirs, chaudières, alambics, cuves, tonnes, et généralement les ustensiles nécessaires à leur exploitation. (524, *al.* 10 *et* 11.)

Tels sont enfin, quant aux maisons, tous les objets mobiliers qui servent à compléter la partie de l'édifice où ils sont placés.

Ainsi, sont immeubles par destination les glaces et les tableaux d'un appartement, lorsqu'ils forment une partie intégrante de la boiserie, les statues qui se trouvent dans une niche pratiquée exprès pour les recevoir, etc. (525, *al.* 2, 3, 4.)

Quæ tabulæ pictæ pro tectorio includuntur ædium sunt. (L. 17, § 3, ff. *act. empti.*)

Ædium esse multa, quæ ædibus adfixa non sunt, ignorari non oportet, ut puta seras, claves, claustra. (*D. l.* 17.) ...... Opercula puteorum , quamvis non sint adfixa, ædium esse constat. (*D. l.* 17, § 8.)

C'est du reste une règle générale qu'un propriétaire doit être présumé avoir placé dans son fonds à perpétuelle demeure, tout effet mobilier qui y a été scellé, de manière qu'il ne puisse en être détaché sans être fracturé ou détérioré, ou sans qu'on brise ou détériore la partie du fonds à laquelle il est attaché. (525 , 1er *al.*)

§ 3. *Des immeubles par l'objet auquel ils s'appliquent.*

Les droits incorporels qui ont pour objet une chose immobilière, sont, comme devant participer de sa nature, légalement réputés immeubles.

Tels sont les droits de servitudes prédiales, les droits d'usufruit ou d'usages établis sur des immeubles, les droits de créances aussi portant sur des immeubles, et généralement les actions en revendication de droits réels immobiliers. (526.)

§ 4. *Des immeubles fictifs.*

L'on entend par là les choses mobilières de leur nature, auxquelles la loi civile et la volonté de l'homme ont imprimé un caractère immobilier.

C'est ainsi qu'en vertu d'une disposition spéciale du décret du 16 janvier 1808 (art. 7e), il est loisible à tout actionnaire de la banque de France de donner à son action la qualité d'immeubles, en en faisant la déclaration dans la forme prescrite pour les transferts.

D'après un statut du 1er mars 1808, les rentes sur l'État ont pu être immobilisées pour la formation d'un majorat.

LIVRE PREMIER.

DE LA NATURE ET DE L'ÉTENDUE DES DIVERS
DROITS QU'ON PEUT AVOIR SUR LES BIENS;
ET DES MODES D'ACQUÉRIR OU DE TRANS-
METTRE, QUI SONT PROPRES A CHACUN
D'EUX.

L'on peut avoir sur les biens un droit de propriété plus ou moins parfait, ou bien, soit un
simple droit de possession, soit un droit d'usufruit, soit des droits d'usage plus ou moins éten-
dus, soit enfin des droits de servitude : c'est ce
que l'on a appelé les modifications de la propriété,
parce que ces divers droits sont comme autant de
portions de la propriété parfaite qui les renferme
tous. (543.)

Du reste, chacun d'eux considéré en lui-même
forme pour celui qui l'acquiert, une sorte de propriété, jouissant, dans les limites que lui donne la
loi ou la convention, des mêmes prérogatives que
le droit de propriété proprement dit.

TITRE PREMIER.

DU DROIT OU DOMAINE DE PROPRIÉTÉ.

CHAPITRE PREMIER.

DE LA NATURE ET DES ATTRIBUTS DU DROIT DE PROPRIÉTÉ.

Le droit ou domaine de propriété est le droit par lequel une chose nous est propre, c'est-à-dire nous appartient privativement et à l'exclusion de tous autres.

La cause originaire et le signe extérieur du droit de propriété est la possession, c'est-à-dire la détention réelle de la chose.

Mais la jurisprudence universelle des peuples policés a rendu la propriété, une fois acquise, indépendante du fait de la possession, et lui a imprimé un caractère en quelque sorte ineffaçable, en donnant au propriétaire qui a cessé de posséder sans avoir la volonté d'aliéner, une action judiciaire qui doit faire rentrer la chose dans sa main, quelle que soit la bonne foi du possesseur actuel.

Cette action est la revendication (*rei vindicatio*) des jurisconsultes romains, appelée chez nous *action pétitoire*.

Par là le droit de propriété est devenu une sorte de lien moral qui enchaîne la chose à la personne du propriétaire et ne saurait être rompu malgré lui.

Considéré plus spécialement dans ses effets, le droit de propriété peut être défini : la faculté légale de jouir et de disposer de la chose qui en est l'objet, de la manière la plus absolue, en respectant le droit d'autrui et en se conformant aux lois et réglemens d'ordre public. (537, 544.)

lorsqu'ils sont opposés l'un à l'autre. (516, 826, 880.)

Employés isolément, ils ont toujours un sens plus ou moins restreint, que peut seul déterminer l'esprit de la disposition où ils se trouvent. (3, 452, 453, 805, 825, 1617, 2101, 2102, 2118, 2119, 2122, 2123, 2205, 2206, 1564, 1565.)

Et pour se conformer au langage usuel, la loi établit comme une règle d'interprétation généralement applicable aux dispositions de l'homme, que le mot *meubles*, employé seul, ne doit s'entendre que des objets mobiliers nécessaires pour garnir un appartement, tels que lits, tables, linge de lit et de table, etc.; de sorte qu'il ne comprendra, ni le linge de corps, ni les provisions de ménage, ni à plus forte raison, les armes, chevaux et équipages, les livres, instrumens des sciences, arts ou métiers, les pierreries, médailles, les tableaux, statues qui forment une collection, les porcelaines dont la destination n'est point de décorer l'appartement, etc. (533, 534, 2, 3, *al.*)

Mais on peut lui rendre sa signification générale, en le faisant précéder du mot *biens*, ou par toute autre addition ou désignation propre à manifester l'intention du disposant. (533, 535, 1er *alin.*)

Les expressions *mobilier*, *effets-mobiliers*, équivaudront à celles de *biens-meubles*, et comprendront même l'argent comptant et les dettes actives. (535, 1er *al.*)

Par une autre interprétation également puisée dans le langage usuel, la loi décide que l'épithète *meublans* ajoutée au mot *meubles*, en restreindra la signification aux objets mobiliers destinés à l'ameublement extérieur de l'appartement, tels que lits, tables, glaces, gravures, etc. (534, 1^{et} *alin.*)

Elle décide enfin que la vente ou le don d'une maison meublée ne comprendra que les meubles meublans; tandis que si la maison était vendue ou donnée avec tout ce qui s'y trouve, la disposition s'étendrait à tous les objets mobiliers que le père de famille y laisse habituellement, sous les seules exceptions de l'argent comptant et des dettes actives ou autres droits dont les titres y seraient déposés. (535, 2e *al.*, 536.)

Rebus quæ in fundo sunt legatis, accedunt etiàm ea, quæ tunc non sunt, si esse solent; nec quæ casu ibi fuerunt legata existimantur. (L. 78, § *ult.*, ff. *de leg.*, 3°) — Si ità legatum est, *domum quæque mihi ibi erunt càm moriar*, nummos ad diem exactos à debitoribus ut aliis nominibus collocarentur, non puto esse legatos. Et distinctionem Labeonis valdè probo, qui scripsit nec quod casu abesset, minus esse legatum; nec quod casu ibi sit, magis esse legatum. (L. 86, *cod. tit.*)

Quand cette faculté légale ne se trouve limitée par aucun droit appartenant à des tiers dans la chose même, la propriété est parfaite.

Elle est imparfaite dans le cas contraire, comme lorsqu'elle est soumise à une condition résolutoire, ou chargée d'un droit d'usufruit, ou grevée de servitudes réelles, etc. — Elle est du reste plus ou moins imparfaite, suivant la nature et l'étendue des droits qui en ont été détachés.

Ainsi les principaux attributs de la propriété, quand elle est parfaite, sont la jouissance exclusive, illimitée, perpétuelle, et la disposition absolue de la chose; ce qui renferme d'une part le droit d'en changer la destination, les produits, la forme, la substance même; et d'autre part, celui de l'engager, d'en démembrer le domaine, de l'aliéner entièrement et même de l'abdiquer.

CHAPITRE II.

DES LIMITES DU PLEIN DOMAINE, CONSIDÉRÉ DANS SES EFFETS OU ATTRIBUTS.

Ces limites sont fixées par la nature même du droit de propriété, ou prescrites par des lois d'ordre public dans l'intérêt général de la société.

SECTION PREMIÈRE.

DES LIMITES NATURELLES DU DROIT DE PROPRIÉTÉ.

Elles sont dans ce principe de justice, que personne ne peut faire de sa chose un usage qui soit dommageable à autrui. (552, 1382, 1386.)

Ainsi le propriétaire qui construit un bâtiment, ne peut en établir les toits de manière à jeter les eaux pluviales sur le fonds de son voisin; il doit faire en sorte qu'elles s'écoulent sur son terrain ou sur la voie publique. (681.)

De même celui qui établit, contre un mur séparatif de sa propriété et de celle d'autrui, un magasin de sel ou amas de matières corrosives, ou creuse auprès, soit un puits, soit une fosse d'aisances, ou y adosse une étable, ou enfin y construit cheminée, forge, four ou fourneau, est obligé, encore que ce mur lui appartienne exclusivement, de laisser la distance fixée ou de faire les ouvrages prescrits par les réglemens et usages, pour éviter de nuire aux voisins. (674.)

C'est encore ainsi que les lois administratives ne permettent que sous certaines conditions et après des formalités qui en garantissent l'accomplissement, l'établissement des manufactures, ateliers ou fabriques dont le voisinage peut être dangereux ou incommode par l'émanation des vapeurs insalubres ou désagréables que produit leur exploitation. (*Décret du 15 octobre 1810. — Ordonn. des 14 janvier 1815 et 9 février 1825.*)

Mais les travaux que l'on aura exécutés sur son propre fonds ne seront point considérés comme légalement dommageables au voisin, s'ils ne font que le priver de quelque avantage dont il jouissait précairement, sans qu'on ait eu d'ailleurs l'intention de lui nuire. (*L.* 1, § 12. — *L.* 2, § 9, ff. *de aq. et aq. pl. arc.* — *Cout. d'Orl.*, 177.)

In domo meâ puteum aperio ; quo aperto venæ putei tui præcisæ sunt ; an tenear ? Ait Treb. me non teneri ; neque existimari damnum tibi dari in eâ re, in quâ *jure meo usus sum.* (L. 24, § 12, ff. *damn. infect.*) — Cum eo qui tollendo, obscurat vicini ædes quibus non serviat, nulla competit actio. (L. 9, ff. *de serv. urb. præd.*) — Neque tamen malitiis indulgendum. (L. 38, ff. *de rei vindicat.*)

SECTION II.

DES RESTRICTIONS AUXQUELLES LA LOI CIVILE SOUMET L'EXER‑
CICE DU DROIT DE PROPRIÉTÉ DANS L'INTÉRÊT PUBLIC.

Elles reposent sur ce fondement, que dans la commune intention de ceux qui vivent en société, chacun s'est obligé à rendre possible par quelque sacrifice personnel ce qui est utile à tous.

Les unes se rapportent plus spécialement au droit de jouir, les autres au droit de disposer.

Parmi les premières, les plus remarquables sont celles qui concernent l'exploitation des bois, la plantation du tabac, l'extraction des mines, mi‑ nières, tourbes et carrières.

I. Tout particulier, propriétaire d'un bois, ne peut y abattre aucun arbre propre au service de la marine, sans en avoir fait la déclaration à l'au‑ torité administrative, au moins six mois d'avance, pendant lequel temps le département de la ma‑ rine peut exercer le droit de choix et de marte‑ lage. (*Forest.*, 124, 125. — *Ordon. du 1er août 1827*, 154.)

Il ne peut l'arracher ou le défricher qu'après une déclaration semblable ; et pendant le délai fixé, l'administration forestière a le droit de for‑ mer opposition au défrichement ; opposition sur laquelle est appelée à statuer l'autorité adminis‑ trative du département, sauf le recours au mi‑ nistre des finances, qui décide souverainement. (*Forest.*, 219. *Ord. préc.*, 192, 195.)

Quant aux bois de l'état, des communes et des établissemens publics, ils sont, comme on l'a ex‑ posé ailleurs, soumis à un mode d'administration spécial, appelé *régime forestier*; et il n'y peut être fait aucun défrichement sans une autorisa‑

tion expresse du gouvernement. (*Forest.*, 1 , 90,
91. — *Ord.* , 128.)

II. Nul ne peut se livrer à la culture du tabac,
qu'après en avoir obtenu l'autorisation de l'autorité administrative, et à la charge d'exporter le
produit de la récolte ou de le livrer aux manufactures royales pour les prix qui auront été fixés.
(*L. du* 28 *avril* 1816 , 180 *à* 184, 202.)

III. Le propriétaire d'un fonds dans lequel se
trouve une mine, c'est-à-dire un amas, soit d'or
ou d'argent , soit de platine, soit de plomb, soit
de fer en filon ou en couche , soit de cuivre ou
d'étain , etc., ne peut l'exploiter qu'en vertu
d'un acte de concession du gouvernement. (552,
3e *al.* — *L. du* 21 *avril* 1810 , 2 , 5 , 12 , 19,
22.)

Bien plus, la concession pourrait être accordée
par le gouvernement à un tiers qui offrirait plus
de garantie pour une bonne exploitation ; cas auquel le droit de jouissance du propriétaire du sol
se convertirait en une redevance sur le produit
de la mine. (*D. L.* , 6 , 10 , 11 , 13 , 16, 18 ,
42.)

L'exploitation des simples minières, c'est-à-dire
du minérai de fer d'alluvion ou des terres pyri-
teuses ou alumineuses, ne peut avoir lieu sans
une permission de l'autorité administrative ; et le
propriétaire du fonds est obligé , lorsqu'il a obtenu cette permission , de faire des extractions
en quantité suffisante pour fournir aux besoins des
usines établies avec autorisation dans le voisinage ;
sinon les maîtres de ces usines pourront se faire
autoriser à exploiter en sa place , sous la condition d'une indemnité qui sera réglée par experts,
et devra être payée avant l'enlèvement des matières extraites. (*D. L.*, 3 , 58 *à* 60 , 66 , 71, 72.)

L'exploitation des tourbières doit également être autorisée, mais ne peut jamais avoir lieu que du consentement du propriétaire. (*D. L.*, 83, 84.)

Enfin celle des carrières n'est soumise qu'à la surveillance de la simple police ou de l'administration, suivant qu'elle a lieu à ciel ouvert, ou par galeries souterraines. (*D. L.*, 81, 82.)

En ce qui touche les restrictions qui s'appliquent à la disposition de la chose même, c'est une maxime de notre droit public, que *nul ne peut être contraint de céder sa propriété, si ce n'est pour cause d'utilité publique, et moyennant une juste et préalable indemnité.* (545. — *Ch.* de 1830, 9.)

Il n'y a en général cause d'utilité publique, que lorsque la nouvelle destination que reçoit le fonds doit le faire entrer dans le domaine public.

Cependant des considérations puissantes d'intérêt local ont fait admettre quelques autres causes d'aliénation forcée : tels sont les desséchemens de marais, et généralement les travaux de salubrité intéressant les villes et les communes rurales (*L. du 16 septembre* 1807, 21, 24, 35 à 37); les alignemens nécessaires pour l'ouverture de nouvelles rues ou pour l'élargissement des anciennes (*D. L.*, 51 à 53); l'extraction des matériaux nécessaires aux travaux des villes et autres constructions publiques (*D. L.*, 55, 56; — *L. du* 6 oct. 1791, *tit.* 1er, *sect.* 6, *art.* 1er); la recherche ou les travaux des mines quant aux terrains à l'usage de l'exploitation (*L. du* 21 *avril* 1810, 10, 43, 44); etc., etc.

La cause d'utilité publique devra d'ailleurs être constatée par une enquête administrative, et déclarée par une loi ou par une ordonnance royale.

Il suffira d'une ordonnance pour autoriser

l'exécution des canaux , routes ou chemins de fer d'embranchement de moins de vingt mille mètres , ou des ponts et autres ouvrages semblables. (*L. du 7 juillet* 1833 , *art.* 3.)

CHAPITRE III.

DE L'ÉTENDUE DU DROIT DE PROPRIÉTÉ PAR RAPPORT AUX CHOSES QUI EN SONT L'OBJET.

Le principe général est que la propriété d'une chose mobilière ou immobilière s'étend à tout ce qu'elle produit, à tout ce qu'elle porte extérieurement ou renferme dans son sein , enfin à tout ce qui étant la propriété d'un tiers , s'y est uni ou incorporé, soit par la main de l'homme , soit par un don de la fortune ou l'effet du hasard. (546, 551, 552.)

Cet attribut d'étendue qu'a la propriété et qui dérive de sa nature même, a été appelé *droit d'accession.*

Au surplus, rien n'empêche qu'un propriétaire, tout en retenant le domaine utile de son fonds, n'y concède temporairement ou à perpétuité une sorte de propriété imparfaite, comprenant une certaine nature de produits, ou certains avantages de la jouissance. (664, 553. *L.* 1, *ff. de superficiebus.*)

Cette propriété imparfaite dont l'étendue, dans le silence de la loi, ne saurait être déterminée que par le titre qui l'établit, ou par une possession qui suppléerait au titre, a reçu la dénomination spéciale de *droit de superficie.*

SECTION PREMIÈRE.

DU DROIT D'ACCESSION PAR RAPPORT AUX FRUITS QUE PRODUIT
LA CHOSE.

L'on entend en général par *fruits*, tout ce qui naît et renaît de la chose, et doit, suivant la destination du père de famille, en être séparé ou distrait à des époques périodiques plus ou moins rapprochées, et revenant plus ou moins régulièrement.

Tous les fruits, en quoi qu'ils consistent, et de quelque nature qu'ils soient, tombent sans aucune exception dans le domaine du propriétaire de la chose qui les produit. (547.)

Mais pour régler les droits respectifs de deux propriétaires de la même chose, dont l'un succède à l'autre par vente ou donation, il faut distinguer deux sortes de fruits, à savoir les fruits naturels ou industriels, et les fruits civils.

Les premiers sont ceux que la chose produit réellement et physiquement, soit par les seuls efforts de la nature, soit par le fait et l'industrie de l'homme.

Telles sont les récoltes des prairies, des terres arables, des fonds de vigne. (583, 1er *al.*)

Tels sont également les produits d'une garenne, la pêche d'un étang, et généralement le croît des animaux.

Tels sont encore les arbres des bois taillis ou de haute futaie mis en coupes réglées, ceux des pépinières. (590, 591.)

Telles sont enfin les matières extraites des mines et carrières soumises à une exploitation régulière. (598.)

L'on comprend sous la dénomination de fruits civils ceux qui ne naissent de la chose que par une sorte de fiction, en vertu de la loi ou de la convention.

Tels sont les loyers des maisons, les intérêts de sommes exigibles, les arrérages des rentes perpétuelles ou viagères. (584, 588.)

La loi, par une disposition spéciale, range aussi dans la classe des fruits civils le prix d'un bail à ferme, en quoi qu'il puisse consister, et quelle que soit la nature du fonds affermé. (584, 2ᵉ al.)

Toutefois, le bail consenti sous la condition d'un partage de fruits pur et simple, ne donnerait pas à la portion du propriétaire la qualité de fruits civils. (585, 2ᵉ al., 1763, 1709.)

Cette distinction établie, les fruits naturels ou industriels ne sont acquis au propriétaire actuel comme une propriété distincte de la chose qui les produit, qu'au moment où ils en ont été détachés ou séparés sans fraude, et à la charge des droits du colon partiaire ou du remboursement des frais de culture qui auraient été faits par un précédent propriétaire, ou par un tiers détenteur. (520, 521, 585, 548.)

Quant aux fruits civils, ils sont réputés s'acquérir jour par jour, à partir, soit de la réalisation du prêt ou de la création de la rente, soit de l'entrée en jouissance du locataire ou du fermier, en faisant abstraction du plus ou du moins d'éloignement des époques d'échéance. (547, 586.)

Sicut in naturalibus attenditur tempus separationis, quantum ad effectum acquisitionis; ità in civilibus attenditur tempus quo incipiunt deberi.—Hinc est quod in pensionibus domuum, quæ tempus successivum habent, et quotidiè incipiunt deberi, inspicitur rata temporis, ad acquisitionem *inter venditorem et emptorem*. (Dumoul., *Cout. de Paris*, t. 1, § 1, *Gloss.* 1, nᵒ 52.)

SECTION II.

DU DROIT D'ACCESSION PAR RAPPORT A CE QUE LA CHOSE PORTE EXTÉRIEUREMENT OU RENFERME DANS SON SEIN.

Ce droit d'accession qui concerne plus spécialement les choses immobilières est une conséquence immédiate du principe : que la *propriété du sol emporte la propriété du dessus et du dessous*, sauf les droits qui peuvent être acquis à des tiers par titre ou par prescription. (552, 553, 641.)

Il s'applique :

1° Aux arbres, bosquets, bois de haute futaie, qui ne sont point dans la classe des fruits. (592, 598, 521.)

2° Aux mines et carrières non encore ouvertes. (552, 3ᵉ *al.*)

3° Au trésor, c'est-à-dire à toute chose cachée ou enfouie sur laquelle personne ne peut justifier sa propriété, sauf les droits que la loi attribue à l'inventeur, suivant qu'on l'exposera au titre de l'occupation. (716.)

4° Au corps et lit des cours d'eau, autres que ceux qui forment des dépendances du domaine public. (538, 644. — L. 1, § 4, ff. *de flum.*)

Mais ici pour déterminer l'étendue des droits du propriétaire, il faut distinguer si le cours d'eau a sa source dans le fonds même, ou s'il ne fait que le traverser ou le border.

Dans le 1ᵉʳ cas, le propriétaire peut user de la source à sa volonté, et comme en ayant le plein domaine. (641.)

Néanmoins, ce qui est une nouvelle restriction à l'exercice du droit de propriété, il lui sera interdit d'en changer le cours, à la sortie de son fonds, lorsqu'elle fournira aux habitans d'une commune l'eau qui leur est nécessaire, sauf à lui à réclamer une indemnité et à la faire régler par experts, à supposer cependant que la commune n'ait pas acquis antérieurement ce droit par titre ou par prescription. (643, 545.)

Si l'eau coule à travers l'héritage sans y prendre sa source, le propriétaire en aura également dans l'intervalle qu'elle y parcourt, le plein et libre usage, mais à la charge de la rendre immédiatement à son cours ordinaire. (644, 2ᵉ al.)

Enfin, si elle ne fait que border l'héritage, le propriétaire pourra encore s'en servir pour fertiliser son fonds, mais de manière que le propriétaire de la rive opposée puisse, ainsi que ceux de la rive inférieure, jouir du même avantage. (644, 1ᵉʳ al.)

Du reste, lorsqu'il s'élève des contestations entre les propriétaires auxquels ces eaux peuvent être utiles, les tribunaux en prononçant doivent concilier l'intérêt de l'agriculture avec le respect dû à la propriété; et dans tous les cas, les réglemens particuliers sur le cours et l'usage des eaux doivent être observés. (645.)

Quant aux eaux qui dépendent du domaine public, les particuliers ne peuvent s'en servir, même pour l'irrigation de leurs propriétés, sans une concession du souverain. (644, *Ord. de 1669, tit.* 27, *art.* 44.)

SECTION III.

DU DROIT D'ACCESSION PAR RAPPORT A CE QUI, ÉTANT LA PROPRIÉTÉ D'UN TIERS, S'UNIT OU S'INCORPORE A LA CHOSE, SOIT ARTIFICIELLEMENT, SOIT NATURELLEMENT.

Le droit d'accession par union ou incorporation est soumis à des règles différentes, suivant qu'il est relatif à des immeubles par nature, ou à des choses mobilières.

Art. 1er. *Du droit d'accession par union ou incor-poration à des biens immeubles par nature.*

Cette espèce d'accession peut s'opérer :
1° Par des plantations ou constructions;
2° Par alluvion ou juxta-position;
3° Par la formation d'îles ou d'îlots;
4° Par le passage d'animaux formant le produit du fonds, dans un autre fonds de même nature.

§ 1er. *De l'accession par plantations et constructions.*

Du principe que la propriété du sol emporte celle du dessus et du dessous, il suit, que le propriétaire a seul le droit d'exécuter en son fonds des travaux d'agriculture ou des ouvrages d'art; et par une conséquence ultérieure, que toutes plantations ou constructions sur un terrain ou dans l'intérieur doivent naturellement être présumées faites par le propriétaire et à ses frais, si le contraire n'est prouvé. (552, 553.)

Que s'il est avoué ou reconnu en justice que les plantations ou constructions ont été faites par un tiers possesseur évincé et à ses frais, ou bien par le propriétaire avec les plants ou matériaux d'autrui, alors il y aura lieu au droit d'accession; et celui auquel appartenaient les plants et matériaux n'aura, dans aucun cas, le droit de les faire séparer du sol auquel ils se trouvent adhérens. (554, 555.)

Mais comme personne ne doit s'enrichir au détriment d'autrui, le propriétaire qui a employé des plants et matériaux qui ne lui appartenaient pas, est tenu d'en payer la valeur, et peut même être condamné à des dommages-intérêts. (554.)

Dans l'hypothèse où les plantations et constructions auraient été faites par un tiers avec ses plants et matériaux, la loi établit une distinction entre le possesseur de bonne foi et le possesseur de mauvaise foi.

Le propriétaire, usant du droit absolu qu'il a sur sa chose, peut obliger le dernier à enlever ses plantations et constructions, et le faire en outre condamner à des dommages intérêts pour le préjudice qu'il aura éprouvé dans sa propriété et dans sa jouissance.

Que s'il préfère conserver les plantations et constructions, il doit le remboursement de la valeur des plants et matériaux et du prix de la main-d'œuvre, sans égard à la mieux value qui a pu en résulter pour le fonds.

Quant au possesseur de bonne foi, le propriétaire ne pourra conclure contre lui à la suppression des plantations et constructions; mais alors il aura l'option, ou de rembourser la valeur des plants et matériaux, et le prix de la main-d'œuvre, ou de payer la somme dont le fonds se trouvera avoir augmenté de valeur. (555.)

§ 2ᵉ. *De l'accession par alluvion ou juxtà-position.*

L'on entend par alluvion les accroissemens qui se forment lentement et imperceptiblement aux fonds riverains d'un fleuve ou d'une rivière, soit par un changement insensible dans la direction du cours de l'eau, qui se retire peu à peu de l'une de ses rives pour se porter sur l'autre, soit par l'agglomération successive de parcelles de terre détachées des héritages supérieurs.

Dans l'un et l'autre cas, l'alluvion profite au propriétaire du fonds où elle s'est formée, sans que le riverain supérieur, ou du côté opposé, puisse y venir réclamer le terrain qu'il se trouve avoir perdu. (556, 557.)

Ce droit d'accession a lieu, alors même que le fleuve ou la rivière est navigable ou flottable ; mais il n'est point admis à l'égard des relais de la mer, lesquels seront comme rivage une dépendance du domaine public, ou bien entreront dans le domaine aliénable de l'Etat comme biens vacans et sans maître. (556, 557, 558, 539, 713.)

Quand l'accroissement est *instantané*, comme si dans une crue extraordinaire, la violence des eaux enlève subitement une portion reconnaissable d'un champ et la porte vers un champ inférieur ou sur la rive opposée, ce n'est plus une alluvion proprement dite. — Néanmoins, après le laps d'un an, cet accroissement, quelque considérable qu'il soit, appartiendra encore, par droit d'accession, au propriétaire du fonds où il a eu lieu, si toutefois ce propriétaire en a pris possession et qu'il n'y ait pas eu de réclamation de la part du propriétaire dépossédé. (559, 557, 563.)

Si un fleuve ou une rivière ayant plusieurs lits, cesse d'en occuper un, le lit abandonné appartiendra à l'Etat ou aux propriétaires riverains, suivant la nature du cours d'eau. — Mais si le fleuve ou la rivière, navigable, flottable ou non, qui ne coule plus dans un ancien lit, s'en forme un autre, les propriétaires des fonds occupés par le nouveau cours prendront, *à titre d'indemnité*, chacun dans la proportion du terrain qui lui est enlevé, cet ancien lit abandonné, dont l'Etat ou les riverains subiront en ce cas l'expropriation par une considération de pure équité. (563.)

Hæc æquitas suggerit etiamsi stricto jure deficiamur. (L. 2, § 5, ff. *de aq. et aq. pl. arc.*)

Le droit d'accession par alluvion ne s'applique pas aux lacs et étangs. — Le propriétaire d'un étang conserve le terrain que l'eau couvre, quand elle est à la hauteur du déchargeoir, encore que ce volume d'eau vienne à diminuer; et les actes de possession que pourront faire les riverains sur cette étendue de terrain, seront toujours réputés précaires. — Réciproquement, le propriétaire de l'étang n'acquiert aucun droit sur les terres riveraines que l'eau vient à couvrir dans des crues extraordinaires. (558.)

§ 3e. *De l'accession par la formation d'îles, îlots ou attérissemens.*

La loi distingue ici entre les cours d'eau navigables ou flottables, et les cours d'eau qui ne le sont pas.

Les îles, îlots et attérissemens qui se forment dans ces derniers appartiennent aux propriétaires riverains par droit d'accession; et le partage s'en fait d'abord entre ceux des deux rives opposées en traçant une ligne mathématique au milieu du lit; puis entre ceux d'une même rive, en abattant sur cette ligne une double perpendiculaire des extrémités de chaque héritage. (561.)

Quant aux îles, îlots et attérissemens formés dans les fleuves ou rivières navigables ou flottables, ils entreront dans le domaine *aliénable* de l'Etat, comme biens vacans et sans maître. (560.)

Du reste, si un cours d'eau, se divisant en deux bras, coupait et embrassait un champ riverain, de manière à en former une île, le propriétaire du champ demeurerait propriétaire de l'île, soit que le cours d'eau fût ou non navigable ou flottable. (562.)

§ 4ᵉ *De l'accession par rapport aux animaux qui passent du fonds où ils croissent et se multiplient, dans un fonds de même nature appartenant à un autre propriétaire.*

Lorsque les animaux, formant le produit d'un fonds, le désertent, ils deviennent, par droit d'accession, la propriété de celui dans le fonds duquel ils sont venus chercher leur nourriture.

Toutefois, s'ils avaient été attirés par artifice, le propriétaire du fonds déserté aurait contre l'autre une action en dommages-intérêts. (551, 554.)

Ce mode d'accession s'applique aux pigeons de colombier, lapins de garenne, poissons d'étang, essaims d'abeilles, qui émigrent dans un colombier, dans une garenne, dans un étang, dans une ruche, appartenant à un autre propriétaire. (524, 564.—*L. du 6 oct.* 1791, *sect.* 3, § 5, *art.* 3.)

Aʀᴛ. 2. *Du droit d'accession par union et incorporation relativement aux choses mobilières.*

Dans l'union ou incorporation de deux choses mobilières n'appartenant pas au même maître, le domaine de la chose principale attire à lui le domaine de la chose accessoire ; mais le propriétaire de la chose principale usant de son droit, est obligé de payer à l'autre le prix de la chose accessoire.

Tel est le double principe qui régit généralement cette matière.

Mais dans l'application, la loi distingue entre les diverses manières dont a pu s'opérer la réunion, à savoir si c'est par simple adjonction, ou par spécification, ou par commixtion.

§ 1er. *De l'adjonction.*

Il y a adjonction, quand deux choses appartenant à des maîtres différens ont été unies de manière à former un seul tout, sans que toutefois ni l'une ni l'autre ait perdu sa forme première ou sa qualité propre et distinctive. (566.)

Necesse est ei rei cedi, quod sine illâ esse non potest. (L. 23, §. 3, ff. *de rei vindic.*)

Celle-là est la chose principale, à laquelle l'autre a été unie, ou pour lui servir d'ornement, ou pour en former le complément, ou pour la rendre propre à l'usage auquel elle est destinée. (567.)

Dans le doute, on réputera chose principale celle qui est la plus considérable en valeur, ou en volume si les valeurs sont égales. (569.)

Enfin si les deux choses avaient à-peu-près le même volume et la même valeur, il y aurait nécessité de les considérer comme également principales.

Dans ce dernier cas elles appartiendraient en commun aux deux propriétaires. (573, 2e *al.*)

Dans les autres, le maître de la partie réputée principale deviendra propriétaire de la partie réputée accessoire, à la charge d'en payer la valeur. (566.)

Et néanmoins, si l'une des choses était beaucoup plus précieuse que l'autre, soit par ses qualités réelles et intrinsèques, soit par sa valeur d'affection, et qu'elle eût été employée à l'insu de son propriétaire, celui-ci pourrait demander sa séparation, quand même il devrait en résulter quelque dégradation dans la chose à laquelle elle a été unie. (568.)

§ 2. *De la spécification.*

Il y a spécification, quand par le travail d'un tiers une chose a passé sous une autre forme, soit qu'elle ait ou non conservé ses qualités propres et distinctives. — C'est à proprement parler l'accession de la forme à la matière.

Sans qu'il y ait lieu de distinguer si elle peut ou non reprendre sa forme première, la matière doit, en thèse générale, être considérée comme la chose principale.

Ainsi celui qui en était le propriétaire a le droit de réclamer la nouvelle espèce qui en a été formée, à la charge de payer le prix de la main-d'œuvre. (570.)

Que si une partie de la matière principalement employée à la confection de la chose appartenait à l'ouvrier, alors cette chose demeurerait commune aux deux propriétaires, en raison, quant à l'un, de sa matière; et quant à l'autre, en raison tout à la fois de sa matière et du prix de sa main-d'œuvre. (572.)

Dans tous les cas, si la main-d'œuvre était tellement importante qu'elle surpassât de beaucoup la valeur de la matière employée, l'industrie serait alors réputée la partie principale, et l'ouvrier aurait le droit de conserver la nouvelle espèce, en payant le prix de la matière ou de la portion de matière qui ne lui appartenait pas. (571.)

§ 3. *De la commixtion ou confusion.*

Il y a commixtion ou confusion quand deux choses n'appartenant pas au même maître ont été mélangées ou confondues de telle sorte, que, sans changer précisément de forme, l'une d'elles ou toutes les deux ont perdu leur qualité propre et distinctive, et que leur séparation est naturellement ou civilement impossible. (573.)

Que si l'une des matières est de beaucoup supérieure à l'autre par sa quantité ou son volume, ou par sa qualité, elle doit être réputée la chose principale ; et en conséquence, celui qui en est le propriétaire, pourra réclamer le mélange, à la charge de payer le prix de la matière inférieure. (574.)

Autrement les propriétaires des matières mélangées en acquerront en commun la propriété, chacun dans la proportion de la valeur de celle qui lui appartenait. (573, 2ᵉ *al.*)

§ 4. *Dispositions communes aux divers modes d'accession par union, en matière de meubles.*

Outre les règles spéciales à chacun des trois modes d'accession qui viennent d'être définis, il en est trois qui leur sont communes.

La première est que le propriétaire, dont la matière a été unie à une autre, ou changée de forme, ou mélangée à son insu, a le droit d'en demander la restitution en même nature, poids, quantité, mesure et bonté, ou la valeur à son choix. (576.)

La seconde, que lorsque la chose reste en commun entre les propriétaires des matières dont elle se trouve formée, elle doit être licitée dans la forme ordinaire, si elle n'est point susceptible d'être partagée. (575, 1686.)

La troisième, que celui qui, de quelque manière que ce soit, a employé une matière qui ne lui appartenait pas, à l'insu du propriétaire, est passible envers lui de dommages-intérêts, sans préjudice des poursuites par voie extraordinaire, si le cas y échet. (577.)

Telles sont les règles que la loi trace au juge pour diriger sa conscience dans la question de propriété que peut faire naître la réunion de deux choses mobilières. Mais reconnaissant leur insuffisance, à raison de la variété infinie des espèces, elle ne les lui donne que par forme d'exemple, et veut que sa décision soit entièrement subordonnée à *l'équité naturelle*, eu égard aux circonstances particulières de l'affaire qui lui est soumise. (565.)

CHAPITRE IV.

COMMENT SE PERD LE DROIT DE PROPRIÉTÉ.

En thèse générale, l'acte ou le fait qui investit une personne du droit de propriété sur une chose, l'anéantit par-là même dans la main du précédent propriétaire.

Ainsi les moyens d'acquérir, généraux et particuliers, sont comme autant de modes d'extinction du droit de propriété.

Le droit de propriété peut encore se perdre, sans qu'il y en ait transmission sur la tête d'une autre personne ; en premier lieu, par l'*abdication*.

L'abdication consiste dans l'abandon de la chose fait à dessein de renoncer à tout droit de possession et de propriété sur cette chose.

Un second mode général d'extinction du droit de propriété, sans qu'il y en ait transmission, du moins de la personne qui le perd, à la personne qui l'acquiert, est la résolution du droit du cédant.

Il dérive de l'application de cette maxime puisée dans la raison même, que *l'on ne peut trans-*

férer irrévocablement à un autre un droit dont l'on n'est saisi soi-même que d'une manière révocable. (2125.)

Mais pour que la résolution du droit du cédant opère la résolution du droit du cessionnaire, il faut qu'elle ait lieu en vertu d'une cause nécessaire ou inhérente au contrat et préexistente à la transmission. (L. 11, § 1, ff. *quemadm. serv. exting.* — L. 4, § 3, ff. *de in de addict.* — L. 13, § 1. — L. 31, ff. *de pign. et hyp.* — *Cout. de Val.*, art. 44.)

Extinguitur jus accipientis, si jus concedentis resolutum fuerit ex causâ antiquâ et necessariâ. (*Poth., Pandect., liv.* 8, *tit.* VI, § 2, n° VI.)

Si donc elle était l'effet direct et immédiat d'une volonté postérieure du cédant, le droit de propriété du cessionnaire demeurerait intact, d'après cette autre maxime du droit naturel, que *personne ne peut, par un changement de volonté, préjudicier au droit d'un tiers.* (L. 21, § 1. — L. 43, § 8, ff. *de œdil. edict.*)

Si res itâ distracta fuerit, nisi intrà certum diem meliorem conditionem invenisset, fueritque tradita et forté emptor hanc rem pignori dedisset, Marcellus ait finiri pignus si melior conditio fuerit allata, quanquam ubi sic res distracta est, *nisi emptori displicuisset,* pignus finiri non putet. (L. 3, ff. *quib. mod. pign.*)

TITRE SECOND.

DU DROIT DE POSSESSION.

SECTION PREMIÈRE.

DE LA NATURE DU DROIT DE POSSESSION.

Le droit de possession naît d'une possession *annale* ayant extérieurement les caractères requis pour servir de fondement à la prescription, soit de dix ou de vingt ans, soit de trente ans. (*Proc.*, 23.)

Une fois acquis, ce droit lui-même devient, ainsi que le droit de propriété, indépendant du fait de la détention, au moyen de l'action que la loi donne au possesseur annal pour se faire maintenir ou réintégrer dans sa possession lorsqu'il y est troublé ou qu'il s'en trouve dépouillé, l'auteur du trouble ou de la dépossession fût-il le véritable propriétaire lui-même. (*Proc.*, 27.)

Cette action conservatrice du droit de possession est appelée *action possessoire* en complainte ou en réintégrande.

L'action en réintégrande appartient même à tout détenteur de fait, quelque vicieuse et quelqu'incomplète que soit sa possession, lorsqu'il en a été dépouillé par une voie de fait.—Mais alors elle n'est plus qu'une action personnelle qui ne peut donner à celui qui l'intente un véritable droit de possession (*jus possidendi*); jusque-là que le défendeur qui succombe sur cette action, pourrait encore se pourvoir lui-même au possessoire, s'il avait d'ailleurs une possession annale antérieure, paisible, publique, et à titre de maître.

Nul ne doit plaider dessaisi, et en nulle cour; mais il doit demander saisine en toute œuvre. (*Etablissement de S. Louis, en* 1270; *liv.* 2, *chap.* 6.) — Spoliatus antè omnia restituendus. — Cùm à te

vi dejectus sum, si Titius eamdem rem possidere cœ-
perit, non possum cum alio quàm tecum, interdicto
experiri. (L. 7, ff. *de vi et vi arm.*)

Le droit de possession ne s'applique à proprement parler qu'aux immeubles ou droits réels immobiliers.

Dans les meubles, il se confond avec le droit de
propriété, en conséquence de cette maxime consacrée par la loi civile, *qu'en fait de meubles la
possession vaut titre.* (2279.)

Ainsi, celui qui a été dépouillé d'un meuble
n'aura, pour en recouvrer la possession, que l'action en revendication qu'il pourra au surplus
exercer pendant trois ans, soit en vertu d'un
titre, soit sur l'unique fondement d'une possession antérieure à titre de maître, quelque restreinte qu'en ait d'ailleurs été la durée. (2279,
2ᵉ al.)

SECTION II.

DES ATTRIBUTS DU DROIT DE POSSESSION, OU DES AVANTAGES
QU'IL CONFÈRE PAR RAPPORT A LA CHOSE QUI EN EST
L'OBJET.

En premier lieu, le droit de possession a conservé, dans l'ordre civil, la prérogative de faire
réputer celui qui en est investi, légitime propriétaire de la chose, jusqu'à la preuve contraire,
et par suite, de lui assurer la préférence sur le
demandeur, si les titres se balancent.

Is qui destinavit rem petere, animadvertere debet
an aliquo interdicto possit nancisci possessionem,
quia longe commodius est ipsum possidere, et adver-
sarium ad onera petitoris compellere, quàm alio pos-
sidente, petere. (L. 24, ff. *de rei vind.*)

En second lieu, il sert, ainsi qu'on l'a vu précédemment, de fondement à la prescription, et
par elle devient lui-même un titre irréfragable.

Enfin, il fait gagner au possesseur tous les fruits

naturels, industriels ou civils, perçus ou réputés
acquis, soit qu'ils aient été ou non consommés,
soit que la possession ne porte que sur un objet
particulier ou qu'elle embrasse une universalité
de choses. (138, 549.)

Re suâ lautiùs usus est contemplatione delatæ sibi
hæreditatis..... quasi dives se decepit. (L. 25, § 11,
ff. *de haered. pet.*) — Ceux-là sont rarement de bons
citoyens, qui deviennent subitement riches ou subitement pauvres. (*J.-J. Rouss.*)

Mais cet attribut de jouissance qui fait du droit
de possession un véritable démembrement de la
propriété, est subordonné par la loi, à cette condition, si la possession est de bonne foi. (549.)

Celui-là est possesseur de bonne foi, qui possède
comme maître, avec l'opinion d'un droit de propriété légitimement acquis. (550, 1er *al.*)

Ainsi, en matière d'acquisition de fruits, la
nullité du titre pour vice de forme, et l'absence
même de toute espèce de titre, ne sont pas des
circonstances nécessairement exclusives de la
bonne foi.

Seulement, celui qui appuie sa possession sur
un titre, sera par-là même présumé de bonne
foi, sauf la preuve contraire; tandis que celui
qui n'aura d'autre titre de sa possession, que sa
possession même, sera tenu de prouver sa bonne
foi par d'autres documens.

Ainsi encore la suspension du cours de la prescription par l'impuissance légale d'agir du véritable propriétaire, n'empêchera point que les
fruits ne soient acquis au possesseur.

Nec interest ea res quam bonâ fide possideo longo
tempore capi possit, nec ne, veluti si pupilli sit.
(L. 48, § 1, ff. *de acq. rer. dom.*)

D'un autre côté, la possession cesse d'être de
bonne foi, non pas seulement alors qu'il intervient

un acte interruptif de la prescription, mais du moment où, par quelque voie que ce soit, le possesseur a, de fait, connu la cause de l'éviction dont il était menacé. (550, 2ᵉ *al.*, L. 48, § 1, ff. *de acq. rer. dom.*)

Et sa condition est dès-lors, quant à la restitution des fruits, absolument la même que celle du possesseur originairement de mauvaise foi. — Il est tenu de représenter et de rendre au propriétaire qui l'évince tous les fruits qu'il a perçus et tous ceux qu'il aurait pu légitimement percevoir, depuis l'époque où sa possession a changé de caractère. (549.)

Indépendamment de l'obligation qu'il contracte de restituer les fruits, le possesseur de mauvaise foi sera passible de tous les dommages-intérêts résultant de sa mauvaise administration. (772, 1379.)

Sicut sumptum quem fecit, deducit, ità si facere debuit, nec fecit, culpæ hujus reddat rationem. (L. 31, § 3, ff. *de pet. hæred.*)

Au contraire, d'après cette maxime qui est de droit commun, *que celui qui a laissé se perdre ou se dégrader une chose dont il avait lieu de croire qu'il était propriétaire incommutable, n'est comptable à personne de sa négligence,* le possesseur de bonne foi ne pourra être recherché par rapport aux pertes et détériorations arrivées par sa faute ou provenant de son fait, si d'ailleurs il n'en a point profité. (1631, 1632.)

Nisi bonæ fidei possessor est; tunc enim, quia quasi suam rem neglexit, nulli querelæ subjectus est. (*D. l.* 31, § 3.)

TITRE TROISIÈME.

DE L'USUFRUIT.

CHAPITRE PREMIER.

DE LA NATURE DU DROIT D'USUFRUIT ; ET COMMENT IL EST ÉTABLI.

L'usufruit peut être défini : le droit de jouir d'une chose dont un autre a la propriété, comme le propriétaire lui-même, mais seulement pour un temps, et suivant la destination du père de famille au moment où ce droit a été établi. (578, 587, 617.)

L'usufruit est une dette ou charge réelle, et en même temps une portion du domaine de la chose qui en est l'objet.

Ususfructus in multis casibus, pars est dominii. (L. 4, ff. *de usuf.*) — Ususfructus non pars domi-nii, sed servitus est, ut via, iter ; nec falsò dicitur totum meum esse, cujus nulla pars dici potest alte-rius esse. (L. 25, ff. *de verb. signif.*)

Ainsi, bien que l'usufruitier ne soit qu'un pos-sesseur à titre précaire par rapport au maître de la nue propriété, il aura néanmoins pour la conservation de son droit les mêmes actions que celui-ci. (2236.)

Appellatione domini, fructuarius quoque conti-netur. (*Ulp.*)

L'usufruit est un droit essentiellement tempo-raire.

De-là il suit que celui qui a stipulé purement et simplement un droit d'usufruit, doit par-là même être présumé avoir voulu restreindre l'effet de la convention à sa propre personne.

Constitutus ususfructus morte intercidere *solet.* (L. 5, ff. *de leg. usuf.*)

Mais l'usufruit pourrait être établi à jour certain, ou pour un temps limité par un événement
autre que le décès de celui qui en est investi ; et
alors la question de savoir s'il est ou non transmissible *héréditairement*, devrait être décidée
par les principes généraux des obligations. (580,
1122.)

Enfin l'usufruit est un droit cessible de sa nature ; mais l'usufruitier ne peut le transmettre à
un tiers que tel qu'il l'a lui-même, c'est-à-dire
avec les mêmes chances de durée et d'extinction,
comme aussi sous la condition des mêmes charges
ou devoirs dont il était tenu, et à l'acquittement
desquels il demeurera toujours personnellement
et directement obligé. (595.)

L'usufruit est *légal* ou *conventionnel* ; conventionnel, lorsqu'il a été établi par le fait ou la volonté de l'homme, c'est-à-dire par une convention ordinaire, ou par une donation entre-vifs
ou testamentaire ; légal, quand c'est la loi elle-
même qui l'a créé, indépendamment de toute stipulation ou disposition de l'homme. Tel est l'usufruit qu'elle attribue aux père et mère sur les
biens de leurs enfans mineurs, comme une prérogative de la puissance paternelle. (579, 384,
754, etc.)

De quelque manière que l'usufruit soit constitué, il est régi par les mêmes principes, sauf les
modifications qui pourraient résulter d'une stipulation formelle ou d'une loi spéciale.

Et c'est ainsi que l'usufruit légal des père et
mère est soumis à quelques règles particulières
qui seront exposées après le développement des
principes généraux.

CHAPITRE II.

DES AVANTAGES QUE CONFÈRE L'USUFRUIT, OU DES
DROITS DE L'USUFRUITIER.

Les attributs de l'usufruit sont renfermés dans ces trois principes :

Le premier, que l'usufruitier a le droit de jouir de la chose comme le propriétaire lui-même, eu égard à la destination qui lui a été donnée et à l'état dans lequel elle se trouve au moment de l'ouverture de l'usufruit. (578, 597.)

Le second dérivant du premier, que l'usufruitier acquiert et fait irrévocablement siens, de la même manière qu'un propriétaire auquel un autre doit succéder, tous les fruits perçus pendant la durée de l'usufruit, quelle que soit leur espèce, et quand même ils ne seraient pas de nature à se reproduire perpétuellement.

Le troisième, qui limite le second, et n'est comme lui qu'un corollaire du premier, que l'usufruitier doit se renfermer *strictement* dans les limites du mode de jouissance qu'il trouve établi par le père de famille.

Les appliquant à l'usufruit des différentes sortes de biens qui sont dans le commerce, l'on peut d'abord conclure du premier par rapport aux meubles corporels :

1° Que si l'usufruit comprend des choses fongibles, l'usufruitier aura le droit de les consommer, à la charge d'en rendre, à la fin de sa jouissance, en pareille quantité et qualité, ou d'en payer le prix suivant la valeur qu'elles auront alors dans le commerce ; à moins qu'elles n'eussent été livrées à forfait sur une estimation préalable ; cas auquel cette estimation seule serait due. (587, 1903, 1532.)

2° Que l'usufruitier de choses qui, sans se consommer de suite, se détériorent peu à peu par l'usage, aura de même le droit de s'en servir comme s'en servirait un père de famille soigneux, sans parcimonie, et ne sera tenu de les rendre, à la fin de l'usufruit, que dans l'état où elles se trouveront, non détériorées par sa faute ou par une jouissance abusive. (589, 1884.)

Nec tamen locaturus, quia vir bonus ità non uteretur; nisi scenicam vestem aut funebrem. (L. 15, § 4, ff. de usufr.)

Si l'on suppose maintenant que l'usufruit porte sur des immeubles par leur nature ou leur incorporation au sol, comme des fonds de terre ou des maisons, il résultera du même principe,

D'une part, que l'usufruitier doit avoir, dans la même étendue que le propriétaire, l'exercice des servitudes actives acquises au fonds, l'usage des cours d'eau, la jouissance des droits de pêche et de chasse et autres droits semblables. (597.)

D'autre part, qu'il n'aura pas même la jouissance, soit du trésor découvert pendant la durée de l'usufruit, soit du produit des mines, minières, carrières, tourbières, qui n'étaient point ouvertes ou en exploitation au moment où ce droit a été établi. (598, 2ᵉ *al.*)

Toutefois l'usufruitier profiterait, en cette qualité, de l'accroissement qui surviendrait au fonds, par alluvion ; cette augmentation se confondant avec le fonds primitif. (596.)

Une première conséquence directe du second principe appliqué aux fonds de terre non affermés, est que les fruits naturels ou industriels

pendans par branches ou par racines, au moment
où l'usufruit est ouvert, appartiendront à l'usufruitier; comme ceux qui se trouveront dans le
même état, au moment de l'extinction de l'usufruit, appartiendront au propriétaire.

Et dérogeant aux principes du droit commun,
(dérogation d'ailleurs réclamée par la nature
même de l'usufruit qui est généralement un droit
aléatoire,) la loi veut qu'il n'y ait lieu de part et
d'autre à aucune récompense ou indemnité pour
frais de semence et de culture. (585.)

Une seconde conséquence également directe du
même principe, est que les loyers des maisons,
les canons des baux à ferme, et autres fruits civils
appartiendront à l'usufruitier, dans la proportion de la durée de son usufruit, même avant
l'échéance du terme fixé pour le paiement. (584,
586.)

Que bien plus, l'usufruitier d'une rente viagère en acquerra les arrérages, aussi dans la proportion de la durée de sa jouissance, sans être
passible d'aucune réfusion, alors même que la
rente viagère devrait s'éteindre avec le droit
d'usufruit. (588.) — Que l'usufruitier d'un usufruit ne sera de même tenu de restituer que le
droit grevé de son propre droit, si l'un survit à
l'autre. (1568.)

Enfin, il suit du troisième principe combiné
avec les deux autres :

1° Que l'usufruitier fait bien irrévocablement
siens, comme s'il s'agissait de fruits ordinaires,
les produits des mines, minières, carrières et
tourbières, qui étaient en exploitation à l'ouverture de l'usufruit; mais qu'il ne peut faire des
extractions plus considérables que celles que faisait habituellement le propriétaire. (598.)

2° Qu'il a également droit aux produits des bois taillis, et des parties de bois de haute futaie qui ont été mises en coupes réglées ; (soit que ces coupes se fassent périodiquement sur une certaine étendue de terrain, soit qu'elles se fassent d'une certaine quantité d'arbres pris indistinctement sur tout le domaine ;) mais qu'il est tenu de se conformer rigoureusement pour l'ordre, le mode et la quotité des coupes, à l'aménagement et à l'usage constant des anciens propriétaires. (590, 591.)

3° Que hors de là, il ne peut toucher aux arbres de haute futaie, ni aux arbres de réserve destinés à le devenir, et ne peut même s'attribuer ceux qui auraient été arrachés ou brisés par accident ; si ce n'est toutefois pour faire des réparations dans les immeubles soumis à l'usufruit, et à la charge, surtout s'il s'agissait d'en abattre, de faire constater préalablement la nature et la nécessité des réparations contradictoirement avec le propriétaire. (592.)

4° Qu'il ne lui est permis de prendre dans les bois, quels qu'ils soient, des échalas pour les vignes, comme aussi d'enlever les produits annuels et périodiques des arbres, que suivant l'usage du pays et la coutume des propriétaires. (593.)

5° Qu'il ne peut encore tirer des arbres d'une pépinière qu'en se conformant à l'usage des lieux et à la coutume des propriétaires pour le remplacement. (590.)

6° Enfin, qu'il doit avoir généralement tous les avantages de la jouissance, mais sans pouvoir changer, ni la nature des produits, ni le mode d'exploitation ou de culture, ni la forme ou la destination des héritages soumis à l'usufruit.

Cependant, bien que les anciens propriétaires les eussent cultivés ou fait valoir eux-mêmes, l'usufruitier n'en aurait pas moins la faculté de les amodier ou affermer ; et réciproquement à l'expiration des baux consentis par les propriétaires, avant l'ouverture de son droit, il serait le maître de jouir par lui-même.—Mais, dans tous les cas, lorsqu'il amodie ou afferme, il doit se conformer, pour la durée des baux, et pour leur renouvellement, à ce qui est prescrit au tuteur, relativement aux biens de son pupille. (595.)

Du reste, l'usufruitier est libre de renoncer en faveur du propriétaire à tout ou partie de ses droits sur les fruits, et il est présumé l'avoir fait par rapport aux fruits naturels ou industriels qu'il n'a pas recueillis, avant l'extinction de l'usufruit, quoiqu'il eût pu le faire.

Ainsi, ni lui, ni ses héritiers, ne pourront réclamer d'indemnité pour les coupes ordinaires, soit de taillis, soit de baliveaux, soit de futaies, qu'il n'aura point faites pendant sa jouissance. (590.)

À moins toutefois qu'il n'en ait été empêché par le fait du propriétaire ; car les droits attribués à l'un entraînent nécessairement pour l'autre l'obligation de ne rien faire qui puisse en entraver l'exercice. (599.)

CHAPITRE III.

DES OBLIGATIONS DE L'USUFRUITIER.

Du principe que *l'usufruit est un droit temporaire, et que les choses qui en sont l'objet doivent revenir au propriétaire, dans l'état où elles sont sorties de sa main, autant que le permet leur nature ou leur destination*, découlent naturelle-ment toutes les obligations que l'usufruitier con-tracte en cette qualité.

Les unes sont comme une condition de son en-trée en jouissance, les autres sont concomitantes à sa jouissance même.

SECTION PREMIÈRE.

DES OBLIGATIONS DE L'USUFRUITIER QUI SE RATTACHENT A LA PRISE DE POSSESSION DES CHOSES SOUMISES A SON DROIT.

Premièrement, l'usufruitier ne peut entrer en jouissance qu'après avoir fait dresser en présence du propriétaire, ou lui dûment appelé, un in-ventaire des meubles, et un état descriptif des immeubles sujets à l'usufruit. (600.)

L'inventaire ne doit pas nécessairement être fait avec prisée ou estimation des objets invento-riés ; il suffit qu'il en constate *l'espèce, la na-ture, la quotité, et la qualité.* (600, 825. — *Proc.*, 943.)

De même, il suffirait pour la conservation des droits du propriétaire, que l'état descriptif des immeubles en fît connaître la forme extérieure ou superficie qu'il est interdit à l'usufruitier de changer ; mais celui-ci peut, dans son intérêt, y faire constater l'état de culture ou d'entretien dans lequel ils se trouvent. (126, 3e *al.*)

En aucun cas, l'usufruitier ne peut être dis-pensé, dans un sens absolu, de cette double me-sure conservatoire ; et les frais qu'elle entraîne sont à sa charge, à moins d'une disposition con-traire dans l'acte constitutif de l'usufruit. (6, 600, 601.)

L'usufruitier doit en second lieu donner cau-tion de jouir en bon père de famille.

Mais il peut en être dispensé par l'acte constitutif de l'usufruit.

Et même, le vendeur et le donateur sous réserve d'usufruit, seront, s'il n'apparaît point d'une commune intention contraire, censés avoir stipulé cette dispense qui n'altère en rien l'obligation personnellement contractée par l'usufruitier de rendre la chose soumise à son droit. (601.)

Du reste, ni le retard que peut mettre l'usufruitier à présenter sa caution, ni l'impossibilité où il pourrait être de la fournir, ni même son refus de donner cette garantie, ne sauraient le priver d'aucune partie des fruits auxquels il peut avoir droit. (604.)

Mais après un délai suffisant pour qu'il puisse en trouver une, les immeubles seront, sur la demande du propriétaire, donnés à ferme ou mis en séquestre; l'argent comptant sera placé, ainsi que les sommes provenant des créances mobilières, à mesure de leur rentrée; les denrées, les meubles qui dépérissent par l'usage, et tous autres effets mobiliers, seront vendus, et le prix pareillement placé. (602, 603.)

Et l'usufruitier, au lieu de jouir par lui-même, touchera le prix des baux et l'intérêt des sommes placées, pendant toute la durée de l'usufruit.

Toutefois, il pourra demander, et les juges pourront ordonner, suivant les circonstances, que les meubles nécessaires pour son usage lui soient remis, sous sa simple promesse ou caution juratoire, de les représenter à l'extinction de l'usufruit. (603.)

SECTION II.

DES OBLIGATIONS DE L'USUFRUITIER PENDANT LE COURS DE
SA JOUISSANCE.

Ces obligations ont généralement trois objets
distincts, à savoir :

1° L'entretien de la chose et sa conservation
matérielle ;

2° Sa garde ou la conservation du droit de
propriété même ;

3° Les charges dont elle peut être grevée pendant la durée de l'usufruit.

A quoi il faut ajouter, pour le cas d'un usufruit constitué à titre universel, les dettes et
charges qui affectent la masse des biens du constituant.

Art. 1er. *Quelles sont les obligations de l'usufruitier, relativement à l'entretien et à la conservation de la chose ?*

L'usufruitier prend les choses dans l'état où
elles sont : il ne peut non plus qu'un cessionnaire
de la pleine propriété exiger du cédant ou constituant aucune sorte de réparation. (600.)

Non magis hæres reficere debet, quod vetustate
jam deterius factum reliquit testator, quàm si pro-
prietatem alicui legasset testator. (L. 65, § 1, ff.
de usuf.) — Servitutum ea non est natura ut aliquid
quis faciat ; sed ut patiatur aut non faciat. (L. 15,
§ 1, ff. *de servitut.*)

Mais il n'en saurait être ainsi, par rapport à
lui, que la nature même de son titre oblige à
rendre les choses telles qu'il les a reçues.

Il est tenu de pourvoir à toutes les réparations
viagères ou d'entretien qui deviennent nécessaires
pendant la durée de son usufruit, alors même

qu'on pourrait en reporter la cause à une époque antérieure. (605.)

L'on entend par réparations viagères ou d'entretien toutes celles qui ont pour objet la simple conservation de la chose, et dont la cause est de nature à se reproduire plusieurs fois pendant la vie de l'homme, à des époques plus ou moins rapprochées.

L'on comprend par opposition, sous la dénomination de *grosses réparations*, celles qui ont pour objet, moins la conservation que le rétablissement même de la chose, et dont la durée doit, d'après le cours ordinaire des événemens, excéder la vie de l'homme.

La loi considère limitativement comme telles les réparations des gros murs et des voûtes; le rétablissement des poutres et des couvertures entières; la reconstruction des digues et des murs de soutenement ou de clôture aussi en entier. (606.)

L'usufruitier, qui n'a qu'une jouissance viagère, ne peut être contraint à faire les grosses réparations qu'autant qu'elles auront été occasionnées par le défaut de réparations d'entretien depuis l'ouverture de l'usufruit. (605.)

Ainsi, ni le propriétaire, ni l'usufruitier ne seraient fondés à réclamer l'un contre l'autre la reconstruction totale ou partielle des bâtimens et autres ouvrages d'art tombés de vétusté, ou détruits par cas fortuit, soit au moment de l'ouverture de l'usufruit, soit depuis. (600, 607. — *L.* 7, § 2, ff. *de usufr.*)

Cependant, les grosses réparations, quel qu'en soit d'ailleurs l'objet, sont à la charge du propriétaire, en ce sens, que si l'usufruitier les fait, il aura à la fin de l'usufruit la répétition de ses impenses, mais suivant l'estimation qui en sera faite alors, attendu qu'il en aura lui-même profité jusque-là. (605 , 1375.)

Hors de là, il ne peut réclamer aucune indemnité pour des améliorations ou constructions, encore que la valeur de la chose en soit réellement augmentée.

Il lui est seulement permis, ainsi qu'à ses héritiers, d'enlever les glaces, tableaux et autres ornemens qu'il aurait placés dans le fonds, et à la charge de rétablir les lieux dans leur premier état. (599.)

L'obligation d'entretenir et de conserver ne s'applique pas seulement aux ouvrages d'art ; elle s'étend à toutes les choses qui peuvent être comprises dans un usufruit.

Ainsi, l'usufruitier d'un fonds implanté d'arbres fruitiers est obligé de remplacer ceux qui meurent ou sont arrachés ou brisés par accident ; seulement il conservera, comme un dédommagement des frais de plantation, le bois des arbres morts, arrachés ou brisés. (594.)

De même, l'usufruitier d'un fonds de vignes sera tenu de provigner les ceps, en arrachant successivement ceux qui ne produisent plus de fruits.

Ainsi encore, l'usufruitier d'un troupeau en proie à une maladie contagieuse, ou frappé d'un accident qui le détruit en partie, devra remplacer jusqu'à concurrence du croît, les têtes qui ont péri.

Que si le troupeau périssait entièrement, sans la faute de l'usufruitier, il périrait pour le propriétaire, qui ne pourrait en ce cas réclamer que les cuirs ou leur valeur. (616.)

Il en serait de même si l'usufruit n'était établi

que sur un animal qui viendrait à périr sans la faute de l'usufruitier. (615.)

Art. 2. *Quelles sont les obligations de l'usufruitier relativement à la garde de la chose ou à la conservation des droits de propriété?*

L'usufruitier est par la nature même de son titre constitué mandataire *général* du propriétaire pour tout ce qui a trait à la garde et à la conservation de la chose, les intérêts de celui-ci s'y trouvant indivisément liés avec les siens propres.

Fructuarius custodiam præstare debet. (*L.* 2, ff. *usufr. quemadm. caveat.*)

Ainsi, il aura qualité pour assigner un débiteur en renouvellement d'un titre de créance qui a vingt-huit ans de date ; pour citer au possessoire un tiers usurpateur ; pour interrompre, par une interpellation judiciaire, la prescription de la propriété ; et généralement pour tous les actes conservatoires que peut exiger la chose grevée d'usufruit ; sauf à faire intervenir ensuite, s'il y a lieu, le propriétaire dans l'instance, ou à obtenir de lui un mandat *spécial* pour la suivre en son nom.

Interdùm autem proprietatis *erit aestimatio ,* si fortè usufructuarius, cùm possit usucapionem interpellare, neglexit ; omnem enim rei curam suscepit. (*L.* 1 , § 7 , *usuf. quemadm. cav.*)

Et si fortè fuerint servitutes, non utendo fructuario, amissæ, hoc quoque nomine tenebitur. (*L.* 15 , § 7, ff. *de usufr.*)

Usufructuarius opus novum nunciare poterit, non suo, sed procuratorio nomine. (*L.* 1 , § 20, ff. *de novi op. nunci.*)

Toutefois, il pourrait se dispenser d'agir lui-même, en dénonçant au propriétaire l'atteinte

portée à ses droits (comme, par exemple, l'usur-
pation commise par un tiers sur le fonds), ou la
nécessité et l'urgence de l'acte conservatoire.
— Mais alors, à défaut par lui de faire cette dénonciation, il serait responsable de tout le dommage qui pourrait en résulter pour le propriétaire.

Bien plus, quoique les grosses réparations ne
soient point à sa charge, il devrait également
avertir le propriétaire des dégradations fortuites
qui en rendraient quelques-unes nécessaires ;
faute de quoi, il pourrait encore être passible
de dommages-intérêts, comme si les dégradations avaient été commises par lui-même. (614.)

Art. 3. *Quelles sont les obligations de l'usufrui-*
tier relativement aux charges imposées sur la
chose pendant la durée de l'usufruit ?

Ces charges sont de deux espèces ; les unes
affectent spécialement le droit de jouissance ;
les autres pèsent directement sur la propriété
même.

Les premières sont toutes les charges périodiques que l'on est dans l'usage de prélever
sur le prix de la récolte, ou sur le loyer ou fer-
mage, lorsqu'il s'agit de déterminer le revenu
net du fonds.

Tels sont les frais de garde, les contributions
ordinaires, les réquisitions en denrées pour les
gens de guerre, etc.

Les autres sont au contraire les charges accidentelles, qui, à raison de leur importance, ne
sauraient être considérées comme un prélèvement à faire sur les produits annuels du fonds.

Telles sont les contributions extraordinaires
dont l'objet serait la conservation même de la

chose, ou qui auraient une cause d'utilité communale perpétuelle.

Telle serait encore l'indemnité due aux entre-
preneurs de travaux ordonnés par le gouvernement, pour le desséchement d'un marais dont
ferait partie le fonds grevé d'usufruit. (*Loi du
16 sept. 1807, art. 21 et suiv.*)

L'usufruitier étant exclusivement investi du
droit de jouissance doit aussi supporter exclusivement et sans répétition les charges qui affectent
ce droit, aussi long-temps qu'il le conserve.
(608.)

En ce qui concerne les charges dont la propriété se trouverait grevée pendant la durée de
l'usufruit, il est également conforme à la nature
des choses qu'elles soient acquittées par le propriétaire.

Mais en diminuant la propriété dans la main
de l'un, elles doivent faire décroître la jouissance
de l'autre dans la même proportion.

Ainsi, le propriétaire sera bien obligé de les
payer; mais l'usufruitier devra, pendant la durée
de l'usufruit, lui tenir compte des intérêts représentatifs de la jouissance.

Que si l'usufruitier faisait l'avance du capital,
il en aurait la répétition lors de l'extinction de
son droit, mais sans intérêt jusque-là. (609.)

L'on doit assimiler aux charges qui pèsent
sur la propriété les frais d'un procès qui aurait
été soutenu par le propriétaire et l'usufruitier
conjointement pour repousser l'action en éviction d'un tiers.

A supposer donc que le propriétaire ne fût
soumis à aucune garantie envers l'usufruitier,
celui-ci lui devrait, pendant la durée de l'usu-

fruit, l'intérêt du montant des frais qui n'auraient pu être recouvrés contre la partie adverse, ou lui auraient été adjugés.

Quant aux dépens des procès qui ne concerneraient que la jouissance, l'usufruitier en demeurerait exclusivement chargé, ainsi que des autres condamnations auxquelles ces procès pourraient donner lieu. (613.)

Art. 4. *Quelles sont les obligations de l'usufruitier, relativement aux dettes et charges qui grevaient la masse des biens du constituant, au moment où l'usufruit s'est ouvert?*

Ces dettes et charges ne concernent l'usufruitier qu'autant que par la nature même de son titre il doit prendre rang parmi ceux qui sont, dans l'ordre civil, la continuation de la personne du constituant.

Or, comme on le verra en la seconde partie de ce traité, une personne n'est civilement représentée dans l'exercice de ses droits actifs et passifs que par ses héritiers ou par ses donataires et légataires universels ou à titre universel.

Ainsi, l'usufruitier à titre particulier ne peut, non plus que le donataire ou légataire à ce même titre de la pleine propriété, être personnellement tenu des dettes et charges des biens du constituant, même de celles auxquelles le fonds grevé d'usufruit se trouverait spécialement hypothéqué. (611, 871, 874.)

Mais l'usufruitier universel ou à titre universel représentant temporairement, suivant la nature de son droit, la personne civile du constituant, les dettes et charges de l'universalité des biens doivent opérer sur sa jouissance le même retranchement que sur la nue propriété, conformément à la maxime : *Non sunt bona nisi deducto œre alieno.*

Et d'abord, en supposant que l'usufruit soit universel, si l'usufruitier veut avancer la somme nécessaire pour les éteindre, le capital lui en sera restitué à la fin de l'usufruit, sans intérêts.

S'il ne fait point cette avance, le propriétaire aura le choix, ou de payer la somme due ; et alors l'usufruitier lui tiendra compte des intérêts pendant la durée de l'usufruit ; ou de faire vendre jusqu'à due concurrence une portion des biens soumis à l'usufruit.

Le même mode de contribution sera observé avec l'usufruitier à titre universel, pris égard à la quotité de ses droits ; c'est-à-dire que suivant que son usufruit portera sur un quart, un tiers, une moitié des biens du constituant, il avancera la somme nécessaire pour acquitter le quart, le tiers, la moitié des dettes et charges, ou en paiera l'intérêt pendant la durée de sa jouissance, si mieux n'aime le propriétaire se libérer par la vente d'une partie des biens.

Que si l'usufruit à titre universel ne comprenait pas une quote générale de toute espèce de biens, mais tous les meubles ou tous les immeubles, ou bien encore une quote-part des meubles seulement, ou des immeubles seulement, alors il faudrait faire fixer par une expertise la valeur comparative de la portion de biens soumise à l'usufruit ; et la contribution aux dettes aurait toujours lieu d'après le même mode, eu égard à cette valeur. (612.)

Il suit de ce qui précède que si parmi les dettes du constituant, il existait des rentes perpétuelles ou des capitaux passifs portant intérêts, l'usufruitier à titre universel devrait en acquitter les ar-

3*

rérages ou les intérêts dans la proportion de ses droits ; et l'usufruitier universel, intégralement.

Bien plus, ils devraient pareillement payer, sans répétition, pendant la durée de leur jouissance, les rentes viagères ou pensions alimentaires, léguées par le constituant, ou dont il était lui-même débiteur. (610.)

CHAPITRE IV.

DE LA CESSATION DE L'USUFRUIT.

L'usufruit est soumis aux mêmes modes généraux d'extinction que le plein domaine.

Mais, comme droit essentiellement temporaire, et comme charge réelle établie sur la chose d'autrui, il se perd de plusieurs manières qui lui sont propres.

I. L'usufruit prend d'abord fin par la mort de la personne en faveur de laquelle il a été établi, à moins qu'il n'apparaisse d'une volonté contraire qui le rende transmissible aux héritiers d'un ou de plusieurs degrés.

Si quis ità stipulatus fuerit utifrui licere, ad hæredem ista stipulatio non pertinet. (*L.* 38, § 10, *de verb. oblig.*)

Et la mort civile opérera l'extinction de l'usufruit, aussi bien que la mort naturelle, si les parties n'ont manifesté une autre intention. (617, 1°.)

II. L'usufruit s'éteint en second lieu par l'expiration du temps pour lequel il a été accordé, s'il a été constitué à temps. (617, 2°.)

Et la loi établit, comme deux règles d'interprétation de volonté spéciales en cette matière :

1° Que l'usufruit constitué en faveur d'une

commune ou d'un établissement public, sera censé ne lui avoir été donné que pour trente ans. (619.)

2° Que l'usufruit accordé jusqu'à ce qu'un tiers ait atteint un âge fixe, est censé avoir été accordé jusqu'à l'époque où le tiers aurait accompli l'âge indiqué, encore qu'il vienne à mourir auparavant. (620.)

III. Un troisième mode spécial d'extinction de l'usufruit est la *consolidation*, c'est-à-dire la réunion irrévocable sur la tête de l'usufruitier de la nue propriété à l'usufruit. (617, 3°.)

IV. Un quatrième est la renonciation de l'usufruitier à son droit d'usufruit, en faveur du propriétaire.

Cette renonciation n'est soumise à aucune forme spéciale, et peut être faite, soit à titre gratuit, soit à titre onéreux, sauf les droits des créanciers, et l'exercice de l'action que la loi leur accorde pour faire rescinder les actes frauduleusement consommés à leur préjudice. (622.)

Elle pourrait même n'être qu'implicite, comme si l'usufruitier souscrivait sciemment un acte par lequel le nu-propriétaire disposerait du fonds en pleine propriété; mais on ne saurait l'induire de la simple connaissance qu'il aurait eue de la vente de la chose sujette à l'usufruit. (621.)

De plus, considérant ici l'usufruit comme une dette du fonds, et lui appliquant les principes de la prescription en matière de libération, la loi veut qu'il y ait présomption absolue de remise de la part de l'usufruitier qui n'a point usé de son droit pendant l'espace de trente ans. (617, 4°.)

S'il n'y avait pas simplement non-usage, et que le fonds eût été possédé en pleine propriété pendant dix ou vingt ans par un tiers acquéreur ayant titre et bonne foi, l'usufruit se trouverait dès-lors prescrit, non plus à la vérité comme une charge réelle ou dette du fonds, mais comme formant une portion distincte du domaine. (2265.)

V. L'usufruit s'éteint en cinquième lieu par la perte de la chose sur laquelle il est établi. (617, 5°.)

Pour que l'extinction du droit soit totale, il faut que la perte de la chose soit elle-même totale ; si la chose a été détruite seulement en partie, l'usufruit se conserve sur ce qui reste. (623.)

Toutefois, quand ce qui reste n'est point une partie homogène du tout, et n'est point susceptible d'un usage semblable, quoique plus restreint, la perte n'en doit pas moins être considérée comme totale par rapport à l'usufruit.

Ainsi, l'usufruitier d'un animal ou d'un troupeau qui a péri entièrement n'aura pas le droit de jouir de la valeur des cuirs. (615, 616.)

De même, l'usufruitier d'un bâtiment qui a été détruit par un cas fortuit ou s'est écroulé de vétusté, n'aura le droit de jouir ni du sol, ni des matériaux, à moins toutefois que ce bâtiment ne fasse partie d'un domaine sur lequel l'usufruit était généralement établi. (624.)

VI. Enfin , l'usufruit peut cesser par l'abus que l'usufruitier ferait de sa jouissance, soit en commettant sur la chose des dégradations qui en altèrent la substance, soit en la laissant dépérir, faute d'entretien. (618, 1er al.)

Mais ses créanciers auront la faculté d'intervenir dans l'instance pour la conservation de leur gage, et pourront même se faire subroger à ses droits, en offrant la réparation des dégradations

commises, et des garanties pour l'avenir. (618,
2ᵉ al., 1166.)

Dans tous les cas, les juges peuvent, suivant
la gravité des circonstances, ou prononcer l'extinction absolue de l'usufruit, ou n'ordonner la
rentrée en jouissance du propriétaire que sous
la condition de payer annuellement à l'usufruitier ou à ses ayant-cause, une somme déterminée,
jusqu'à l'instant où l'usufruit aurait dû régulièrement s'éteindre. (618, 3ᵉ al.)

APPENDICE AU TITRE III.

DES RÈGLES SPÉCIALES A L'USUFRUIT QUE LA LOI ACCORDE AUX PÈRE ET MÈRE SUR LES BIENS DE LEURS ENFANS MINEURS.

L'on a fait connaître, au titre de la puissance
paternelle, quelle était la nature de ce droit d'u-
sufruit, et à qui il appartenait : il ne reste plus
qu'à exposer ici à quels biens il s'étend, comment
il s'exerce, quelles en sont les charges spéciales,
et comment il cesse.

Art. 1ᵉʳ. *A quels biens s'étend le droit de
jouissance des père et mère ?*

Il embrasse généralement tous les biens des
enfans.

Mais la loi limite ce principe par plusieurs
dispositions exceptionnelles.

C'est ainsi qu'elle déclare affranchis de l'usufruit paternel,

1º Les biens que les enfans peuvent acquérir
par un travail ou une industrie séparée.

2º Ceux qui leur sont donnés ou légués sous la

condition que les père et mère n'en jouiront pas.
(387.)

L'on indiquera les autres exceptions en trai-
tant des matières auxquelles elles se rapportent.

Art. 2. *Comment les père et mère doivent jouir de leur droit?*

Le mode de jouissance des père et mère usufruitiers est le même que celui des usufruitiers
ordinaires.

Seulement, ils auront comme tuteurs la faculté
de faire vendre les meubles compris dans leur
usufruit ; et en ce cas, ils ne seront tenus qu'à
la restitution du prix de la vente. (452.)

Que s'ils préfèrent les conserver en nature,
pour en user suivant leur destination, alors ils
en feront faire, à leurs frais, une estimation
particulière par un expert que nommera le subrogé tuteur et qui prêtera serment devant le
juge de paix ; et c'est d'après cette estimation que
devront à la fin de l'usufruit être liquidés les
droits des mineurs, à raison des meubles qui ne
seraient point représentés, ou qui auraient été
détériorés par une jouissance abusive. (453, 587,
589.)

Art. 3. *Quelles sont les charges de l'usufruit légal des père et mère?*

Les père et mère investis par la loi de la jouissance des biens de leurs enfans, sont d'abord
grevés des mêmes charges et soumis aux mêmes
obligations qu'un usufruitier ordinaire. (385, 1°.)

Ils sont en outre tenus de pourvoir à la nourriture, à l'entretien et à l'éducation des enfans,
selon leur fortune. (385 , 2°.)

En troisième lieu, la loi laisse entièrement à

leur charge les frais funéraires et de dernière maladie, soit des personnes dont l'enfant aurait re-
cueilli les biens, soit de l'enfant lui-même.
(385, 4°.)

Qui propter funus aliquid impendit, cum defuncto
contrahere videtur. (L. 1, ff. *de relig. et sumpt.*)

Ils doivent acquitter enfin, comme serait tenu
de le faire un usufruitier *universel,* les arrérages
et intérêts des rentes et capitaux passifs qui sont
une charge des biens ou de la portion de biens
dont ils ont l'usufruit. (385, 3°.)

L'on ne peut avoir, de son vivant, un ayant-cause
universel. — Cette qualité ne peut être acquise que
respectivement à une personne décédée. (*Ricard,*
3e *partie,* n° 1518. — *Grenier, Don.,* n° 93.)

D'un autre côté, ils sont dispensés par la loi
de donner caution. (601.)

ART. 4. *Comment cesse l'usufruit légal des père et mère.*

Il doit d'abord finir, dans tous les cas, lorsque
l'enfant a atteint l'âge de dix-huit ans accomplis.
(384.)

Mais il peut avoir un terme plus rapproché ;
il s'éteint avec la cause qui le produit ; c'est-à-dire
avec la puissance paternelle ; et dès-lors par l'é-
mancipation de l'enfant, ou par son prédécès.
(372, 384.)

Il cesse enfin pour la veuve qui passe à de
secondes noces ; et à plus forte raison pour celle
dont la conduite est un scandale public.

Non enim luxuria aliquid amplius habebit castitate.
(*Nov.* 39, *cap.* 2, *in fine.*)

TITRE QUATRIÈME.

DU DROIT D'USAGE.

SECTION PREMIÈRE.
DE LA NATURE DU DROIT D'USAGE ; COMMENT IL S'ÉTABLIT ;
ET DES DIVERSES DÉNOMINATIONS QU'IL REÇOIT.

Le droit d'usage est comme l'usufruit, un droit de jouissance dans la chose d'autrui ; mais un droit restreint à ce que réclament les besoins de la personne ou de la famille en faveur de laquelle il est établi.

Ainsi, à la différence de l'usufruit, d'une part, le droit d'usage est par sa nature incommunicable et incessible, quelle que soit d'ailleurs la chose à laquelle il s'applique (631, 634);

D'autre part, il n'est pas essentiellement temporaire, sa perpétuité ne devant pas rendre illusoire le droit du propriétaire.

Sous tous les autres rapports, il participe de la nature de l'usufruit.

Il s'établit aussi de la même manière ; sur quoi l'on doit cependant faire observer qu'un simple droit d'usage ne pourrait être fondé sur la prescription qu'autant que par son étendue et le mode de son exercice, il serait susceptible d'une possession caractérisée. (625, 691, 2229, 2262, 2265.)

Par une disposition spéciale du *Code forestier*, nul ne sera désormais admis à exercer un droit d'usage quelconque dans les bois qui font partie du domaine de l'Etat ou de la couronne, si au jour de la promulgation de cette loi, il n'en était pas en jouissance, et si, en outre, ses droits n'ont pas été antérieurement reconnus fondés par des actes du Gouvernement ou des jugemens définitifs, ou ne le sont depuis, par suite d'instances administratives ou judiciaires déjà engagées, ou qui le seraient dans le délai de deux ans. (*For.*, 61, 88.)

Et à l'avenir, aucune concession de cette nature ne pourra être faite que dans les formes prescrites pour l'aliénation des biens de l'État, et en vertu d'une loi. (*For.*, 60, 62. — *L. des* 22 *nov.*-1er *décemb.* 1790, *art.* 8, 12.)

Le droit d'usage reçoit différentes dénominations, suivant son objet ou la nature des biens qui en sont grevés.

Etabli sur une maison, il est qualifié par la loi, droit *d'habitation.* (632, 634, *etc.*)

Lorsque l'usage concédé dans un bois ou une forêt, porte sur ce qui en constitue le principal produit, il est appelé droit *d'usage en bois.* (*For.*, 63, 118.)

S'il n'a pour objet que les produits accessoires qui peuvent servir à la nourriture du bétail, mais qu'il les comprenne tous indistinctement, c'est un droit de *paisson;* s'il est restreint à la glandée destinée à la nourriture des porcs, c'est un droit de *panage.* (*For.*, 53, 64, *etc.*)

L'usage accordé sur des prairies ou des terres arables, pour la nourriture des troupeaux, est généralement désigné sous la dénomination de droit de *pâturage;* et le pâturage est un droit de *vive* ou de *vaine* pâture, suivant que, d'après le titre qui l'établit, il peut ou ne peut pas être exercé avant l'enlèvement des récoltes. (*L. des* 28 *sept.*-6 *oct.* 1791, *tit.* 1er, *sect.* 4, *art.* 9, 10.)

Du reste, pâturage ou pacage est une expression générique qui s'applique à tout ce qui sert à la nourriture du bétail, soit dans les forêts, soit dans les fonds d'une autre nature. (*For.*, 64, 67, 119, *etc.*)

Enfin, la vaine pâture devient un droit de *parcours* ou d'*entrecours*, lorsque deux communautés d'habitans, ou un plus grand nombre l'exercent sur leurs territoires respectifs. (648. — *L. des 28 sept.-6 oct.* 1791, *art.* 2.).

Les droits de vaine pâture et de parcours ont cela de particulier, que bien qu'ils ne soient point susceptibles d'une possession caractérisée, ils peuvent néanmoins être fondés sur la seule possession ; si elle est autorisée par la loi, la coutume ou un usage local immémorial. (*L. des* 28 *sept.-6 oct.* 1791, *tit.* 1er, *sect.* 4, *art.* 2, 3.)

SECTION II.

QUELS SONT LES DROITS DE L'USAGER ?

L'étendue des droits d'usage est déterminée par le titre qui les a établis, ou par la possession paisible et constante qu'en ont eue les usagers.

Dans le silence du titre, et à défaut de possession qui puisse l'expliquer ou le suppléer, celui qui a l'usage des fruits d'un fonds pourra en exiger, autant qu'il lui en faut pour ses besoins et ceux de sa famille, dans laquelle doivent être compris les enfans qui lui seront survenus depuis la concession de l'usage, si toutefois il était alors marié. (628, 629, 630.)

De même, celui qui a l'usage d'une maison devra obtenir la jouissance d'un appartement propre à le recevoir lui et sa famille, eu égard à sa profession et au rang qu'il occupe dans la société. (633.)

Et ce qui est particulier au droit d'habitation, il pourra y loger avec lui, sa femme et ses enfans, quand même il n'aurait pas été marié à l'époque où le droit lui a été concédé. (632.)

Ne ei matrimonio carendum foret, cùm uti vult domo. (*L.* 4, § 1, ff. *de us. et hab.*)

En ce qui concerne les droits d'usage dans les bois ou forêts, le code forestier en fixe les limites d'une manière spéciale. — Et d'abord celui qui a un simple droit d'usage en bois ne pourra réclamer que les bois nécessaires à son chauffage et à celui de sa famille; et il lui est interdit, dans le sens le plus absolu, de donner une autre destination à ceux qui lui auront été délivrés. (636. — *For.*, 83, 120.)

Que s'il s'agit d'un droit de pâturage, les usagers n'en pourront jouir que pour les bestiaux à leur propre usage, et non pour ceux dont ils font le commerce. (*For.*, 70, 120.)

Et quelque illimitée que soit la concession, ils ne pourront conduire dans la forêt et sur les terrains qui en dépendent, des chèvres, brebis ou moutons, sauf indemnité, si le titre ou une possession équivalente à titre leur attribuait ce droit. (*For.*, 78, 1er et 2e *al.*, 120.)

Le pacage des moutons pourra néanmoins être autorisé dans les forêts de l'État, par une ordonnance du Roi; et dans les bois des particuliers, par une convention formelle, là où il sera reconnu non dommageable. (*For.*, 78, 3e *al.*, 120.)

Enfin, l'exercice d'un droit d'usage forestier pourra toujours être réduit par l'administration suivant l'état et la possibilité des forêts; et s'il y a contestation sur ce point, il sera statué par les tribunaux ordinaires, à moins que le bois ne soit soumis au régime forestier; cas auquel le recours devra être exercé devant le conseil de préfecture. (*For.*, 65, 68, 119, 121, 112, 88.)

Les droits d'usage en vaine pâture ou parcours ont été également réglés par une loi particulière; à savoir, le *Code rural* des 28 septembre-6 octobre 1791.

D'après cette loi qui, du reste, maintient les

coutumes ou usages locaux de temps immémorial, en tant qu'ils attribueraient à l'usager un plus grand avantage, tout chef de famille, domicilié dans la commune sujette à la vaine pâture, ou dans l'une des communes sujettes au parcours, pourra envoyer au pâturage commun six bêtes à laine, plus une vache et son suivant. (*tit.* 1er, *sect.* 4, *art.* 14.)

Et tout propriétaire ou fermier exploitant des terres sur ces mêmes communes, soit qu'il y ait ou non son domicile, aura la même faculté pour un nombre de têtes de bétail proportionné à l'étendue de son exploitation. (*Loc. cit., art.* 12, 15.)

La proportion sera établie dans chaque commune à raison de tant de têtes par hectare de terrain soumis à la vaine pâture; l'on prendra pour base les règlemens et usages locaux; et à défaut de documens positifs à cet égard, il y sera pourvu par le conseil municipal. (*L. cit.*, 13.)

SECTION III.

COMMENT L'USAGER DOIT EXERCER SES DROITS?

Si le mode d'exercice de l'usage n'est point réglé par le titre ou la possession, il le sera d'après l'espèce et l'étendue même du droit.

Généralement, l'usager d'un fonds de terre aura le droit d'en jouir par lui-même, si l'usage absorbe la plus grande partie des fruits. — Dans le cas contraire, il devra recevoir des mains du propriétaire ce que son titre lui attribue.

Mais le Code forestier contient encore sur ce point des dispositions spéciales.

L'usager qui a droit à des livraisons de bois, devra toujours en demander la délivrance au propriétaire, ou s'il s'agit d'un bois soumis au régime forestier, aux agens du gouvernement en cette partie. (*For.*, 79, 120.)

Cependant, lorsque son titre ne lui donnera que le bois mort, il pourra le prendre lui-même, pourvu qu'il ne se serve pas de crochets ou ferre-mens. (*For.*, 80, 120.)

Au surplus, la délivrance des bois de chauf-fage peut avoir lieu par stères ou par coupe. (*Ord. du 1er août* 1827, *art.* 122.)

En ce dernier cas, si le droit appartient à une communauté d'habitans, l'exploitation devra né-cessairement être faite avant tout partage, sous la responsabilité solidaire des usagers, par un entrepreneur spécial qu'ils nommeront, et qu'a-gréera l'administration forestière. (*For.*, 81, 82.)

De même, quels que soient l'âge et l'essence des bois, les droits de pâturage et de panage ne pourront être exercés que dans les cantons dé-clarés défensables, par l'administration fores-tière, sauf le recours au conseil de préfecture, pour les bois soumis au régime forestier, et à l'autorité judiciaire, pour les bois des particuliers. (*For.*, 67, 119, 121. *Ordon.*, 151.)

Les chemins pour le passage du bétail seront désignés par l'administration forestière, ou par le propriétaire, simple particulier. (*For.*, 71, 119.)

Ce sera également à l'un ou à l'autre qu'il appartiendra de déterminer chaque année le temps de l'ouverture du panage, dont la durée ne pourra se prolonger au-delà de trois mois; et il est d'ailleurs interdit aux usagers d'abattre, ramasser ou emporter les glands, faînes ou autres fruits. (*For.*, 66, 57, 85, 120.)

Enfin, outre quelques autres précautions pres-crites pour empêcher que la mesure du droit ne soit abusivement excédée, les porcs et bestiaux des communautés d'habitans usagères, seront réunis en un seul troupeau. (*For.*, 72, 73, 75, 120.)

De leur côté, l'administration forestière et le propriétaire devront chaque année, avant le 1er mars pour le pâturage, et pour le panage, un mois avant l'époque qu'ils auront fixée pour son exercice, faire connaître aux communes et aux particuliers jouissant des droits d'usage, les cantons déclarés défensables, et le nombre des bestiaux qui, d'après l'état de la forêt, y pourront être admis. (*For.*, 69, 120.)

Quant à l'exercice des droits de vaine pâture et de parcours, il n'aura lieu que dans le temps déterminé par la coutume ou l'usage, et jamais, tant que la première herbe ne sera point enlevée, s'il s'agit de prairies naturelles; ou tant qu'il restera une récolte à faire, sans nouvel ensemencement, s'il s'agit de prairies artificielles ou de terres arables. (*Loi des* 28 *sept.*-6 *oct.* 1791, *loc. cit., art.* 9 *et* 10.)

Chaque usager pourra du reste faire conduire ses bestiaux à garde séparée. (*Loc. cit.*, 12, 14, 15.)

SECTION IV.

QUELLES SONT LES OBLIGATIONS DE L'USAGER ?

Si l'usager est appelé par son titre, ou par l'étendue de son droit, ou par la nature même du fonds qui en est l'objet, à jouir par lui-même de tout ou partie de la chose soumise à l'usage, il doit faire des états et inventaires, et fournir préalablement caution de la même manière que l'usufruitier. (626.)

Il doit ensuite également, comme ce dernier, jouir en bon père de famille, et est généralement tenu des mêmes devoirs. (627.)

Quant aux charges, si l'usager absorbe tous

les fruits du fonds, ou s'il occupe la totalité de la maison, il est assujetti aux frais de culture, aux réparations d'entretien et au paiement des contributions, comme l'usufruitier. (635, 1ᵉʳ al.)

S'il ne prend qu'une partie des fruits, ou s'il n'occupe qu'une partie de la maison, il contribue au prorata de son droit. (635, 2ᵉ al.)

De même, ceux qui ont un droit d'usage en bois, supporteront, outre leur portion contributive des impôts, les frais d'exploitation ou d'abattage des bois qui leur sont délivrés. (*Forest.*, 81. *Ordon.*, 123.)

Mais le simple pâturage dans les bois, et les droits de vaine pâture ou de parcours, non abusivement exercés, ne devant enlever au propriétaire aucune portion du produit principal de son fonds, les usagers seront exempts de toutes contributions au paiement des impôts et autres charges de la jouissance.

SECTION V.

COMMENT FINIT L'USAGE?

Le droit d'usage se perd de la même manière que l'usufruit, si ce n'est toutefois qu'il peut être perpétuel, et que dès-lors, il ne sera point, comme l'usufruit, limité à un espace de trente ans, s'il a été concédé à une personne morale, telle qu'une communauté d'habitans. (625.)

Mais, lorsque l'usage aura été constitué à perpétuité, ou en faveur d'une personne morale que l'on ne suppose point pouvoir périr, alors, comme il participe davantage du droit de propriété, et qu'il établit une sorte d'indivision sans terme entre l'usager et le propriétaire, il pourra, à la demande de celui-ci, être converti en un droit de propriété exclusif sur une portion déterminée du fonds usager, ou en une simple indemnité pécuniaire, si, à raison de sa nature ou de son peu d'importance, il ne peut servir de base à un partage proprement dit.

Ce double mode d'affranchissement qu'a consacré la jurisprudence, est appelé *cantonnement* et *rachat.* (*L. des* 20-27 *sept.* 1790, *art.* 8. *L. des* 28 *sept.*-6 *oct.* 1791, *tit.* 1ᵉʳ, *sect.* 4, *art.* 8. *L. des* 28 *août*-14 *sept.* 1792, *art.* 5. — *For.*, 63, 64.)

En thèse générale, il faudra procéder par la voie du cantonnement qui attribue à l'usager une partie de la propriété même, pour lui tenir lieu de son droit, lorsque l'exercice de l'usage entraînera une véritable communauté de jouissance, ou un partage des principaux produits du fonds.

Si, au contraire, l'usage ne porte que sur des produits accessoires, de peu d'importance pour le propriétaire, et qu'il gêne celui-ci dans sa jouissance plutôt qu'il ne l'oblige à le partager, alors l'on pourra prendre la voie du rachat.

Ainsi, une forêt ne pourra être affranchie d'un droit d'usage en bois que par le cantonnement; mais les droits de paisson et de panage seront rachetables moyennant une indemnité en argent. (*For.*, 63, 64, 118, 120.)

De même, le droit de vive ou de grasse pâture sur les prairies, landes ou marais, donnera lieu au cantonnement; et le droit de vaine pâture, alors même qu'il est fondé sur un titre, au simple rachat. (*L. des* 20-27 *sept.* 1790, *art.* 8. *L. des* 28 *sept.*-6 *oct.* 1791, *tit.* 1ᵉʳ, *sect.* 4, *art.* 8.)

Néanmoins, le rachat ne pourra être demandé par le propriétaire dans les lieux où l'exercice du droit de pâturage ou de vaine pâture est devenu d'une absolue nécessité pour les habitans d'une ou de plusieurs communes. (*For.*, 64, 120. — *Civ.*, 643.)

Si cette nécessité est contestée, elle sera jugée par les tribunaux ordinaires, à moins que le fonds usager ne soit un bois soumis au régime forestier, cas auquel les parties devront se pourvoir devant le conseil de préfecture qui, après une enquête *de Commodo et Incommodo*, statuera, sauf le recours au conseil d'état. (*For.*, 64, 121. *L. des* 20-27 *sept.* 1790, *art.* 8.)

De droit commun, l'action en affranchissement d'usage, par voie de cantonnement ou de rachat, n'appartient qu'au propriétaire. (*L. des* 20-27 *sept.* 1790, *art.* 8. — *For.*, 63, 64, 118, 120.)

Toutefois, celui qui a un droit d'usage en vive pâture dans des prairies, landes ou marais, pourra aussi demander le cantonnement. (*L. des* 28 *août*-14 *sept.* 1792, *art.* 5.)

Le cantonnement ou le rachat sera réglé de gré à gré, et en cas de contestation, par les tribunaux ordinaires, même alors que le fonds usager serait un bois soumis au régime forestier. (*L. des* 20-27 *sept.* 1790, *art.* 8. — *For.*, 63, 64, 121.)

Lorsque le droit de vaine pâture ne sera fondé que sur la possession, il ne sera besoin, pour en affranchir un fonds, ni du cantonnement, ni du rachat : il suffira que l'on use du droit qu'a tout propriétaire de clore son héritage. (*L. des* 28 *sept.* 6 *oct.* 1791, *tit.* 1er, *sect.* 4, *art.* 5, 7.)

Et cela aura lieu, même par rapport aux prairies, dans les pays où, sans titre et par le seul usage, elles deviennent communes à tous les habitans, soit immédiatement après la récolte de la 1re herbe, soit dans tout autre temps déterminé. (*Eod. loc.*, art. 11.)

Seulement, le nombre de têtes de bétail que l'on pouvait envoyer au pâturage commun, devra être restreint proportionnellement à l'étendue du terrain que l'on aura clos. (*Eod. loc.*, art. 16. *Civ.*, 648.)

Un héritage sera considéré comme étant en état de clôture, lorsqu'il aura été entouré d'un mur de quatre pieds de hauteur avec barrière ou porte, ou exactement fermé, soit de palissades ou de treillages, soit d'une haie vive ou d'une haie morte faite de la manière en usage dans le pays, soit enfin d'un fossé de quatre pieds de large à l'ouverture, sur deux pieds de profondeur. (*Eod. loc.*, art. 6.)

Quelle que soit la nature de l'usage, le propriétaire aura encore la faculté d'en faire circonscrire l'exercice sur une partie déterminée du fonds qui en est grevé, à supposer cependant qu'il soit possible d'établir cette circonscription, sans préjudicier aux droits de l'usager : c'est ce que l'on a appelé *aménagement*, et quelquefois, par abus, *cantonnement*. (701.)

L'aménagement diffère essentiellement du cantonnement proprement dit.

En effet, l'un change l'usage en un droit de propriété : c'est une interversion complète du titre primitif.

L'autre modifie l'usage, ou en resserre les bornes, mais sans intervertir le titre des usagers.

TITRE CINQUIÈME.

DES DROITS DE SERVITUDES PRÉDIALES.

————◦◦◦◦◦————

NOTIONS PRÉLIMINAIRES

SUR LA NATURE DES SERVITUDES PRÉDIALES, ET
LEURS DIFFÉRENTES ESPÈCES.

Une servitude est une charge imposée sur un
héritage en faveur de l'héritage d'autrui, à l'effet d'en rendre la jouissance plus utile ou plus
agréable. (637.)

Urbanorum prædiorum talia jura sunt : stillicidii
avertendi in tectum vel aream vicini; item immittendi
tigna in parietem vicini ; denique protegendi, pro-
jiciendique. — Et hæc eorum servitus ne prospectui
officiatur; ne altiùs extollatur ; ne luminibus vicini
officiatur. (*L.* 2 *et* 3, ff. *de servit. urban. præd.* —
Servitutes prædiorum rustic. hæ sunt : iter, actus,
via; aquæductus; aquæhaustus; jus calcis coquendæ,
arenæ fodiendæ. — Iter, jus eundi ambulandi homi-
nis. — Actus, jus agendi jumentum vel vehiculum.
— Via, jus eundi, et agendi. — Aquæductus, jus
aquam ducendi per fundum alienum. — Item sic possunt servitutes imponi... ut fructus in vicini villâ co-
gantur, coactique habeantur. (*L.* 1-3 , ff. *de servit.*
præd. rustic.)

Il est de l'essence des servitudes qu'elles aient
pour objet, tant *activement* que *passivement*, des
immeubles par leur nature ou leur incorporation
au sol; en d'autres termes, des fonds de terre
ou des bâtimens; et de là leur vient la dénomination de *servitudes prédiales.* (637, 686, 687.)

Ideò hæ servitutes prædiorum appellantur , quia
sine prædiis constitui non possunt : nemo enim servitutem adquirere potest nisi qui prædium habet; nec
quisquam debere , nisi qui prædium habet. (*L.* 1, ff.
Comm. pr.)

Ainsi, cette sorte d'engagement ne saurait s'appliquer ni à un meuble, ni à une personne.

Imposée en faveur de la personne, la charge ne pourrait être qu'un droit d'usage plus ou moins circonscrit.

Ut pomum decerpere liceat, et ut spatiari, et ut cœnare in alieno possimus, servitus imponi non potest. (L. 8, ff. *de servit.*) — Concessio est personalis, etiamsi facta fuerit *occasione* prædii. (*Caepol.* cap. 2, *n*os 5, 10.)

Imposée à la personne même, elle ne constituerait qu'une obligation personnelle dont les effets seraient réglés par les principes du Code sur le louage d'ouvrage ou de service. (686, 6, 1780.)

Il faut en outre, pour qu'il y ait servitude, que les deux héritages appartiennent à des maîtres différens ; s'ils étaient réunis dans la même main, le propriétaire, en assujettissant l'un à l'autre, n'exercerait point un droit de servitude, mais userait de son droit de propriété.

Nemini res sua servit. (L. 26, ff. *de servit. præd. urb.*) — Cuique res sua prodest, non jure servitutis sed jure dominii.

Du reste, un droit de servitude ne donne à l'héritage auquel il est dû et que l'on appelle fonds *dominant*, sur l'héritage qui le doit, et que l'on appelle fonds *servant*, aucune autre prééminence que celle qui résulte de l'établissement même de la servitude. (638.)

Les servitudes prédiales sont des démembremens de la propriété, en tant qu'elles diminuent les produits ou l'utilité du fonds servant ; mais comme elles ne sauraient être isolées du fonds dominant dont elles forment une qualité accessoire inséparable, elles ne constituent pas par

elles-mêmes, ainsi que l'usufruit, une propriété
spéciale civilement distincte des droits de propriété dont reste saisi le propriétaire du fonds
grevé; en sorte qu'en thèse générale, elles ne
doivent être considérées que comme des dettes ou
charges réelles d'un héritage envers un héritage
appartenant à un autre propriétaire.

Par la même raison, soit qu'on les considère
comme *actives*, c'est-à-dire par rapport au fonds
dominant, soit qu'on les considère comme *pas-
sives*, c'est-à-dire par rapport au fonds *servant*,
elles ne sont cessibles qu'avec l'immeuble même
auquel elles sont dues ou qui les doit; mais aussi
comme droits réels immobiliers elles le suivent
activement et passivement, en quelque main
qu'il passe, alors même qu'il n'en aurait point
été fait mention dans l'acte d'aliénation.

La perpétuité est encore un des caractères
généraux des servitudes prédiales, bien qu'il
n'appartienne pas à leur essence.

Enfin toute servitude prédiale, considérée
dans son objet, est un droit *indivisible,* parce que
la loi suppose et devait naturellement supposer
que son étendue a été exactement mesurée sur
les besoins du fonds dominant; besoins dont on
ne peut d'ailleurs contester aux parties le droit
de fixer les limites suivant leurs vues particulières. (1218, 2249, 2ᵉ *al.*, 709, 710.)

Au surplus, l'établissement d'une servitude
n'empêche pas que le propriétaire du fonds servant ne conserve la propriété exclusive de la
partie même de ce fonds où elle s'exerce.

Loci corpus non est dominii ipsius cui servitus de-
betur; sed jus eundi habet. (*L.* 4, ff. *de servit. vind.*)

Il ne faut donc pas confondre avec une servitude le droit de propriété qu'une personne au-

rait acquis pour desservir son fonds, sur la superficie ou dans l'intérieur d'un fonds voisin.

Les servitudes prédiales, eu égard aux caractères *accidentels* qu'on y rencontre le plus ordinairement, peuvent être divisées :

1° En servitudes *continues*, celles dont l'usage est ou peut être continuel, sans avoir besoin du fait actuel de l'homme; et en servitudes *discontinues*, celles qui ont au contraire besoin du fait actuel de l'homme pour être exercées. (688.)

2° En servitudes *apparentes*, celles qui s'annoncent par des ouvrages extérieurs; et en servitudes *latentes*, celles qui n'ont pas de signe extérieur de leur existence. (689.)

3° En servitudes *négatives*, celles dont l'effet se borne à empêcher le propriétaire du fonds servant d'y exercer certains actes qu'il aurait naturellement le droit de faire; et en servitudes *affirmatives*, celles qui autorisent le propriétaire du fonds dominant à exercer lui-même sur le fonds servant certains actes qui lui seraient naturellement interdits.

Enfin, les servitudes prédiales considérées par rapport à la cause qui les produit, sont conventionnelles ou légales.

CHAPITRE PREMIER.

DES SERVITUDES CONVENTIONNELLES.

L'on comprend sous la dénomination de servitudes conventionnelles toutes celles qui doivent leur existence à la volonté de l'homme, par opposition à celles qu'établit la disposition naturelle des lieux ou la loi positive. (639. — *Rubriq. du chap. 3 du tit. 4 du 2ᵉ liv.*)

SECTION PREMIERE.

COMMENT S'ACQUIÈRENT ET S'ÉTABLISSENT LES SERVITUDES;
ET QUELS MODES DE PREUVES SONT ADMISSIBLES EN CETTE
MATIÈRE?

Les servitudes s'acquièrent par toute espèce de convention entre personnes capables de contracter. Elles peuvent également être l'objet d'une disposition testamentaire.

Et elles deviennent des droits réels immobiliers, c'est-à-dire qu'elles sont acquises même vis-à-vis des tiers, et affectent le fonds tant activement que passivement, du moment où la convention a été formée, sans qu'il soit besoin d'aucun acte de tradition. (1140, 1583.)

Mais les terres sont aussi bien que les personnes, naturellement présumées libres.

Ainsi, c'est à celui qui réclame l'exercice d'une servitude, à établir la preuve qu'elle est due. (1315.)

Cette preuve peut être faite par titre ou par témoins avec un commencement de preuve par écrit, conformément aux principes généraux des obligations.

Mais, soit parce que la possession d'une servitude ne peut, en thèse générale, avoir les caractères requis pour la prescription; soit parce qu'une servitude est la dette d'un fonds envers un autre fonds, et que nos lois n'ont point admis de prescription qui puisse dispenser un créancier de rapporter le titre constitutif de sa créance, le Code consacre ici en principe, *qu'il ne pourra être suppléé par aucune prescription à la représentation du titre constitutif de la servitude,* celle qui serait invoquée reposât-elle sur une possession immémoriale. (691.)

Ce titre ne peut être remplacé que par un acte récognitif émané du propriétaire du fonds asservi, et contenant les énonciations prescrites. (695, 1337.)

Toutefois, ce principe, que l'on ne peut établir par la prescription, l'existence d'une servitude, est limité par deux dispositions exceptionnelles.

La première, purement transitoire, et qui n'est qu'une application particulière du principe de la non rétroactivité des lois, maintient les servitudes déjà acquises par la possession à l'époque de la promulgation du Code, dans les pays où elles pouvaient s'acquérir de cette manière. (691.)

La seconde déclare généralement prescriptibles les servitudes qui sont tout à la fois *continues* et *apparentes;* exception fondée sur ce que les servitudes qui réunissent ce double caractère, participent plus que les autres de la nature du droit de propriété, et sont susceptibles d'une possession mieux caractérisée.

Mais cette prescription ne peut, dans aucun cas, et alors même qu'elle s'appuierait sur un titre émané *à non domino*, être acquise qu'après trente ans de possession. (690.)

La possession commencera du jour où auront été faits et parachevés les ouvrages extérieurs que nécessite l'exercice de la servitude, et qui déposent de son existence. (2229.)

C'est ainsi que le propriétaire d'un fonds inférieur ne pourra prescrire l'usage des eaux qui prennent leur source dans le fonds supérieur que par une jouissance non interrompue de 30 ans, à partir du jour où il a terminé des ouvrages apparens destinés à faciliter la chute ou le cours de l'eau dans sa propriété. (642.)

Le titre peut encore être suppléé à l'égard des servitudes *continues* et *apparentes*, par la destination du père de famille. (692.)

Il y a, d'après la loi, destination du père de famille, lorsqu'il est prouvé que le même propriétaire a réuni dans sa main les deux fonds actuellement divisés, et qu'il en a joui dans l'état duquel résulte la servitude. (693.)

Ce double fait, sur le fondement duquel la loi présume une volonté respective d'établir la servitude, ne constituant pas toutefois par lui-même une convention, pourra être établi par témoins. (1341, *rubriq. du chap. 6 du tit. des oblig.*)

La destination du père de famille vaudra titre contre le propriétaire lui-même, ou en sa faveur, lorsqu'il se sera dessaisi de l'un des héritages, sans que le contrat contienne aucune stipulation relative à la servitude continue dont il existe un signe apparent. (694.)

SECTION II.

QUELS SONT LES DROITS DU PROPRIÉTAIRE DU FONDS DOMINANT?

L'étendue des servitudes prédiales est déterminée par le titre qui les établit, et à défaut de titre ou dans le silence du titre, par la possession qui doit être présumée n'être que l'exécution d'une convention tacite antérieure. (686, 702.)

Parmi les règles d'interprétation généralement applicables aux conventions, il en est trois qui doivent plus spécialement guider ici la conscience du juge.

La première est, que celui qui veut la fin, doit nécessairement vouloir les moyens.

Qui vult finem, non debet nolle media ad illud tendentia.

La seconde, que dans le doute, il faut plutôt restreindre qu'étendre l'obligation. (1162.)

Quod minimum est, sequendum.

La troisième, que ce qui est utile à l'une des parties, sans être nuisible à l'autre, doit être présumé avoir été dans leur commune intention.

Quod tibi non nocet, et alteri prodest, ad id obligatus es. — Malitiis non indulgendum.

La loi décide, sur le fondement de la première maxime, que l'établissement seul de la servitude entraîne la concession tacite de tous les droits accessoires que comporte sa nature, et sans lesquels l'on ne pourrait en user.

Ainsi, la servitude de puisage emportera le droit de passage ; la servitude de jours, le droit d'empêcher qu'ils ne soient obstrués, etc. (696.)

A plus forte raison, le propriétaire du fonds dominant aura-t-il la faculté de faire tous les ouvrages nécessaires pour exercer utilement et commodément son droit. (697.)

Si iter legatum sit quâ, nisi opere facto, iri non possit, licet, fodiendo, substruendo, iter facere. (L. 10, ff. de servit.) — Dùm nequid ultrà, quàm quod necessarium est. (L. 20, § 1 , de serv. præd. urbanorum.)

Mais, d'après la seconde maxime, ces ouvrages seront exclusivement à ses frais, à moins que le titre constitutif de la servitude ne contienne une clause formelle contraire. (698.)

Non est servitutum ea natura, ut aliquid quis faciat, sed aut non faciat, aut patiatur.

Et comme tous les droits accessoires qui accompagnent une servitude doivent, en vertu de l'axiôme : *Res accessoria rei principalis naturam sequitur*, être réputés ainsi que la servitude même, une dette ou charge réelle du fonds assujetti, le propriétaire de ce fonds pourra toujours s'affranchir de l'obligation qui lui aura été imposée par le titre, de faire à ses frais tout ou partie des ouvrages dont il s'agit, en abandonnant au propriétaire du fonds dominant la propriété de toute la partie affectée à l'exercice de la servitude. (699.)

Labeo autem, hanc servitutem non hominem sed rem debere; denique licere domino rem derelinquere scribit. (*L.* 6, § 2, ff. *de serv. vind.*)

Une autre conséquence de la seconde maxime est que la servitude doit être strictement limitée à ce qu'exigeait le service du fonds, au moment où elle a été établie.

Ainsi, le propriétaire du fonds dominant ne pourra étendre la servitude à un fonds contigu qu'il n'a acquis que depuis la convention qui lui confère ce droit.

De même, si l'héritage dominant venait à être divisé, comme la servitude établie en faveur d'un fonds est nécessairement due à toutes les parties de ce fonds, chacun des co-partageans aurait bien le droit d'en user; mais il ne leur serait toujours dû qu'une seule servitude; en sorte que s'il s'agissait d'un droit de passage, par exemple, ils seraient tous tenus de l'exercer par le même endroit. (700.)

Il faut encore conclure de cette même maxime appliquée à la matière des servitudes, que dans le silence du titre, ou à défaut de faits d'exécution qui puissent l'expliquer, c'est au propriétaire du fonds servant qu'il appartiendra de déterminer le lieu où s'exercera la servitude, ce que toutefois il devra faire *arbitrio boni viri.* (1190, 1022, 1246. *L.* 26, *ff. de serv. præd. rust.*)

Et bien que l'assignation une fois faite, ou par lui-même, ou par le titre, ou par l'exécution donnée au titre, il ne puisse régulièrement changer l'état des lieux, et transporter ailleurs la servitude, néanmoins par une conséquence directe de la 3ᵉ maxime, si cette assignation primitive lui était devenue plus onéreuse et l'empêchait d'améliorer sa propriété, il pourrait offrir au propriétaire du fonds dominant, un endroit aussi commode pour l'exercice de ses droits, et celui-ci ne pourrait le refuser, quand même cette nouvelle assignation nécessiterait quelques travaux sur sa propriété même, et devrait momentanément entraîner pour lui quelques légers inconvéniens. (701, 2ᵉ *et* 3ᵉ *al.*)

L'usage et l'étendue de la servitude se trouvant ainsi réglés, le propriétaire du fonds dominant ne pourra faire, même en son propre héritage, aucun changement qui aggrave la condition du fonds servant; comme le propriétaire de ce dernier devra, de son côté, s'interdire tout ce qui tendrait à rendre l'exercice du droit plus incommode ou moins avantageux : c'est une application directe de la double maxime que les conventions expresses ou tacites tiennent lieu de lois à ceux qui les ont formées, et qu'elles doivent être exécutées de bonne foi. (701, 1ᵉʳ *al.*, 702, 1134.)

Lorsque le propriétaire du fonds dominant est troublé dans l'exercice de ses droits, il a pour s'y faire maintenir une action réelle-immobilière, toute servitude étant une dette du fonds même;

mais il ne pourra régulièrement agir qu'au pétitoire.

Cependant, si la servitude était prescriptible,
comme alors il lui importerait de faire reconnaître sa possession actuelle, il serait autorisé
par-là même à prendre la voie du possessoire.

Mais il ne jouira point du principal avantage
de la possession. Assigné devant le juge du pétitoire, il sera, nonobstant sa qualité de défendeur, tenu de prouver, contre la présomption
de liberté qui milite pour le fonds servant, l'existence de la servitude contestée, sinon par un
titre, du moins par une possession trentenaire,
sauf l'application de la maxime que celui qui
possède actuellement et prouve avoir possédé an-
ciennement, doit être présumé avoir possédé
dans le temps intermédiaire. (2234.)

SECTION III.

COMMENT S'ÉTEIGNENT LES SERVITUDES?

Les modes d'extinction, qui sont particuliers
aux servitudes, peuvent être réduits à trois :

1° La confusion ;

2° La remise expresse ou tacite ;

3° Un changement survenu dans l'état des
fonds, qui rend impossible l'exercice de la servitude.

Et même, ainsi qu'on va le voir, cette dernière cause n'opère-t-elle point l'extinction du
droit, en un sens absolu, mais seulement une
interruption de fait qui ne peut devenir définí-
tive et irrévocable qu'après le temps requis pour
la prescription.

Si la servitude consistait dans le droit de prendre pour le service du fonds dominant, une portion des fruits ou principaux produits du fonds

servant, et qu'elle établit par là entre les deux propriétaires une communauté de jouissance et une sorte d'indivision sans terme, elle pourrait aussi, de même que le droit d'usage personnel, être convertie, par le cantonnement, en un droit de propriété.

Art. 1er. *De l'extinction des servitudes par la confusion.*

Il y a confusion, lorsque le fonds dominant et le fonds servant se trouvent réunis, en vertu d'un titre irrévocable, dans la main du même propriétaire.

La servitude manquant alors d'un de ses caractères essentiels, cesse par là même d'être une servitude. (705.)

Et en cas que les fonds fussent de nouveau divisés, elle ne pourrait revivre qu'en vertu d'une convention expresse, ou par la destination du père de famille.

Art. 2. *De l'extinction des servitudes par la remise.*

Une servitude étant l'obligation d'un fonds envers un autre fonds, doit, suivant les principes communs à toutes les obligations, s'éteindre par la renonciation volontaire du créancier aux droits qu'elle lui confère.

De même que lorsqu'il s'agit d'un droit d'usufruit, cette renonciation peut n'être qu'implicite, comme si celui à qui la servitude est due, permettait à celui qui la doit, de faire dans le fonds servant des ouvrages qui en empêcheraient l'exercice.

Dans tous les cas, le propriétaire du fonds servant devra justifier de la remise, par l'un des modes de preuve admis en matière d'obligations conventionnelles.

Par une application spéciale des principes qui régissent la prescription établie pour suppléer la preuve directe de la libération, la loi fonde encore ici une présomption absolue de remise, sur le non-usage qui a duré trente ans, quels que soient d'ailleurs les caractères accidentels de la servitude, et le mode de son exercice. (706.)

En principe, le temps de cette prescription commencera à courir, à savoir : dans le cas où la servitude est affirmative, du jour où le propriétaire du fonds dominant aura cessé d'exercer les actes qui constituent son droit; et si la servitude est négative, du jour où le propriétaire du fonds servant aura fait ceux qui lui étaient interdits; car ce fonds se trouvant ainsi rétabli dans son état de liberté, il y aura par là même non-usage de la servitude. (707.)

Cependant, si la servitude était apparente, elle ne deviendrait, dans tous les cas, prescriptible, qu'après que le signe extérieur qui dépose de son existence aurait entièrement disparu; car, tant que ce signe subsisterait, il serait une reconnaissance tacite permanente de la dette du fonds assujetti, et par conséquent une cause interruptive également permanente de la prescription. (707, 2248.)

Cùm signa sint, temporis successivi et permanentis, signatum retinent in possessione juris. Quotiescumque actus tacitam vel præsumptam juris alieni confessionem implicat, toties fit interruptio civilis. (*D'Arg.*, art. 266, cap. 4, n° 10, cap. 5, n° 3.)

D'après la nature particulière du droit de servitude, la prescription fondée sur une présomption de remise, est la seule dont pourrait se prévaloir le tiers possesseur lui-même, eût-il d'ailleurs titre et bonne foi.

Nonobstant le principe de l'indivisibilité des servitudes, le mode d'exercice du droit est prescriptible comme le droit lui-même : c'est une nouvelle servitude substituée à l'ancienne par une convention dont la prescription établit la preuve. (708.)

Du reste, il n'est point nécessaire, pour que la servitude soit conservée, que le propriétaire en ait usé lui-même. C'est ainsi que lorsque l'héritage dominant appartient à plusieurs par indivis, la jouissance de l'un empêchera la prescription à l'égard de tous. (709.)

Bien plus, si parmi les copropriétaires il s'en trouve un contre lequel la prescription n'a pu courir, il aura conservé le droit de tous les autres. (710.)

Mais le fonds dominant une fois partagé, bien qu'il n'y ait toujours qu'une servitude par rapport au fonds servant, néanmoins elle deviendra prescriptible contre chacun des copartageans en particulier, parce qu'après le partage elle est due à chaque portion du fonds, comme elle l'était originairement au fonds entier. (700.)

Art. 3. *De l'extinction des servitudes, par l'impossibilité où l'on est d'en user, à raison d'un changement survenu dans l'état des lieux.*

Lorsque les fonds ont subi par le fait des propriétaires, ou par l'effet d'une force majeure, des changemens tels qu'il est impossible d'user de la servitude, elle se trouve par-là même anéantie avec tous ses accessoires, non dans le droit, mais dans le fait. (703.)

Aussi revivra-t-elle du moment où de nouveaux changemens en permettront l'exercice. (704 , 665.)

Un débiteur n'est pas libéré parce qu'il se trouve momentanément dans l'impuissance de remplir ses engagemens. — *At cùm ususfructus sit pars ipsius dominii, interit, sublato aedificio; res enim perit domino.* (L. 10, § 1, ff. *quib. mod. ususf.; l.* 20, § 2, ff. *de serv. pr. urb.,* etc.)

Mais, comme la chute ou la démolition d'un bâtiment, par exemple, n'est, non plus que l'insolvabilité du débiteur ou l'absence du créancier, un empêchement légal d'agir, la servitude, durant l'état de choses, qui est un obstacle à ce qu'on en use, n'en sera pas moins prescriptible, sauf au propriétaire du fonds dominant à conserver son droit par des actes interruptifs de la prescription. (704 , 665 , 2248 , 2251 , etc.)

CHAPITRE II.

DES SERVITUDES LÉGALES.

Nous comprenons, sous la dénomination de servitudes légales, les charges auxquelles la nature ou la loi positive assujettit les fonds limitrophes les uns envers les autres, indépendamment de toute convention. (639, 651.)

Ces servitudes, qui doivent d'ailleurs, sauf les modifications résultant de leur nature spéciale, être régies par les mêmes principes que les servitudes conventionnelles, pour ce qui concerne leur exercice et leur extinction (640, 1er *et* 2e *al.,* 701, 702. — 671, 706, 707, *etc.*), forment deux classes parfaitement distinctes : quelques-unes ont pour objet l'utilité publique ou communale; le plus grand nombre, l'utilité privée des propriétaires voisins. (649.)

II.   5

SECTION PREMIÈRE.

DES SERVITUDES OU RESTRICTIONS LÉGALES A L'EXERCICE DU
DROIT DE PROPRIÉTÉ, ÉTABLIES DANS L'INTÉRÊT PRIVÉ DES
PROPRIÉTAIRES LIMITROPHES.

Les principales sont relatives,
1° A l'écoulement des eaux ;
2° Au bornage ;
3° A la clôture ;
4° A la plantation d'arbres ou de haies vives ;
5° Aux jours, ainsi qu'aux vues droites ou obliques ;
6° Au passage nécessaire (652) ;
7° A la conservation des bois et forêts soumis au régime forestier.

ART. 1er. *De l'assujettissement des fonds infé-*
rieurs envers les supérieurs par rapport à l'é-
coulement des eaux.

C'est la loi de la nature et de la nécessité, que les fonds inférieurs reçoivent les eaux vives ou pluviales découlant, sans le fait de l'homme, de ceux qui sont sur un plan plus élevé. (640, 1er al.)

Semper enim hanc esse servitutem inferiorum prædiorum, ut naturâ profluentem aquam excipiant. (L. 1, § 22, de aq. et aq. pluv. arcendae.)

Tout changement opéré par la main de l'homme dans la disposition primitive des lieux, et qui aurait pour effet, ou de donner une autre direction aux eaux, ou de les faire refluer, ou d'en rendre le passage plus onéreux, constituerait une servitude *conventionnelle*, soumise à toutes les règles exposées sous le chapitre Ier. (640, 2e et 3e al.)

Cet assujettissement, ainsi qu'on l'a vu précé-

demment, n'entraîne pas d'ailleurs, pour le propriétaire supérieur, l'obligation corrélative de
laisser l'usage des eaux au propriétaire inférieur,
alors qu'elles lui seraient utiles, sauf le droit que
celui-ci pourrait avoir acquis par titre ou par
prescription. (641.)

Art. 2. *De l'assujettissement respectif de deux
fonds contigus par rapport au bornage.*

Le bornage est la fixation des limites respectives de deux fonds limitrophes, par des signes
matériels et permanens.

Il constitue une servitude prédiale, en ce que
c'est l'obligation d'un fonds envers un fonds appartenant à un autre propriétaire; et qu'il doit
en outre être fait à frais communs. (646.)

Le droit de réclamer le bornage est d'ailleurs
un attribut essentiel du droit de propriété. (646,
1er *al.*)

Il est même imprescriptible, la cause qui peut
en autoriser l'exercice ne devant cesser que par
le bornage même.

Du reste, l'action en bornage est une action
réelle ordinaire, qui doit être portée devant le
tribunal du lieu de la situation des héritages qu'il
s'agit de délimiter. (*Proc.*, 59, 3e *al.*)

Art. 3. *De l'assujettissement résultant, pour les
fonds voisins, du droit de bâtir et de se clorre.*

Il est loisible à tout propriétaire d'élever un
mur de clôture ou un bâtiment sur la limite ex-
trême de son fonds, quoiqu'il doive par là diminuer l'utilité des parties contiguës du fonds li-
mitrophe.

Bien entendu cependant qu'il ne pourra user
de cette faculté au préjudice des servitudes de

passage ou autres établies par le fait de l'homme
ou par l'autorité de la loi. (647.)

De plus, dans les villes et faubourgs, chacun
aura le droit de contraindre son voisin à contribuer pour moitié aux constructions et réparations de la clôture faisant séparation de leurs *maisons, cours* et *jardins.*

La hauteur de la clôture sera fixée d'après les
réglemens particuliers ou usages constans et reconnus ; et à défaut d'usages ou de réglemens, le
mur de séparation, qui sera désormais construit
ou rétabli, devra avoir, *à partir du sol de celui
du fonds qui se trouve sur le plan le plus élevé,*
savoir : trente-deux décimètres au moins (neuf
pieds dix pouces deux lignes environ) dans les
villes de 50,000 âmes et au-dessus, et vingt-six
décimètres au moins (huit pieds) dans toutes les
autres. (663.)

Le droit de bâtir ou de se clorre est, comme
celui de demander le bornage, essentiellement
imprescriptible.

ART. 4e *De l'assujettissement respectif de deux
fonds limitrophes, en ce qui concerne les plantations d'arbres et de haies vives.*

Il n'est permis de planter des arbres ou des
haies vives, qui peuvent projeter leur ombre sur
l'héritage d'autrui et en épuiser le sol, si ce n'est
à la distance prescrite par les réglemens particuliers ou par les usages constans et reconnus.

A défaut de réglemens ou usages, la distance
devra être, à partir de la ligne séparative des
héritages, à savoir : pour les arbres à haute tige,
de vingt décimètres (environ six pieds deux
pouces) ; et pour les autres arbres et haies vives,
de cinq décimètres (environ un pied six pouces
six lignes.) (671.)

Si quis sepem ad alienum prædium fixerit infode-
ritve, terminum ne excedito; si maceriam, pedem
relinquito; si verò domum, pedes duos; si sepulcrum
aut scrobem foderit, tantum profunditatis habuerint,
tantum spatii relinquito; si puteum, passûs latitudi-
nem; at verò oleam vel ficum, ab alieno ad novem
pedes plantato (1); cæteras arbores, ad quinque pedes. (*Solon, l.* 13, ff. *de finium regundor.*)

De son côté, le propriétaire du fonds voisin
sera obligé de souffrir, sans aucune indemnité,
le préjudice qui peut résulter pour lui de la
plantation. Il pourra seulement contraindre le
propriétaire des arbres ou haies à couper les
branches qui s'étendraient, et aura la faculté de
couper lui-même les racines ou rejets qui s'a-
vanceraient sur son héritage. (672.)

Le droit d'avoir des arbres à une distance
moindre, ou l'obligation de les éloigner davantage, constituerait une servitude conventionnelle soumise aux règles exposées sous le chapitre
Ier. — Il en serait de même du droit de conserver des branchages au-dessus du fonds voisin.
(672, 1er *al.*)

C'est ainsi que les propriétaires riverains des
forêts ou bois, soumis ou non au régime forestier, ne pourront faire arracher ou élaguer les
arbres de lisières qui ont plus de trente ans, sauf
à eux à se prévaloir du droit commun après la
coupe ou l'abattage de ces arbres, la prescription ne devant s'appliquer qu'à ce qui a été possédé, et la perpétuité n'étant pas d'ailleurs de
l'essence d'une servitude prédiale. (*For.* 150.)

---

(1) Cur ad novem, cùm in aliis quinque pedes tantùm re-
quirantur? Nempè quod hæ radices latiùs agant, neque sit
omnibus innocens earum vicinia; sed et alimentum eripiant,
et halitum præstent aliquibus infestum. (*Plutarch. in So-
lone.*)

Art. 5. *De l'assujettissement des bâtimens envers les fonds voisins, par rapport aux jours et aux vues droites ou obliques.*

L'on appelle *vues droites* les fenêtres d'aspect ouvertes dans un mur parallèle à la ligne séparative des deux propriétés; *vues obliques ou de côté*, les fenêtres percées dans un mur qui est en retour d'équerre ou tombe perpendiculairement sur cette même ligne séparative; enfin *simples jours*, les ouvertures pratiquées, non pour voir au dehors, mais uniquement pour éclairer l'appartement.

L'on ne peut établir des vues droites sur un fonds clos ou non clos appartenant à autrui, et dont l'on n'est point d'ailleurs séparé par la voie publique, s'il n'y a une distance de dix-neuf décimètres (cinq pieds dix pouces deux lignes environ) entre le parement extérieur du mur où les fenêtres sont ouvertes, ou bien, en cas qu'elles soient à balcon, entre la ligne extérieure des ouvrages les plus avancés, et la ligne de séparation des deux propriétés. (678, 680.)

Quant aux vues obliques ou de côté, il suffira qu'il y ait une distance de six décimètres (un pied dix pouces deux lignes) depuis l'arrête du jambage extérieur de la fenêtre jusqu'à cette même ligne séparative. (679.)

Que si, à la vue oblique, l'on joignait un balcon faisant saillie, de manière à ce qu'une personne pût s'y placer en dehors du bâtiment, alors cette vue devrait être considérée comme une vue droite. (680.)

Enfin le propriétaire d'une maison qui joint immédiatement la propriété d'autrui ou qui n'en est point à la *distance prescrite* pour les vues

droites ou les vues de côté, ne pourra y prati-
quer que de simples jours. (676, 1er al.)

Ces ouvertures ne pourront être établies qu'à
vingt-six décimètres (huit pieds) au-dessus du
plancher ou sol de la chambre qu'on veut éclairer, si c'est au rez-de-chaussée; et à dix-neuf
décimètres (cinq pieds dix pouces deux lignes)
au-dessus du plancher pour les étages supérieurs.
(677.) — Elles devront en outre être garnies in-
térieurement d'un chassis à verre dormant, et
extérieurement d'un treillis de fer, dont les
mailles auront un décimètre (environ trois pouces
huit lignes) au plus d'ouverture. (676, 2e al.)

Le propriétaire qui aura eu dans son bâtiment,
pendant l'espace de trente années, des jours à
une hauteur moindre, ou des vues droites et
obliques à une distance moindre que celle qui est
fixée par la loi, pourra bien affranchir par là sa
propriété de la servitude légale ; mais cette simple
possession, destituée de titre, ne lui fera pas
acquérir sur le fonds voisin une servitude *active*,
à moins toutefois que les fenêtres ouvertes ne
fassent saillie dans ce fonds même, ou qu'elles
n'aient été pratiquées dans un mur *commun*, ou
qu'enfin il n'y ait eu un acte de contradiction
explicatif de la possession.

In suo pariete potest quis fenestras facere vicino
etiam invito ; vicinus contrà ædificando eas obscurare
potest. (*Wolf., jus nat., part.* 5, § 1301. — *Inst.*,
§ 712. — *Cout. Niv., art.* 9.) — In actibus qui de-
pendent à liberâ facultate unius qui potest facere vel
non, ac certum modum servare vel non, abstinentia
vel observantia determinati modi quantumcunque
diuturna non censetur implicare contrarium usum,
nec inducit desuetudinem vel præscriptionem ad alium
modum utendi. (*Mol., cout. de Paris, art.* 1, *Gloss.*
4, no 15.)

Art. 6. *Du passage que doivent à un fonds enclavé ceux par où l'on peut avoir accès sur la
voie publique.*

Le propriétaire d'un fonds qui n'a aucune is-
sue praticable sur la voie publique sera, par
cela même, fondé à réclamer sur les fonds voisins, mais moyennant une juste et préalable indemnité, le passage qui peut lui être nécessaire
pour desservir sa propriété, quand même cette
nécessité résulterait de l'adoption d'un nouveau
mode de culture. (682, 545.)

Le passage devra généralement être pris du
côté où il sera le moins dommageable; et, toutes
choses égales, là où le trajet sera le plus court;
sans préjudice du droit qu'auront les propriétaires des héritages sur lesquels il aura été accordé, de prescrire le mode d'exercice qu'ils jugeront devoir leur porter le moins de préjudice.
(683, 684, 701, 1190.)

La circonstance qu'il y a enclave, rendra la
servitude de passage prescriptible, en ce sens
que le propriétaire du fonds sur lequel elle aura
été constamment exercée, ne pourra pas, après
trente ans, se prévaloir de ce que le passage aurait dû régulièrement être pris sur d'autres
fonds.

Dans tous les cas, l'action en indemnité sera
prescrite par trente ans, sauf les interruptions
ou suspensions de droit; et le temps de la prescription commencera à courir du jour même où
le passage aura été pratiqué comme passage nécessaire. (685, 2262.)

Le titre, lorsqu'il s'agit d'un passage nécessaire, pourrait encore être suppléé par la destination du père de famille; par exemple, dans le

cas d'un partage dont aurait fait partie le fonds enclavé.

Du reste, le passage nécessaire, *servitude légale*, cessera d'être dû, sauf la restitution de l'indemnité payée, dès l'instant où il n'y aura plus d'enclave.

Art. 7. *Des servitudes légales qui ont pour objet la conservation des bois soumis au régime forestier.*

Elles sont toutes négatives, et consistent principalement dans la prohibition d'établir ou de construire, sans l'autorisation du Gouvernement :

1° Aucun four à chaux ou à plâtre, aucune briqueterie ou tuilerie, à une distance moindre d'un *kilomètre* (513 toises environ), des bois et forêts dont il s'agit. (*For.* 151.)

2° Aucune usine à scier le bois dans un rayon de deux kilomètres. (155.)

3° Aucune ferme ou maison, à une distance moindre d'un demi-kilomètre. (153.)

4° Aucune maison sur perche, loge ou baraque, dans le rayon d'un kilomètre. (152.)

Il y aura exception, 1° pour les fermes et maisons existantes avant la promulgation du Code forestier, jusqu'à ce qu'elles aient besoin d'être reconstruites ou réparées;

2° Pour celles qui se trouvent à la proximité des bois communaux d'une contenance moindre de 250 hectares (153);

3° Pour les maisons et usines qui font partie des villes, villages, hameaux, formant une population agglomérée. (156.)

Le tout sans préjudice de l'application des principes du droit commun en matière de prescription.

SECTION II.

DES SERVITUDES ÉTABLIES PAR LA LOI, EN FAVEUR DES FONDS
DÉPENDANS DU DOMAINE PUBLIC OU MUNICIPAL.

Les principales concernent,
1° Le service de la navigation intérieure ;
2° La viabilité des chemins publics ;
3° La sûreté des places fortes. (650.)

I. Tout propriétaire, dont l'héritage aboutit
à un fleuve ou à une rivière navigable ou flottable, est tenu de laisser le long des bords,
pour le trait des chevaux ou halage des bateaux,
un espace de *vingt-quatre* pieds au moins; et
sans qu'il puisse planter des arbres ou avoir des
clôtures à une distance moindre de trente pieds
du côté où se tirent les bateaux, et de dix pieds
sur l'autre rive. (*Ordon. de* 1669, *tit.* 28, *art.*
7. — *Décr. du 8 vend. an* XIV.)

Ce passage, à titre de servitude, est appelé
marche-pied ou *chemin de halage.* (556, 2ᵉ *al.*)

Il est dû pour tous les fleuves et toutes les
rivières navigables du royaume, mais à la charge
d'une indemnité proportionnée au dommage qu'il
peut occasionner, dans le cas où la navigation
n'aurait été établie que depuis moins de trente
ans. (*Décr. du* 22 *janv.* 1808, *art.* 1, 2, 3. —
C. 685, 2262.)

II. Les fonds voisins d'un chemin public sont
assujettis à fournir les pierres, la terre et le sable
nécessaires à son entretien, sous la condition
d'une juste et préalable indemnité. (*L. du* 6
oct. 1791, *tit.* 1ᵉʳ, *sect.* 6, *art.* 1ᵉʳ. — *L. du* 16
sept. 1807, *art.* 55.)

En outre, les propriétaires riverains d'une
route royale ne peuvent abattre ou élaguer les

arbres qui la bordent, quoique plantés dans leur propriété, sans une permission de l'administration. (*L. du 9 vent. an XIII, art.* 3 *et* 5. — *Décr. du* 16 *décemb.* 1811, *art.* 99, 101, 103, 105. — *L. du* 12 *mai* 1825, *art.* 1er.)

Ils doivent même, si l'administration le requiert, planter à leurs frais, dans la traversée de leurs propriétés respectives, les routes royales qui sont susceptibles de l'être. — Mais ils auront, comme indemnité des frais de plantation, les produits et la propriété des arbres, quoique plantés dans un terrain dépendant de la route ; à la charge par eux de se conformer à ce que prescrira l'administration pour l'élagage ou le remplacement. (*L. du 9 vent. an* XIII, *art.* 1, 2, 3, 4. — *Décr. du* 16 *décemb.* 1811, *art.* 86 *à* 96. — 99 *à* 105. — *L. du* 12 *mai* 1825, *art.* 1er.)

Enfin, lorsqu'un chemin public se trouvera impraticable, les propriétaires limitrophes devront fournir le passage, sauf à eux à réclamer une indemnité à l'État ou à la commune chargée de l'entretien du chemin. (*L. du 6 oct.* 1791, *tit.* 2, *art.* 41.)

Cùm via publica ruinâ amissa est, vicinus proximus viam præstare debet. (*L.* 14, § 1, ff. *quemadm. servit. amitt.*)

III. Le propriétaire d'un fonds qui se trouve dans le rayon militaire d'un poste ou d'une place de guerre, ne peut y faire aucun chemin, chaussée ; y creuser aucun fossé, sans que leur alignement et leur position aient été concertés avec l'autorité militaire ; et il lui est absolument interdit d'y construire ou reconstruire aucun bâtiment, et d'y avoir aucune clôture, à l'exception des clôtures en haies sèches ou en planches à claire-voie. (*L. des* 8-10 *juill.* 1791, *art.* 29 *et suiv.* — *Décr. du* 9 *décemb.* 1811 ; *autre du* 24 *du* même mois, 54, 55, 70, 75. — *L. du 17 juillet* 1819. — *Ordonn. du 21 août 1821.*)

Le rayon militaire est plus ou moins étendu, suivant la nature des ouvrages et l'espèce des matériaux qui y sont employés.

Cette zône de servitudes s'étendra :

1° Par rapport aux chemins, chaussées et fossés, jusqu'à 974 mètres (500 toises), autour des places de guerre ; et autour des postes militaires, à 584 mètres (300 toises). (*L. du 10 juill.* 1791, *art.* 29. — *Ord. du 21 août* 1821, *art.* 4.)

2° Relativement à toutes espèces de constructions en maçonnerie, jusqu'à 487 mètr.(250 toises), autour des places de guerre de *seconde* et *première* classes ; et à 250 mètres seulement (128 toises un tiers environ), autour des places de troisième classe et des postes militaires ; mais sous la condition que le cas arrivant où ces dernières places et postes seraient déclarés en état de guerre, les démolitions jugées nécessaires à la distance de 487 mètres ne donneraient lieu à aucune indemnité. (*L. du 18 juill.* 1791, *art.* 30, 32. — *L. du 17 juill.* 1819, *art.* 4. — *Ordonn. du 1ᵉʳ août* 1821, *art.* 2 et 3.)

3° En ce qui concerne les bâtimens et clôtures en bois et en terre, à 250 mètres (128 toises un tiers environ), pour toutes les places et postes militaires ; mais à la condition, dans le cas où l'on ferait ces constructions à un intervalle moindre de 487 mètres, de n'y employer ni pierre ni brique, et même ni chaux ni plâtre, autrement qu'en crépissage ; et de les enlever, sans indemnité, à la première réquisition de l'autorité militaire, si la place, déclarée en état de guerre, était menacée d'hostilité. (*L. du 10 juillet* 1791, *art.* 31, 32. — *L. du 17 juillet* 1819, *art.* 4. — *Ordonn. du 1ᵉʳ août* 1821, *art.* 2 et 3.)

Les citadelles et les châteaux auront à l'extérieur les mêmes limites de prohibition que celles des places fortes dont les unes et les autres font partie; si ce n'est que leurs limites d'esplanade du côté des villes, pourront être réduites selon les localités. (*Ord. du 1er août 1821, art. 6.*)

Quant aux ouvrages détachés, ils auront, suivant leur degré d'importance et les localités, des rayons égaux, soit aux rayons de l'enceinte des places, soit à ceux des simples postes militaires. (*L. du 17 juillet 1819, art. 5. — Ordonn. préc., art. 5.*)

Ces distances doivent être mesurées à partir de la crète des parapets des chemins couverts les plus avancés; ou des murs de clôture, s'il n'y a pas de chemins couverts; ou enfin de la crète intérieure des parapets, s'il n'y a ni chemins couverts, ni murs de clôture. (*L. du 17 juillet 1819, art. 2, 6, 7. — Ord. préc., art. 12 et suiv. — Décr. du 24 décemb. 1811, art. 55.*)

Les servitudes imposées à la propriété, soit pour la défense de l'État, soit pour l'entretien et la commodité des routes, soit pour le service de la navigation intérieure, soit enfin pour tout autre objet d'utilité publique ou communale, doivent participer de la nature des biens dont elles forment une qualité active; et sont dès-lors, comme eux, inaliénables et imprescriptibles.

Néanmoins, lorsque le service n'en souffrira pas, l'administration pourra restreindre la largeur des chemins de halage, surtout lorsqu'il y aura à détruire des plantations ou travaux d'art qui existaient avant l'établissement de la navigation. (*Décr. du 22 janv. 1808, art. 4.*)

De même, le ministre de la guerre pourra permettre de construire, dans l'étendue du rayon

militaire d'une place ou citadelle, soit des moulins ou autres usines semblables, soit toute autre espèce de bâtimens, soit même des murs de clôture ; à la charge par le propriétaire de se conformer strictement aux conditions qui seront déterminées relativement à la nature des matériaux, à l'étendue et à la hauteur des constructions ; et sous la condition de ne recevoir aucune indemnité pour démolition en cas de guerre. (*L. du 10 juillet 1791, art. 30.* — *L. du 17 juillet 1819, art. 3.* — *Ord. préc., art. 7 à 11.*)

C'est encore une règle commune à toutes ces servitudes que les contraventions aux lois qui les établissent doivent être constatées administrativement, et jugées par l'autorité administrative (les conseils de préfecture), sauf le renvoi, devant les tribunaux ordinaires, des questions de propriété qui s'élèveraient incidemment à la contestation. (*L. du 29 floréal an* x ; *décr. du 8 vend. an* xiv ; *arrêté réglem. du 13 niv. an* v, *etc.* — *L. du 9 vent. an* xiii, *art.* 8 ; *décr. du 16 décemb.* 1811, *art.* 112, 114. — *L. du 12 mai 1825.* — *L. du 17 juillet 1819, art.* 11, 12 ; *ordon. du 1er août 1821, art.* 31, 36.)

APPENDICE AU TITRE V.

DES DROITS D'USAGE EN BOIS, ET DES DROITS DE PATURAGE, SOIT DANS LES BOIS OU FORÊTS, SOIT DANS LES CHAMPS OU PRAIRIES, EN TANT QU'ILS CONSTITUERAIENT DES SERVITUDES RÉELLES.

L'usage en bois à bâtir pour les réparations et reconstructions d'une maison d'habitation ou d'une ferme, en échalas et en bois de tonnelage pour le service d'un vignoble, en bois propre à la fabrication des meubles et ustensiles aratoires pour l'exploitation d'un fonds de terre arable, etc., a tous les caractères d'une servitude réelle ou prédiale.

Il en est de même de tout droit de pâturage concédé pour le bétail nécessaire à la culture d'un domaine et eu égard à son étendue.

Item sic possunt servitutes imponi, ut bóves per quos fundus colitur, in vicino agro pascantur..... ut pedamenta ad vineam ex vicini prædio sumantur. (L. 3, ff. *de servit. praed. rust.*) — Pecoris pascendi servitus, item ad aquam adpellendi (si prædii fructus maximè in pecore consistat), prædii magis quàm personæ videtur. — Si tamen testator demonstravit personam cui servitutem præstari voluit, emptori vel hæredi ejus, non eadem præstabitur servitus. (L. 4, ff. *de serv. praed. rust.*)

Ces sortes d'usages seront, suivant la nature des servitudes, perpétuels dans leur durée, et transmissibles à tous possesseurs des bâtimens ou fonds de terre en contemplation desquels ils ont été établis.

Ils seront du reste soumis aux mêmes règles que les droits d'usages personnels, en ce qui concerne leur établissement, le mode de leur exercice, les charges qui y sont inhérentes, et leur extinction par voie de cantonnement ou de rachat.

Ils pourront aussi être restreints d'après l'état et la possibilité des forêts usagères, ou limités dans leur exercice par un aménagement.

Enfin les mêmes dispositions prohibitives doivent leur être appliquées.

Ainsi, celui qui aura un droit d'usage en bois à bâtir, ne pourra vendre les bois qui lui auront été délivrés, ni même les échanger. (*For.* 83, 120.)

Bien plus, si ces bois proviennent d'une forêt

soumise au régime forestier, ils devront être employés aux réparations ou reconstructions dans le délai de deux ans; sinon l'administration forestière pourra en disposer, à moins que le délai n'ait été par elle prorogé. (*For.* 84.)

Mais il ne faut pas confondre avec les droits d'usages personnels ou les servitudes réelles, la jouissance que les communautés d'habitans peuvent avoir de leurs propres bois; cette jouissance, qualifiée quelquefois *usages*, n'est autre chose que le droit d'un communier dans la chose commune. Chaque habitant pourra donc disposer, comme bon lui semblera, de la portion de bois qui lui sera échue en partage dans la coupe des bois communaux. (*For.* 112.)

LIVRE SECOND.

DES MOYENS GÉNÉRAUX D'ACQUÉRIR
QUI APPARTIENNENT AU DROIT CIVIL.

Les moyens généraux d'acquérir, qui, d'après nos lois, doivent être considérés comme appartenant au droit civil, peuvent être réduits à deux, savoir :

1° Les donations, qui sont des dispositions de l'homme ;

2° Les successions, qui sont des dispositions de la loi. (711.)

Et comme, en thèse générale, la loi ne dispose que subsidiairement, alors que l'homme n'a point disposé lui-même, l'on commencera par exposer les principes qui régissent les donations.

L'on réunira dans un troisième titre les règles concernant le partage des successions que plusieurs personnes ont été appelées à recueillir par la volonté de l'homme ou par l'autorité de la loi.

TITRE PREMIER.

DES DONATIONS.

NOTIONS PRÉLIMINAIRES

SUR LA NATURE DES DONATIONS ET LA DIVERSITÉ
DE LEURS CARACTÈRES.

L'on entend, en général, par *donation*, la disposition que l'homme fait, à titre gratuit, de tout ou partie des biens dont se compose son patrimoine.

Un caractère commun aux donations, et qui est de leur essence, est la gratuité; en sorte qu'il ne peut y avoir de donation là où il n'y a pas de libéralité. Sous ce rapport toutes sont d'une seule et même nature. (893.)

Donari videtur quod nullo jure cogente conceditur. (L. 82, ff. *de reg. jur.*) La donation est une libéralité; celui qui ne donne que ce qu'il doit ne fait pas une donation. (*Domat.*)

Mais eu égard au mode et à la forme de disposer, on doit en reconnaître trois espèces différentes :

1° La donation *entre-vifs*, où la personne qui dispose conserve la dénomination générale de *donateur*, et la personne qui reçoit, celle de *donataire* ;

2° La donation *testamentaire*, où la personne qui dispose est plus spécialement désignée par l'expression de *testateur*, et la personne en faveur de qui la disposition est faite, par celle de *légataire* ou *héritier testamentaire* ;

3° L'*institution contractuelle* ou donation *mixte*, participant indivisiblement de la nature des deux premières, où la personne qui dispose est appelée *donateur* ou *instituant*, et la personne gratifiée *donataire* ou *institué*, ou encore *héritier contractuel*.

Les caractères distinctifs de la donation entre-vifs sont :

Qu'elle dessaisit actuellement et irrévocablement le donateur de la propriété des biens donnés, pour en saisir à l'instant même le donataire, et qu'elle s'accomplit par le concours du consentement des deux parties intéressées, c'est-à-dire par une convention qui devient leur loi respective. (894.)

Les caractères distinctifs de la donation testamentaire sont :

Qu'elle laisse au contraire le testateur investi, jusqu'au moment de son décès, de la pleine propriété des biens légués, et qu'elle s'accomplit par une simple déclaration de volonté appelée *testament*, qui n'exige point le concours actuel du légataire, et qui est toujours essentiellement révocable. (895.)

Enfin les caractères distinctifs de l'institution contractuelle ou donation *mixte*, sont :

Que, d'un côté, elle s'accomplit par une convention qui, considérée en elle-même, est irrévocable, en quoi elle participe de la nature des donations entre-vifs ; et que, d'un autre côté, elle ne dessaisit point actuellement le donateur de la propriété des biens qui y sont compris, et est essentiellement subordonnée dans ses effets à la survie du donataire, et à une nouvelle acceptation de sa part : double caractère qu'elle emprunte du testament. (1082, 1084, 1086, 1089.)

La loi autorise encore, dans certaines limites, une sorte de disposition complexe, par laquelle, après avoir gratifié une première personne, le donateur en appelle d'autres à recueillir la même libéralité, en établissant entre elles un ordre successif.

C'est ce que l'on a appelé *substitution graduelle*.

Les substitutions ne peuvent, du reste, s'établir que par des actes de donation dans l'une des formes qui viennent d'être indiquées. (897. — *Loi du* 17 *mai* 1826.)

Les donations appartiennent au droit civil par leurs formes substantielles, c'est-à-dire par les formalités extérieures à l'accomplissement desquelles la loi a subordonné leur validité intrinsèque ; mais elles ont toutes leur fondement dans le droit universel des gens, en ce qu'elles dérivent du droit de propriété que la loi naturelle ordonne de respecter, même dans la personne des mourans ; et qu'en effet, elles ont été également reçues chez tous les peuples policés.

Filio et mulieri, fratri et amico non des potestatem super te in vitâ tuâ, ne fortè pœniteat te..... In die consummationis dierum vitæ tuæ, distribue hæreditatem tuam. (*Eccl.* 33, 20 *et* 24.) — Non aliud videtur solatium mortis, quàm voluntas ultrà mortem; alioqui potest grave videri ipsum patrimonium, si non integram legem habet; et cùm omne jus nobis in id permittatur viventibus, auferatur morientibus. (*Quinct. declam.* 3o8.) — Cùm permiserit civibus testamenti factionem, Solon effecit ut res cuique suæ propriæ, ac in pleno dominio essent. (*Plutarch. in Sol.*) — S'il est vrai, comme on ne peut le révoquer en doute, que l'usage des testamens ait été reçu, tandis que l'on n'avait d'autre loi que celle de la nature, il n'est pas possible d'en attribuer l'origine au droit civil. (*Furg. des testam.*, *chap.* 1 , n° 28.)

Cela posé, le titre des donations sera divisé en deux parties, dont l'une renfermera les règles généralement applicables aux quatre espèces de donations dont on vient d'indiquer sommairement les caractères distinctifs ; l'autre, les règles spéciales à chacune d'elles.

PREMIÈRE PARTIE.

RÈGLES COMMUNES A TOUTES LES DONATIONS.

Une première maxime générale en matière de donation, est que le donateur, maître de son bienfait, doit toujours être présumé avoir dicté seul la loi du testament ou du contrat de donation.

C'est sur ce fondement que la loi décide que, dans les donations *entre-vifs*, comme dans les donations *testamentaires*, les conditions physiquement ou moralement impossibles ne porteront point atteinte à la validité de la disposition, et seront simplement réputées non écrites. (900.)

Il n'y a d'exception à ce principe que pour les conditions qui détruiraient la donation dans sa substance même, et pour les clauses de substitution hors des cas où elles sont permises par la loi. (896, 944.)

Par le même motif, les donations testamentaires ou entre-vifs seront, en thèse générale, susceptibles d'une interprétation plus large que les obligations ordinaires ; c'est, d'ailleurs, entrer d'autant mieux dans les vues bienfaisantes qu'on doit naturellement supposer au donateur.

Bien plus, ce qu'un débiteur donnera à son créancier par un acte de donation entre-vifs ou testamentaire, ne sera point imputable sur sa dette, s'il n'a point manifesté une intention contraire. (1023, 1545, 1546.)

Les principales règles communes à toutes les donations sont celles qui déterminent la capacité de donner et de recevoir, ou limitent la quotité de biens dont il est permis de disposer à titre gratuit.

CHAPITRE PREMIER.

DE LA CAPACITÉ DE DONNER ET DE RECEVOIR.

SECTION PREMIÈRE.

QUELLES PERSONNES SONT CAPABLES DE DONNER.

La donation devant s'accomplir par un contrat ou par une déclaration de volonté, que l'acceptation postérieure du légataire rendra obligatoire pour les héritiers comme s'il y avait eu contrat, il s'ensuit que pour être capable de donner, il faut, en thèse générale, être naturellement et civilement capable de contracter, c'est-à-dire de consentir. (902, 1123.)

Ainsi, d'une part, celui-là ne peut valablement donner qui n'est point actuellement sain d'esprit et d'entendement, parce qu'il est incapable d'avoir une volonté réfléchie, et dès-lors d'exprimer un véritable consentement. (901.)

Et par une conséquence nécessaire du même principe, la disposition serait nulle, bien qu'elle émanât d'une personne jouissant de toutes ses facultés mentales, si cette personne avait été mue par une passion coupable assez violente pour altérer sa raison, ou si sa volonté n'avait été déterminée que par des machinations, ruses ou artifices ayant les caractères du dol, et constituant ce que l'on est convenu d'appeler *une captation ou suggestion frauduleuse.* (1109, 1112, 1116.)

Il appartient à la sagesse des tribunaux d'empêcher que les familles ne soient dépouillées par les gens avides qui subjuguent les ignorans, ou par l'effet d'une haine que la raison et la nature condamnent. (*Exposé des motifs du Code, par Bigot-Préam.*) — La loi qui substitue un testateur en sa place..... exige en même temps de lui une capacité proportionnée à l'importance de son ministère, et une plénitude, et, si l'on ose s'exprimer ainsi, une surabondance de volonté. (*D'Aguess.*, 2ᵉ *plaid. Conti.*)

Ainsi, d'autre part, celui qui a été interdit judiciairement ne pourra donner, même dans ses intervalles lucides. (502.)

Ainsi, sera également incapable de donner celui qui se trouve sous le poids d'une interdiction légale. (28. *Pén.*, 29.)

Quant à celui qui a reçu un conseil judiciaire, il ne pourra donner entre-vifs sans l'assistance de son conseil, tout acte d'aliénation lui étant généralement interdit; mais il sera capable de faire seul une donation testamentaire, et même une donation mixte, parce qu'en disposant ainsi, il n'aliène pas dans le sens propre de cette expression. (499, 513, 894, 895, 1082.)

Au contraire, la femme mariée qui voudra disposer par voie d'institution contractuelle, ne pourra le faire qu'avec l'autorisation de son mari ou de la justice, tout acte de donation qui doit la lier irrévocablement lui étant généralement interdit; mais, ainsi qu'on l'a annoncé au titre du mariage, elle n'en aura pas besoin s'il s'agit d'une donation purement testamentaire, qu'elle sera entièrement libre de révoquer, et qui ne peut d'ailleurs avoir un effet actuel qu'à une époque où la puissance maritale se sera évanouie. (217, 226, 905, 1083.)

Enfin, le principe général qui subordonne la capacité de donner à celle de contracter, est limité dans la personne du mineur par une double disposition exceptionnelle.

1° Le mineur qui se marie peut, avec l'autorisation de ceux dont le consentement est requis pour la validité de son mariage, faire à son futur conjoint, mais par contrat de mariage seulement, des donations de la même nature et de la même étendue que s'il était majeur. (903, 1095, 1309, 1398.)

2° Une disposition spéciale de la loi confère au mineur qui a seize ans accomplis, la capacité de donner par testament jusqu'à concurrence de la moitié des biens dont il est permis au majeur de disposer. (904.)

Les donations appartenant au droit civil par leurs formes substantielles, il ne suffit pas, pour être habile à donner, d'avoir la capacité de contracter; il faut en outre avoir la jouissance des droits civils.

Ainsi le mort civilement ne peut faire aucune sorte de donations. (25.)

Mais ces actes ayant leur fondement dans le droit universel des gens, les étrangers en seront capables par cela seul qu'aucune disposition de la loi ne les leur interdit.

Quod alicubi externis testamentum facere non conceditur, id non ex jure gentium, sed ex jure proprio illius civitatis, et ni fallor, ab illâ veniens ætate quâ externi pro hostibus habebantur; itaque apud moratiores populos meritò exolevit. (*Grot. de jur. bel.*, *lib.* 2, *cap.* 6, n° 14.)

La capacité de *volonté* et celle qui consiste dans la jouissance et l'exercice des droits civils doivent concourir en la personne du disposant, au moment où il dicte la loi du testament ou du contrat de donation.

Elles devront encore s'y trouver réunies, s'il s'agit d'une donation entre-vifs ou mixte, au moment où l'acte devient irrévocable de la part du donateur ou instituant, par l'acceptation expresse ou tacite du donataire ou institué. Mais s'il s'agit d'un testament, il suffira que le testateur ait, à l'époque de son décès, la jouissance des droits civils ; il importerait peu qu'alors il en eût perdu l'exercice, ou qu'il fût privé de l'usage de sa raison.

En aucun cas, les incapacités intermédiaires n'empêcheront l'acte d'avoir son effet.

SECTION II.

QUELLES PERSONNES SONT CAPABLES DE RECEVOIR.

Toutes personnes peuvent recevoir par donation, excepté celles que la loi en déclare incapables. (902.)

Le Code établit deux sortes d'incapacités qui diffèrent essentiellement par leur cause et par leurs effets : les unes sont dites absolues, parce qu'elles sont un obstacle à ce que l'on reçoive de qui que ce soit ; les autres relatives, parce qu'elles ne rendent inhabiles à recevoir que de certaines personnes.

ART. 1er. *Des incapacités absolues.*

Pour être apte à recevoir, il n'est pas nécessaire d'avoir la capacité personnelle de contracter ; il suffit d'exister et d'avoir la jouissance des droits civils.

II. 6

Sont donc seuls incapables de recevoir en un sens absolu :

1° Celui qui n'est point conçu, ou qui, étant conçu, ne doit pas naître viable. (906.)

2° Le mort civilement. (25.)

D'après le droit établi par le Code, l'étranger est encore absolument incapable de recevoir, si ce n'est en vertu d'un traité qui établirait la réciprocité. (11, 912.)

Mais la loi politique du 14 juillet 1819 le relève, quant à présent, de cette incapacité.

La capacité d'existence, et celle qui consiste dans la jouissance des droits civils, doivent concourir dans la personne du donataire, si la donation est entre-vifs, au moment où le contrat est formé. (906.)

Il suffira, s'il s'agit d'un testament, qu'elles s'y trouvent au moment du décès du testateur, à moins que la disposition ne soit conditionnelle, cas auquel cette double capacité serait encore nécessaire au moment de l'événement de la condition. (1039, 1040.)

Dans les donations mixtes, l'institué doit les avoir et au temps de la donation et au temps du décès ; mais on verra que ses enfans, quoique non conçus à la première époque, peuvent être appelés en son lieu et place à recueillir l'effet de l'institution.

Quant aux substitutions, celui qui est gratifié en premier ordre doit bien exister et avoir la jouissance des droits civils, ou au temps de la donation, ou au temps du décès, ou à l'une et l'autre époque, suivant le mode et la forme de la disposition ; mais il n'est pas nécessaire, comme on le verra, que les appelés en deuxième et troisième ordre existent, même naturellement, soit à l'une, soit à l'autre de ces mêmes époques.

ART. 2. *Des incapacités relatives.*

Les incapacités relatives et les nullités qui en sont les conséquences ont pour fondement la présomption qu'il y a eu suggestion ou captation frauduleuse, ou que la disposition a été dictée par une passion coupable ou une affection désordonnée qui ne laissait point au donateur le libre usage de sa raison.

Plusieurs classes de personnes se trouvent frappées par la loi de cette espèce d'incapacité.

I. Le tuteur, à moins qu'il ne soit un ascendant du mineur, ne peut rien recevoir de lui, même après sa majorité acquise, si le compte définitif de la tutelle n'a été préalablement rendu et apuré. (907.)

II. Les médecins, chirurgiens, et tous autres exerçant l'art de guérir, qui auront traité une personne pendant la maladie dont elle meurt, ne peuvent profiter des dispositions entre-vifs ou testamentaires qu'elle aura faites en leur faveur, pendant le cours de cette maladie. (909.)

Cette prohibition ou incapacité légale cesse :

1° Dans le cas de parenté en ligne directe descendante ou ascendante;

2° Dans le cas de parenté en ligne collatérale jusqu'au 4ᵉ degré inclusivement, si le malade n'a point d'héritiers en ligne directe;

3° Dans le cas d'une disposition rémunératoire à titre particulier, faite eu égard aux facultés du disposant, et aux services rendus. (909, 2° et 3° al.);

4° Enfin à l'égard du mari qui, en donnant à

son épouse les secours de son art, remplit un devoir que la loi même lui impose. (212, 1094.)

III. Le ministre du culte qui aura administré des secours spirituels au malade pendant la maladie dont il est mort, ne pourra également recueillir l'effet des dispositions faites à son profit dans le cours de cette maladie.

Cette disposition prohibitive est limitée par les mêmes exceptions que la précédente. (909, 4ᵉ al.)

IV. Les communautés de femmes légalement autorisées ne pourront profiter des dispositions faites en leur faveur par une personne qui fait partie de l'établissement que jusqu'à concurrence du quart de ses biens, à moins que le don ou le legs n'excède point la somme de dix mille francs.

La même prohibition aura lieu à l'égard des membres de l'établissement, à moins que la légataire ou la donataire ne soit héritière en ligne directe de la donatrice ou testatrice.

Mais dans aucun cas elle n'aura son effet que six mois après la publication de la loi ou de l'ordonnance qui autorise l'acceptation. (*Loi du 24 mai 1825, art. 5.*)

V. Le nouveau conjoint d'un homme veuf ou d'une femme veuve laissant des enfans d'un précédent mariage n'aura pu recevoir de lui qu'une part d'enfant légitime le moins prenant, et sans que, dans le cas même où il y aurait plusieurs convols, ces donations réunies puissent excéder le quart des biens. (1098.)

VI. L'enfant naturel ne peut recevoir de ses père et mère rien au-delà de ce qui lui est attribué au titre des successions. (908.)

VII. L'homme et la femme qui vivent dans le concubinage, sont par là même incapables de recevoir l'un de l'autre. (6, 1131, 1133, 1098.)

Nec enim luxuria aliquid ampliùs habebit castitate. (*Nov.* 39, *cap.* 2, *in fin.*)

VIII. Un testament fait sur mer ne peut contenir aucune disposition au profit des officiers du vaisseau, à moins qu'ils ne soient parens du testateur. (997.)

Et comme il est de principe que ce qui ne peut être fait directement et ostensiblement reste frappé de la même réprobation lorsqu'on le fait par des voies secrètes et détournées, toute donation au profit d'un incapable sera radicalement nulle, soit qu'on l'ait déguisée sous la forme d'un contrat à titre onéreux, soit qu'on l'ait faite sous le nom de personnes interposées. (911, 1099.)

Mais pour déjouer plus efficacement la fraude, la loi établit ici plusieurs présomptions d'interposition de personnes.

Seront réputés n'avoir été que des prête-noms, à savoir, s'il s'agit d'un incapable des 1re, 2e, 3e et 6e catégories, ses père et mère, ses enfans ou descendans et son époux; et si c'est un incapable de la 5e, ceux de ses enfans ou descendans qui sont issus d'un autre mariage, et tout parent dont il se trouvera héritier présomptif au jour de la donation, encore qu'il ne lui ait point survécu. (911, 1100.)

Ces présomptions sont absolues, c'est-à-dire qu'elles n'admettent aucune preuve contraire; mais, comme toutes les présomptions de la même nature, elles ne doivent pas être étendues hors des limites que la loi leur assigne.

CHAPITRE II.

DE LA PORTION DE BIENS DONT LA LOI PERMET DE
DISPOSER A TITRE GRATUIT, ABSTRACTION FAITE
DE LA CAPACITÉ DE LA PERSONNE.

Le droit de disposer à titre gratuit étant,
aussi bien que le droit de disposer à titre onéreux,
un attribut de la propriété, il semble que l'un
ne devrait pas plus être limité que l'autre.

Mais les aliénations à titre onéreux peuvent
être des actes de haute administration, indispensables, ou tout au moins utiles, et l'on doit tou
jours les présumer tels de la part de celui qui a
le plein exercice de ses droits civils; elles ne diminuent pas d'ailleurs la masse du patrimoine,
puisque celui qui dispose ainsi de sa propriété en
reçoit ou doit en recevoir l'équivalent.

Jamais, au contraire, il ne peut y avoir
nécessité de donner, ni avantage à le faire; et
avant d'obéir à un sentiment de pure bienfaisance ou de générosité, l'homme doit remplir ses
devoirs naturels et sociaux.

De là l'institution de la *Réserve*, autrement
appelée *légitime*.

Non scripta, sed nata lex.

L'on entend par réserve une portion de biens
dont la loi ne permet pas de disposer à titre gratuit, au préjudice d'un certain ordre d'héritiers,
et particulièrement de ceux auxquels on doit
transmettre avec son nom, l'état et le rang que
l'on occupe dans la société.

Tout ce qui n'entre point dans la réserve forme

la quotité disponible, c'est-à-dire la portion de biens dont la loi laisse au père de famille la libre disposition, soit comme moyen de faire respecter la magistrature domestique dont il est revêtu, soit afin qu'il puisse acquitter la dette de l'amitié, de la reconnaissance ou de la charité.

Ainsi, la réserve et la quotité disponible étant les deux parties d'un même tout, fixer les limites de l'une, c'est nécessairement déterminer l'étendue de l'autre.

SECTION PREMIÈRE.

EN FAVEUR DE QUELLES PERSONNES LA RÉSERVE EST-ELLE ÉTABLIE ?

Par le droit de la nature, toute personne à qui le défunt devait des alimens, a un droit de réserve sur sa succession.

Mais ce principe fondamental a été et dû être modifié par la loi civile, la réserve qu'elle établit n'étant pas une simple créance d'alimens.

Pour avoir droit à cette réserve instituée en vue de la famille, il faut tout à la fois être uni au défunt par les liens d'une parenté civile en ligne directe, et continuer sa personne sociale, c'est-à-dire être son héritier. (1004, 1011, 917, 930, 922.)

Nemo legitimam habet nisi qui hæres est. (*Dum.*) — Legitima, portio portionis ab intestato debitæ.

Ainsi, d'une part, le droit de réserve appartiendra limitativement d'abord :

Aux enfans nés du mariage, ou légitimés par le mariage. (913, 333.)

Aux enfans adoptifs. (350.)

Aux enfans naturels qui ont acquis un état de

famille, par la reconnaissance légale du père et de la mère (1). (757, 758.)

Et sous le nom d'enfans on doit comprendre les descendans à quelque degré que ce soit. (914.)

Il appartiendra en second ordre aux père et mère et autres ascendans de l'une et l'autre ligne. (915.)

Il n'est en conséquence dû de réserve ni aux alliés, même en ligne directe, ni aux frères et sœurs bien qu'appelés à succéder *ab intestat* à l'exclusion des ascendans autres que les père et mère, ni à plus forte raison, aux collatéraux plus éloignés. (916, 746, 750.)

L'enfant naturel non légalement reconnu ne peut réclamer que la réserve du droit de la nature, c'est-à-dire de simples alimens.

Ainsi, d'autre part, l'ascendant ou le descendant ne sera point réservataire s'il se trouve ex-

---

(1) Ces rapports de famille, établis entre des enfans nés d'une union consacrée par la loi et la religion, et des enfans dont la présence seule accuse la mémoire du père commun, sont sans doute un scandale affligeant pour l'ordre public. Mais le système mixte de reconnaissance légale une fois admis, il serait essentiellement immoral que le père pût se jouer à son gré des devoirs de la paternité dont il usurpe les honneurs, et laisser après lui dans le dénûment l'enfant auquel il a donné son nom, une éducation libérale et des habitudes de luxe. Mille fois mieux vaudrait pour celui-ci qu'il fût resté dans l'isolement social auquel il était condamné par le malheur de sa naissance. — Dans le système d'interprétation que l'on combat, tout serait pour le père coupable; tout contre le fils innocent de la faute qui lui a donné le jour. — Du reste, lorsque le législateur énonce, à l'art. 756, que *les enfans naturels ne sont point héritiers*, c'est évidemment à l'imitation du préteur romain, qui, refusant, par respect pour la loi des XII Tables, la qualité de *sien héritier* à l'enfant émancipé, ne lui en accorde pas moins tous les droits, sous le titre de *bonorum possessor*. — Encore une fois, *non verbis sed rebus ipsis leges imponuntur.*

clu de la succession par un ascendant ou un descendant d'un degré plus rapproché ; ou si, étant
appelé à la recueillir, il la répudie ; ou si, l'ayant
recueillie, il la perd par son indignité.

Filius cui delata est hæreditas patris, non potest
consequi legitimam eâ hæreditate repudiatâ. (*Dum.*)

Cette qualité de réservataire ne saurait également être attribuée à celui qui est frappé de
mort civile, ou qui est constitué en état de déclaration ou même de simple prévention d'absence, son existence pouvant alors être méconnue
par toute personne intéressée. (25, 135,
136.)

Spécialement, l'ascendant autre que le père
ou la mère ne sera point fondé à réclamer une
réserve contre les frères et sœurs ou neveux du
défunt, qui se portent héritiers.

Mais son droit demeure entier, si ceux-ci renoncent à la succession, ou en sont entièrement
exclus par un légataire ou donataire étranger.
(785, 786, 1006, 1094, *etc.—Ordon. de* 1735,
art. 61.)

Quand une disposition est certaine, il faut faire
abstraction de certaines discordances communes dans
les lois arbitraires ; ce sont des inconvéniens qui deviendraient bien plus graves, s'ils devaient changer
les dispositions où ils se rencontrent. (*Dom.*, *liv.* 3,
tit. 3, *sect.* 2.)

SECTION II.

QUELLE EST LA QUOTITÉ DE LA RÉSERVE ?

La réserve varie dans sa quotité suivant le
nombre et la qualité des héritiers auxquels elle
est due.

Si le disposant n'a qu'un enfant, elle est de la
moitié de ses biens ; s'il en a deux, elle est des

deux tiers; s'il en a trois ou un plus grand nombre, elle est des trois quarts. (913.)

Mais c'est une conséquence nécessaire des principes déduits sous le premier article, que ceux-là seuls doivent faire nombre pour la computation de la réserve, qui sont habiles à se porter et se sont en effet portés héritiers.

Le règlement de quotité est le même pour les enfans nés du mariage ou légitimés, et pour les enfans adoptifs.

Quant à l'enfant naturel légalement reconnu, sa réserve est, ou du tiers, ou de la moitié, ou des trois quarts de celle à laquelle il aurait droit s'il était légitime, suivant que les héritiers avec lesquels il se trouve en concours sont, ou des enfans légitimes; ou des ascendans; frères et sœurs, enfans de frères et sœurs; ou enfin des collatéraux plus éloignés; et elle serait la même que celle d'un enfant légitime, s'il ne se présentait aucun parent pour concourir avec lui à la succession. (757, 758.)

Mais par une disposition spéciale contraire au droit commun, la loi permet dans tous les cas aux père et mère de diminuer cette réserve de moitié, en faisant à l'enfant naturel un don entre-vifs de l'autre moitié, avec déclaration expresse que leur intention est de le réduire à cette quotité. (761, 1er al., 791, 1130.)

Et même si le don se trouvait inférieur à la moitié, l'enfant naturel ne pourrait réclamer que le supplément nécessaire pour la compléter. (761, 2e al.)

La quotité de la réserve sera la même pour les petits-enfans et autres descendans, que pour les enfans du premier degré; mais tous les descen-

dans issus du même enfant ne seront comptés que
pour une seule tête. (914.)

En ce qui concerne les ascendans, s'il n'y en a
que dans une ligne, leur réserve est du quart
des biens du disposant, en quelque nombre qu'ils
soient d'ailleurs ; s'il y en a dans les deux lignes,
elle est de la moitié. (915.)

La quotité de la réserve étant ainsi déterminée, tout le surplus des biens aura pu, comme
formant la portion disponible, être donné par
actes entre-vifs ou testamentaires, soit à des
étrangers, soit par *préciput*, à l'un ou quelques-
uns des successibles en ligne directe ou collatérale. (919.)

Et c'est d'ailleurs une conséquence nécessaire
de tout ce qui précède, que celui qui ne laisse,
pour lui succéder, ni descendans ni ascendans,
aura le droit d'épuiser, par des libéralités, la totalité de son patrimoine, sauf l'application des
règles de capacité précédemment exposées. (916.)

Une donation est à titre de *préciput* lorsque le
donataire ou légataire venant, en qualité d'héritier, à partage de la succession du disposant,
est dispensé de remettre ou de confondre dans la
masse ce dont il a été gratifié, et doit, en conséquence, le conserver ou le prélever en sus de sa
portion héréditaire.

Lorsque le donataire réunissant à cette qualité
celle d'héritier, doit au contraire, ainsi qu'on
le verra au titre des partages, remettre ou confondre ce qui lui a été donné ou légué dans la
masse partageable entre tous les cohéritiers, l'on
dit que la disposition est à *titre de dot* ou *en
avancement d'hoirie.*

Les donations par préciput sont imputables sur la quotité disponible; les donations en avancement d'hoirie sur la réserve.

Toute disposition en faveur d'une personne qui se trouve successible du disposant au moment de son décès, et prend en effet la qualité d'héritier, est de droit présumée avoir été faite en avancement d'hoirie, à moins que le contraire ne soit formellement exprimé. (843, 845, 846, 919.)

La déclaration que le don ou le legs est à titre de préciput et hors part, ou dispensé du rapport, pourra, au surplus, être faite soit par l'acte qui contiendra la disposition, soit postérieurement, dans la forme des donations entre-vifs ou testamentaires. (919.)

Mais si d'un côté le droit de disposer est absolu par rapport à la quotité disponible, d'un autre côté c'est un principe fondamental en cette matière que la réserve *ne peut être grevée d'aucune charge, ni soumise à aucune chance aléatoire.*

Si donc la disposition faite par préciput ou en faveur d'un non-successible était d'un simple usufruit s'étendant en partie sur la réserve, ou d'une rente viagère qui en entamerait les revenus, les héritiers légitimaires auraient la faculté de s'en libérer en faisant l'abandon de la quotité disponible en pleine propriété; mais ils pourraient aussi, s'ils y voyaient de l'avantage, offrir d'exécuter la disposition. (917.)

Toutefois, ce principe que la réserve est due dégagée de toute espèce de charges et de toute chance aléatoire qui pourraient l'altérer, a été modifié relativement aux époux, lorsque celui qui dispose n'a d'ailleurs point d'enfant d'un précédent mariage.

Si ceux auxquels la réserve est due sont des ascendans, il est loisible à l'époux de la grever en totalité d'un droit d'usufruit au profit de son conjoint qui pourra en outre recevoir, comme toute autre personne, la quotité disponible en pleine propriété. (1094, 1er al.)

Et si ce sont des enfans, en quelque nombre qu'ils soient, l'époux aura pu donner à son conjoint, mais sans pouvoir en aucun cas aller au-delà, un quart de ses biens en pleine propriété, et un autre quart en usufruit, ou la moitié en usufruit seulement. (1094, 2e al.)

Ainsi, dans le cas où il y a trois enfans ou un plus grand nombre, le tiers de la réserve peut être grevé d'usufruit en faveur du conjoint.

Lorsqu'il y en a deux seulement, au don en pleine propriété du douzième de ses biens que l'époux pourrait faire à un étranger en sus du quart, il pourra substituer en faveur de son conjoint un don en usufruit d'un autre quart.

Enfin, s'il n'y en a qu'un seul, la disponibilité sera moins étendue à l'égard du conjoint qu'à l'égard de tout autre, d'un quart en nue propriété des biens du disposant.

Cette sorte d'incapacité dont le conjoint est frappé dans un cas, et la charge ou la chance aléatoire à laquelle la réserve peut être soumise en sa faveur dans les deux autres, constituent une disponibilité relative, spéciale aux époux, mais ne restreignent pas et n'étendent pas, à proprement parler, la quotité disponible.

Et d'après cela, pour résoudre les difficultés que peut faire naître le concours de plusieurs dispositions dont les unes seraient faites au profit d'un conjoint, et les autres au profit d'un successible ou d'un étranger, l'on peut établir en principe :

1° Que lorsque la disponibilité relative est plus forte que celle de droit commun, le disposant peut, après avoir épuisé cette dernière par des donations entre-vifs, faire de nouvelles libéralités jusqu'à concurrence de la première, pourvu que ce soit à son conjoint,

2° Que, dans l'hypothèse contraire, le disposant qui a, par des donations entre-vifs, épuisé la moindre disponibilité, peut étendre ses libéralités à la plus forte, même en faveur de son conjoint.

3° Que, si le rapport de l'une à l'autre ne peut être déterminé que par une estimation plus ou moins arbitraire, il faut rentrer dans le droit commun, à moins que l'estimation ne soit réclamée dans l'intérêt du conjoint, et pour faire valoir la donation qui lui aurait été faite en second ordre.

4° Enfin, qu'en supposant les deux donations, testamentaires, de sorte que l'une ne doive point prévaloir sur l'autre, il y aura lieu au partage proportionnel de la quotité disponible de droit commun, eu égard à ce dont chacun des donataires aura été gratifié, en faisant, avant tout, profiter exclusivement le conjoint de la charge ou chance aléatoire dont cette quotité pouvait être grevée en sa faveur.

SECTION III.

QUAND ET COMMENT LA RÉSERVE DOIT ÊTRE LIQUIDÉE.

Liquider la réserve, c'est régler la masse des biens sur laquelle elle doit être computée, et déterminer la valeur numérique à laquelle elle doit s'élever, eu égard au nombre et à la qualité des héritiers légitimaires.

C'est une conséquence nécessaire de tout ce

qui précède , que la liquidation de la réserve ne peut et ne doit avoir lieu qu'après la mort du disposant , et que la masse computable doit se composer non-seulement des biens qui existaient alors dans sa main, mais encore de tous ceux qui en sont sortis à titre gratuit, soit après soit avant la naissance des légitimaires , leur légitimation ou leur adoption , et sans distinguer entre les donations par préciput et les donations en simple avancement d'hoirie. (920 , 922.)

Il faut toutefois , en procédant à ce réglement , faire abstraction des dons manuels qui, à raison de leur modicité , doivent être présumés avoir été pris par le père de famille sur ses revenus annuels , et que l'on verra au titre des par-tages n'être point sujets à rapport entre cohéri-tiers ; soit parce qu'en thèse générale, ces dons sont moins une libéralité que l'acquittement d'une véritable dette ; soit parce qu'il est dans la na-ture même de la réserve, qu'elle ne porte que sur ce qui formait un capital dans la fortune du disposant. (852 , 856 , 928.)

Ne doivent point également figurer dans la masse les biens aliénés *à titre onéreux ,* en quoi qu'ils puissent d'ailleurs consister.

Mais, comme une donation peut être cachée sous la forme d'un contrat intéressé , les légiti-maires seront toujours recevables à prouver la simulation de l'acte d'après les règles du droit commun.

Bien plus, par une disposition spéciale de la loi, toute aliénation à charge de rente viagère ou avec réserve d'usufruit consentie à un succes-sible en ligne directe ascendante ou descendante, est réputée de plein droit , dans l'intérêt des autres successibles de la même ligne, n'être qu'une pure libéralité *à titre de préciput*, imputable sur la quotité disponible,

Cette présomption ne cessera qu'autant que les successibles dans l'intérêt desquels elle est établie auront reconnu la sincérité de l'acte en y donnant leur consentement. (918.)

Quant au mode d'estimation des biens, ceux qui sont restés dans le domaine du défunt jusqu'à son décès, doivent être prisés dans l'état où ils sont et suivant la valeur qu'ils ont à cette époque; et compensation faite du passif, l'excédant seul doit être porté en ligne de compte, conformément à la maxime : *Non sunt bona nisi deducto ære alieno.* (921, 922.)

A l'égard des biens dont le défunt s'était irrévocablement dessaisi, il faut d'abord distinguer si ce sont des meubles ou des immeubles.

Les immeubles seront toujours estimés suivant leur valeur à l'époque du décès, et d'après leur état au temps de la donation, en ce sens qu'il ne faudra point avoir égard aux détériorations ou améliorations qui seraient du fait du donataire ou de ses ayant-cause. (922, 855, 860 à 863.)

Mais les meubles entreront dans la formation de la masse, ou pour leur valeur à l'époque du décès, ou pour leur valeur au temps de la donation, suivant que le donateur défunt s'en sera ou ne s'en sera pas réservé l'usufruit. (922, 868, 869, 1551, 1895.)

SECTION IV.

DANS QUEL ORDRE S'OPÈRE LA RÉDUCTION DES DONATIONS QUI EXCÈDENT LA QUOTITÉ DISPONIBLE.

La valeur numérique de la réserve étant connue, si l'héritier à qui elle est due s'en trouve rempli, soit par les biens qui n'ont été l'objet d'aucune disposition, soit par les libéralités non imputables sur la quotité disponible dont il aura été lui-même gratifié par le défunt, et qui ont dû entrer dans la composition de la masse d'après les règles qui viennent d'être déduites, il n'y aura lieu à aucun retranchement sur les donations entre-vifs, et les donations testamentaires recevront leur pleine exécution.

Mais s'il est, au contraire, vérifié qu'il y a excès dans les libéralités imputables sur la quotité disponible, l'on devra d'abord prendre pour former ou parfaire la réserve, sur les donations testamentaires jusqu'à leur entier épuisement. (923, 925.)

Et s'il n'est pas nécessaire d'aller jusque-là, la réduction aura lieu au marc le franc sans distinction des legs universels, ou à titre universel, ou à titre particulier; et sans égard à la date des testamens, à supposer qu'il y en ait plusieurs.

Néanmoins lorsque le testateur aura clairement manifesté l'intention que tel legs soit acquitté de préférence aux autres, sa volonté sera suivie, et le legs préféré ne sera réduit qu'autant que la valeur de tous les autres ne remplirait point la réserve. (926, 927.)

Enfin, en cas d'insuffisance des donations testamentaires, il y aura lieu de réduire les donations entre-vifs, quelle qu'en ait été la cause, et quand même elles auraient été faites à des époux par leur contrat de mariage. (1090.)

Mais ici chaque donataire ayant des droits acquis dont le donateur n'a pu le dépouiller au profit d'un donataire postérieur, la réduction doit nécessairement se faire en commençant par la dernière donation, et ainsi de suite en remontant des plus récentes aux plus anciennes. (923.)

6*

Et sous ce rapport, les donations mixtes doivent être assimilées aux donations entre-vifs, puisqu'elles ont le même caractère d'irrévocabilité. (1083, 1090.)

SECTION V.

PAR QUI PEUT ÊTRE EXERCÉE L'ACTION EN RÉDUCTION DES DONATIONS ENTRE-VIFS, ET QUELLE EST SA NATURE SPÉCIALE.

Il n'appartient qu'aux héritiers en faveur desquels la réserve est établie et à leurs ayant-cause, de faire réduire les donations entre-vifs; le donateur s'étant actuellement et irrévocablement dessaisi de la chose donnée, ses créanciers, et à plus forte raison ses donataires et légataires, ne peuvent, non plus qu'il ne l'aurait pu lui-même, demander cette réduction ou en profiter. (921.)

Quant aux donations testamentaires, elles ne sauraient préjudicier aux créanciers du donateur; et il en est de même des donations mixtes, où l'instituant conserve la faculté de disposer à titre onéreux.

L'action en réduction des donations entre-vifs est tout-à-la-fois réelle et personnelle.

C'est une action réelle en revendication, en ce que la réserve est due en nature, et ne peut, en thèse générale, être acquittée qu'en biens héréditaires ou faisant partie des donations réductibles.

Et conformément à la maxime, *resoluto jure dantis, resolvitur et jus accipientis*, les immeubles recouvrés par l'effet de la réduction se trouveront affranchis, entre les mains des héritiers, des hypothèques et autres charges créées par les donataires ou leurs ayant-cause. (929.)

Cette même action est personnelle en ce que,

pour assurer davantage le droit des légitimaires, et pour prévenir des actions en garantie qui jetteraient le trouble dans les familles, la loi a consacré en principe :

Que celui qui accepte une donation s'oblige par là même personnellement, mais subsidiairement par rapport à un donataire postérieur, et seulement jusqu'à concurrence de la valeur des biens qu'il reçoit, à compléter la réserve éventuellement due aux héritiers du donateur;

Que celui qui acquiert immédiatement ou médiatement du donataire tout ou partie des immeubles compris en la donation, s'impose également par là même, aussi subsidiairement et dans les limites de sa propre acquisition, l'obligation personnelle contractée par son auteur.

Il suit de là, d'une part, que soit les donataires, soit les tiers-acquéreurs, ne pourront prescrire contre l'action en réduction que par trente ans, à compter du jour de l'ouverture de la succession (2256);

D'autre part, que si la donation réductible est mobilière, l'héritier réservataire pourra, après avoir discuté les biens de celui qui en a été gratifié, agir *successivement* contre les donataires précédens, jusqu'à ce qu'il ait trouvé sa réserve entière;

Que si l'immeuble, objet de la donation qui entame la réserve, a subi une nouvelle mutation, l'action en réduction devra être exercée contre le tiers-acquéreur dans le même ordre que contre le donataire lui-même, discussion préalablement faite des biens de celui-ci ;

Que si plusieurs immeubles donnés par le même acte ont été transmis par le donataire à des époques différentes, l'un à telle personne, l'autre à telle autre personne, la réduction devra d'abord frapper sur l'aliénation la plus récente;

Qu'enfin s'il y a eu plusieurs aliénations successives des mêmes biens, les derniers acquéreurs pourront au contraire réclamer la discussion des premiers, l'obligation de fournir la réserve ayant été contractée par le cédant avant de l'être par le cessionnaire. (923, 930.)

L'obligation éventuelle de fournir la réserve se réalisant au moment de l'ouverture de la succession, les donataires et tiers-acquéreurs doivent, à partir de cette même époque, les fruits ou les intérêts représentatifs des fruits.

Toutefois, comme en fait ils pourraient posséder de bonne foi, la loi ne les oblige à cette restitution, du jour même du décès, qu'autant que la demande en réduction aura été formée dans l'année; sinon ils n'en sont tenus que du jour de la demande. (928.)

L'on peut, du reste, renoncer au droit de réclamer la réserve, comme à toute autre action, pourvu cependant que ce droit soit actuellement ouvert, la loi civile déclarant nulle toute stipulation qui porte sur une succession future. (791, 1130.)

SECONDE PARTIE.

DES RÈGLES PARTICULIÈRES A CHAQUE ESPÈCE DE DONATION.

CHAPITRE PREMIER.

DE LA DONATION ENTRE-VIFS.

SECTION PREMIÈRE.

DE LA NATURE DES DONATIONS ENTRE-VIFS, ET SPÉCIALEMENT DU CARACTÈRE D'IRRÉVOCABILITÉ QUI EST DE LEUR ESSENCE.

La donation entre-vifs peut être définie : un contrat à titre gratuit, du droit civil, solennel, par lequel une personne se dessaisit actuellement et irrévocablement de tout ou partie de ses biens, en faveur d'une autre personne qui accepte en termes exprès la libéralité qui lui est faite.

La donation entre-vifs est un contrat, parce qu'elle requiert avant toute chose pour sa perfection, le concours du consentement du donateur et du donataire.

C'est un contrat à titre gratuit, la gratuité étant un caractère essentiel à toute donation.

Toutefois une donation entre-vifs ne doit pas être nécessairement un pur bienfait; 1° elle peut être soumise à des charges plus ou moins considérables, cas auquel elle est dite *onéreuse*.

2° Elle peut être faite pour reconnaître ou récompenser des services rendus, cas auquel elle est appelée *rémunératoire*.

3° Elle peut avoir lieu en contemplation, et être comme la condition d'une autre donation qui serait faite au donateur par le donataire lui-même, cas auquel elle est qualifiée *mutuelle* ou *réciproque*.

La donation est un contrat du droit civil, parce que les parties ne sont liées par le consentement qu'elles se sont respectivement donné, qu'autant qu'il en a été dressé acte avec les solennités déterminées par la loi positive; solennités qui sont dès-lors de la substance du contrat, comme le consentement même.

Enfin, elle doit produire un dessaisissement actuel et irrévocable, c'est-à-dire que de même que toutes les autres conventions, et à la différence de la donation testamentaire, elle ne peut exister *sans un lien de droit*.

Mais cette irrévocabilité qui est de l'essence de toute convention, a, dans la donation entre-vifs, un caractère particulier.

Dans les conventions ordinaires, la condition potestative *proprement dite* (consistant dans l'accomplissement d'un fait), de la part de celui-là même qui contracte l'engagement conditionnel, n'est point considérée comme destructive du lien obligatoire; *elle doit passer*, dit Puffendorf (liv. 3, chap. VIII, § 4), *pour une clause ajoutée à dessein de fixer le temps de l'exécution de la promesse.* — Il en sera autrement par rapport aux donations entre-vifs, la loi déclarant nulle toute donation de cette nature faite sous des conditions dont l'*exécution* dépend de la seule volonté du donateur. (1174, 944.)

Il suit de là 1° que la donation entre-vifs ne peut comprendre que les biens présens du donateur; que si elle portait sur les biens à venir, elle serait essentiellement nulle à cet égard, attendu qu'il dépend du donateur d'en acquérir ou de n'en pas acquérir. (943.)

2° Qu'elle serait pareillement nulle par rapport aux biens présens eux-mêmes, si elle avait été faite sous la condition d'acquitter d'autres dettes ou charges que celles existantes à l'époque de la donation, ou qui seraient énoncées soit dans l'acte de donation, soit dans l'état qui devrait y être annexé. (945.)

3° Que si le donateur s'était réservé la liberté de disposer d'un effet compris dans la donation, ou d'une somme fixe sur les biens donnés, elle serait encore nulle par rapport à cet effet ou jusqu'à concurrence de cette somme; de telle sorte qu'en cas de mort sans autre disposition, ledit effet ou ladite somme appartiendrait aux héritiers, nonobstant toute clause à ce contraire. (946.)

Du reste, il n'y en aurait pas moins dessaisissement actuel et irrévocable, si le donateur réservait à son profit ou disposait au profit d'un autre de la jouissance des biens donnés. (949.)

Il y a deux exceptions à la règle de l'irrévocabilité des donations entre-vifs.

1° Les donations de biens *présens* faites dans un contrat de mariage par l'un des époux à l'autre, ou par un tiers aux époux ou à l'un d'eux, n'en auront pas moins leur effet, bien que subordonnées à des conditions potestatives de la part du donateur : cas auquel elles prendront le caractère d'une donation *mixte,* ainsi qu'on l'exposera en son lieu. (947.)

2° Les donations entre-vifs faites pendant le mariage par un époux à son conjoint, quoique reçues dans la forme des donations entre-vifs et qualifiées telles, seront, de même que les donations *testamentaires,* essentiellement révocables, et la révocation pourra être faite par la femme sans l'autorisation du mari ou de la justice. (1096.)

Mais si une telle donation n'est point révoquée dans la forme établie pour la révocation des dispositions testamentaires, elle aura, au décès du donateur, les effets d'une donation entre-vifs faite sous une condition *suspensive* qui s'est accomplie.

SECTION II.

DES FORMES SUBSTANTIELLES DE LA DONATION ENTRE-VIFS.

Il est de l'essence de tout acte portant donation entre-vifs,

1° Qu'il soit passé devant notaires, dans la forme ordinaire des contrats dont le notaire rédacteur doit garder minute. (931 ; *vent, an* xi, 20, 68.)

2° Qu'il contienne mention expresse de l'acceptation du donataire. (73?.)

La solennité de l'acceptation peut être accomplie par un acte postérieur, pourvu qu'il soit dans la même forme que l'acte de donation ; mais alors le donateur ne sera lié que du jour où l'acte d'acceptation lui aura été notifié ; et s'il décédait auparavant, la donation demeurerait sans effet. (932.)

Si le donataire est majeur et capable de contracter, cette acceptation solennelle doit être donnée par lui-même, ou en son nom par un mandataire fondé d'une procuration spéciale et authentique.

La procuration aura un caractère de spécialité suffisant, si elle porte pouvoir d'accepter les donations qui auraient été ou pourraient être faites au mandant.

Elle sera passée devant notaires, dans la forme ordinaire des actes qui peuvent être délivrés en brevet, et demeurera annexée à la minute de la donation ou à celle de l'acceptation faite par acte séparé. (933, 1988; *vent. an* XI, 20, 2ᵉ *al.*)

Que si le donataire est incapable, cette formalité sera remplie par la personne qui a l'exercice de ses actions : telle est la règle générale.

Néanmoins les père et mère d'un interdit ou d'un mineur émancipé ou non émancipé, comme aussi ses autres ascendans, même du vivant des père et mère, pourront accepter pour lui, quoiqu'ils ne soient ni tuteurs ni curateurs. (935.)

Le tuteur qui n'est point l'un des ascendans de l'incapable, ne pourra valablement accepter qu'avec l'autorisation du conseil de famille. (463.)

Le mineur émancipé pourra accepter lui-même, pourvu qu'il soit assisté de son curateur. (935.)

Et dans le cas où le donateur serait le curateur lui-même, le conseil de famille, à défaut d'ascendant qui voulût ou pût accepter, désignerait un autre curateur dont les fonctions se borneraient à assister le mineur dans l'accomplissement de cette formalité.

De même si le donataire était un sourd-muet qui ne sût pas écrire, il lui serait nommé, par le conseil de famille, un curateur *ad hoc* qui accepterait pour lui.— S'il savait écrire, il pourrait, comme tout donataire majeur, accepter ou par lui-même, ou par un fondé de pouvoirs. (936.)

Quant à la femme mariée donataire, elle ne pourra, dans aucun cas, accepter qu'avec l'autorisation du mari, ou celle supplétive de la justice. (934.)

Enfin, la donation faite à une commune, à un hospice, à une fabrique, sera acceptée par le maire ou l'administrateur de l'établissement, après qu'il y aura été autorisé par une ordonnance royale ; ou, si la chose donnée est un objet mobilier d'une valeur qui n'excède pas 300 fr., par un arrêté du préfet du département ou du sous-préfet de l'arrondissement. (937 ; *décr. du 12 août* 1807.)

La donation solennellement et régulièrement acceptée, aura le même effet, et spécialement le même caractère d'irrévocabilité à l'égard du mineur, de l'interdit, de la femme mariée, de l'établissement public, qu'à l'égard du donataire majeur qui a le libre exercice de ses actions. (463, 1314.)

Et l'incapable ne sera, non plus que le majeur, restituable contre le défaut d'acceptation expresse ; sauf son recours, s'il y échet, contre son tuteur, mari, maire ou autre administrateur, et sans que la restitution puisse avoir lieu dans le cas même où le garant se trouverait insolvable. (942.)

Les donations entre-vifs faites par contrat de mariage aux futurs époux ou à l'un d'eux sont, par une faveur spéciale de la loi, exemptes de la formalité de l'acceptation. (1081, 1087.)

Mais cette exception ne semble pas pouvoir être étendue à la donation de biens présens par l'un des époux à l'autre, quoique faite par contrat de mariage. (1092, 1093.)

L'acte de donation d'objets mobiliers est en outre soumis à une troisième formalité dont l'objet est d'assurer l'irrévocabilité de la disposition. —Un état contenant la description des choses données, et revêtu de la signature du donateur et du donataire ou de celui qui accepte pour lui, doit être annexé à la minute.

Cette formalité est substantielle, aussi bien que

les deux autres, de telle sorte qu'à défaut de l'état descriptif, l'acte de donation sera radicalement nul; et ne sera valable avec ce même état, que pour les choses qui s'y trouveront prises. (948.)

Telles sont les formes rigoureuses auxquelles la loi positive a subordonné la validité intrinsèque de tout acte *portant donation entre-vifs.*

Elles sont tellement substantielles que leur absence ne pourrait être suppléée par aucun acte de confirmation ou de ratification de la part du donateur, qui n'aurait ainsi d'autre moyen pour donner à l'acte son effet que de le refaire en la forme légale. (1339.)

Néanmoins, et par exception à cette règle, la confirmation ou ratification d'une donation par les héritiers ou ayant cause du donateur depuis son décès, de même que l'exécution qu'ils lui auraient alors donnée en connaissance de cause, emportera renonciation de leur part à opposer les vices de forme, aussi bien que les nullités résultant du défaut de capacité ou de l'imperfection du consentement. (1340.)

Au surplus, d'après le principe que tout ce que la loi ne défend pas est par là même permis, deux ou plusieurs personnes pourront donner à un tiers, ou se donner réciproquement l'une à l'autre par un seul et même acte.

Ce mode de donation *mutuelle*, par un seul et même acte, n'est interdit qu'aux époux. La raison de cette prohibition spéciale est que les donations entre-vifs faites *pendant le mariage* par un époux à son conjoint, étant essentiellement révocables, elles devaient, sous le rapport dont il s'agit, être régies par les mêmes principes que les *testamens.* (1097, 968.)

SECTION III.

QUAND ET COMMENT L'ACTE DE DONATION OPÈRE-T-IL LA DÉPOSSESSION DU DONATEUR A L'ÉGARD DES TIERS.

Entre les parties, la donation est parfaite par leur seul consentement accompagné des formalités prescrites par la loi comme substantielles ; et la propriété de la chose est à l'instant même transférée de l'un à l'autre, sans qu'il soit besoin d'autre tradition. (938, 1138.)

Mais il n'en est pas ainsi par rapport aux tiers qui contracteraient avec le donateur dans l'ignorance de la donation.

Si les biens dont il a disposé par l'acte de donation sont des biens immeubles susceptibles d'hypothèque, il ne sera considéré comme dessaisi de ses droits de propriété, dans l'intérêt de ses créanciers ou des tiers de bonne foi qui auraient acquis de lui les mêmes biens, que par l'accomplissement d'une nouvelle formalité appelée *transcription*.

La transcription est une sorte de tradition feinte qui s'opère par la relation des actes de donation et d'acceptation ou de notification de l'acceptation, sur des registres à ce spécialement destinés, au bureau de la conservation des hypothèques dans l'arrondissement duquel les biens donnés sont situés ; registres dont toute personne est autorisée par la loi à se faire délivrer des extraits par le Conservateur. (939.)

Si le donataire est incapable, c'est encore un devoir pour la personne qui a l'exercice de ses actions de faire opérer la transcription.

Mais comme il ne s'agit que d'assurer l'effet d'un droit acquis, l'incapable pourra lui-même la requérir ; et ni la femme n'aura besoin de l'autorisation de son mari, ni le mineur, de l'assistance de son curateur ou de l'intervention de son tuteur. (940, 2139.)

Du reste, les mineurs, interdits, femmes mariées, établissemens publics, ne seront restituables contre le défaut de transcription non plus que contre le défaut d'acceptation, sauf leur recours contre qui de droit. (942.)

D'un autre côté, la validité intrinsèque de la donation et l'efficacité du lien obligatoire étant indépendans de la transcription, le donateur et ses héritiers ne pourront se prévaloir du défaut d'accomplissement de cette formalité, comme étant un obstacle au dessaisissement. (941, 1122.)

Ne le pourront pareillement, à raison de la garantie qui pèse sur eux, les maris, tuteurs, administrateurs chargés d'y faire procéder, ni leurs ayant-cause. (941.)

Ne le pourront enfin, ceux dont les droits reposeraient sur une donation postérieure à celle qui n'a point été transcrite ; attendu que par la nature même de leur titre, ils devraient être réputés complices de la fraude dont le donateur se serait rendu coupable envers le premier donataire. (1072, 1167. —*L*. 6, § 11, ff., *quæ infr. cred.*)

En ce qui concerne, soit les donations d'objets mobiliers, soit celles de droits immobiliers non susceptibles d'hypothèque, elles sont régies dans leurs effets à l'égard des tiers par les principes du droit commun. (1141, 1690, 1691.)

SECTION IV.

DES OBLIGATIONS RESPECTIVES DU DONATEUR ET DU DONATAIRE.

Le donateur est tenu de délivrer la chose donnée, c'est-à-dire d'en mettre le donataire en possession.

S'il s'en est réservé l'usufruit, il demeurera soumis à toutes les obligations d'un usufruitier ordinaire, sauf la prestation de la caution.

Ainsi, il devra, à la fin de l'usufruit, rendre en nature les objets mobiliers compris dans la donation, tels qu'ils seront alors, non détériorés par son dol ou par sa faute; et si quelques-uns avaient cessé d'exister, ou ne pouvaient être par lui représentés, il en devrait la valeur suivant l'estimation qui en aurait été faite dans l'état descriptif, ou qui serait fixée par experts à la vue de ce même état. (950, 589, 868.)

Mais il n'est point obligé à la garantie, à moins qu'il ne l'ait formellement promise, ou qu'il n'y ait dol ou mauvaise foi de sa part; car ne recevant point l'équivalent de la chose, il doit naturellement être présumé ne la donner que comme il la possède, ou qu'autant qu'elle est à lui. (*L.* 18, § 3, ff. *de Donat.*)

De son côté, le donataire est tenu d'acquitter les charges et de remplir les conditions qui ont pu être imposées à la donation. (953.)

Si le donateur tombait dans le besoin, il lui devrait des alimens eu égard à l'importance des biens dont il a été gratifié; c'est une charge naturelle et légale de toute donation. (955, 3°.)

Mais, à moins d'une stipulation contraire, la donation n'impose au donataire aucune obligation personnelle envers les créanciers de son bienfaiteur.

S'il acquittait tout ou partie des engagemens de celui-ci, soit volontairement, soit par l'effet d'une action hypothécaire à laquelle il se trouverait en butte comme tiers détenteur, il aurait contre le débiteur ou ses héritiers le recours que la loi accorde à toute personne qui paie la dette d'autrui.

Cependant, si la donation était de tous les biens présens ou d'une partie aliquote des biens présens du donateur, le donataire, d'après la maxime *non sunt bona nisi deducto œre alieno*, serait tenu de contribuer dans la même proportion à l'acquittement des dettes alors existantes et ayant une date certaine. (945.)

Du reste, comme on ne peut de son vivant se donner un successeur universel, un représentant de sa personne civile, le donataire, même en ce cas, ne serait point personnellement obligé, si ce n'est en vertu d'une stipulation formelle; de sorte qu'il pourrait toujours se décharger du paiement des dettes en abandonnant ce qui lui aurait été donné.

SECTION V.

DES CAUSES DE CADUCITÉ ET DE RÉSOLUTION DE LA DONATION ENTRE-VIFS; ET SPÉCIALEMENT DE CELLES QUI SONT PROPRES A CE CONTRAT, OU NE SONT PAS ENTIÈREMENT RÉGIES DANS LEURS EFFETS PAR LES PRINCIPES GÉNÉRAUX DES OBLIGATIONS.

Le contrat de donation peut, de même que tous autres contrats, être formé sous une condition suspensive ou résolutoire, pourvu toutefois que cette condition ne soit pas potestative de la part du donateur.

La condition *suspensive* sera entièrement régie

dans ses effets par les principes du droit commun, si ce n'est qu'en thèse générale elle ne pourra utilement s'accomplir que du vivant du donataire, *la considération de la personne devant être présumée la cause de la donation*, et l'obligation qui en résulte, étant dès-lors *personnelle*, si le donateur ne manifeste une intention contraire.

Ainsi, cette sorte de condition venant à défaillir, la donation demeurera sans effet, ou en d'autres termes, sera *caduque*.

La loi n'établit ici qu'une seule règle qui soit spéciale à la matière des donations : c'est que toute donation par contrat de mariage est de droit présumée faite sous la condition suspensive, *si nuptiæ sequantur*. (1088.)

Les effets de la condition *résolutoire*, lorsqu'elle est *casuelle*, doivent être pareillement réglés, du moins en thèse générale, par les principes généraux des obligations.

Ainsi, la condition accomplie résoudra de plein droit la donation; toutes les charges imposées par le donataire sur la propriété s'évanouiront; le possesseur conservera seulement les fruits par lui perçus de bonne foi, etc., etc.

Mais, à la différence des contrats du droit des gens, valables de quelque manière qu'ils aient été formés, l'acte de donation ne pourrait revivre par la simple renonciation du donateur aux effets de la révocation; il ne serait dessaisi que par une nouvelle disposition dans la forme légale. (964.)

Enfin, si la donation n'est pas purement gratuite, et que le donataire ne remplisse point les obligations qu'elle lui impose, le donateur pourra en demander la résolution conformément aux

principes établis pour les conventions synallag-
matiques.

Mais il y a quatre causes de résolution propres
à la donation entre-vifs, ou régies dans leurs effets par des principes spéciaux, savoir :

1° Le retour conventionnel ;

2° La survenance d'enfans au donateur ;

3° L'inexécution des conditions *potestatives* de
la part du *donataire*, ou des conditions mixtes
à l'accomplissement desquelles sa volonté doit
concourir ;

4° L'ingratitude du donataire envers le donateur.

Art. 1ᵉʳ. *Du retour conventionnel.*

On entend par droit de *retour* dans un acte de
donation, une condition casuelle résolutoire dont
l'événement est la survie du donateur au donataire laissant ou non des enfans, ou au donataire
prédécédant sans enfans, ou enfin au donataire
et à ses descendans.

La clause résolutoire de retour, autrement
dite *condition de survie*, doit être formelle ; elle
ne peut être suppléée même dans une donation
entre-vifs de biens présens faite entre époux par
contrat de mariage. (1092.)

Elle ne peut aussi être étendue d'un cas prévu
à un autre qui ne l'est pas.

Ainsi, à supposer que l'on n'ait exprimé que
le cas du prédécès du donataire sans enfans, la
condition sera considérée comme défaillie si le
donataire est décédé laissant des enfans, bien que
le donateur survive à ceux-ci. (951, 1176.)

Le droit de retour ne peut être stipulé par le
donateur au profit de ses héritiers, même en
ligne directe descendante ; l'on fera connaître,

au chapitre des substitutions, les motifs et les effets de cette prohibition qui est particulière à la condition de survie. (951, 2ᵉ *al.*)

Les effets du droit de retour sont ceux que produit toute condition résolutoire accomplie.

Cependant si la donation avait été faite à un futur mari dans son contrat de mariage, les biens donnés demeureraient grevés, à moins d'une stipulation contraire, de l'hypothèque légale de la femme pour sa dot et les autres droits lui résultant du même contrat de mariage, mais subsidiairement, c'est-à-dire pour le cas seulement où les autres biens du donataire se trouveraient insuffisans. (952, 2121, 2122, 2135.)

Art. 2. *De la résolution de la donation par la survenance d'enfans au donateur.*

Lorsque celui qui donne n'a ni enfans, ni descendans légitimes actuellement nés et jouissant de la vie civile, la Loi présume qu'il n'a pu être dans son intention de préférer un donataire étranger à son propre sang; et plus prévoyante que lui, elle supplée dans l'acte de donation la clause résolutoire, pour le cas où il lui surviendrait, ne fût-ce qu'après sa mort, un enfant ou descendant né du mariage ou légitimé par un mariage subséquent, lors même que cet enfant aurait été conçu avant la donation. (960, 961.)

Et elle veut que cette clause résolutoire tacite ait tout son effet alors même que l'acte de donation renfermerait une clause expresse contraire, parce qu'elle présume encore que la renonciation du donateur à ce que la donation soit résolue par la survenance d'enfans n'a eu elle-même d'autre cause que la fausse persuasion où il était qu'il n'aurait pas d'enfans, ou que, s'il lui en survenait,

il n'aurait pas pour eux une affection plus vive
que celle qu'il portait au donataire. (965.)

Toute donation, quels qu'en soient l'objet et la
valeur, et à quelque titre qu'elle ait été faite,
encore qu'elle soit mutuelle, ou rémunératoire,
ou en faveur du mariage, est indistinctement
soumise à cette cause de résolution.

Il n'y a d'exception que pour les donations
faites en contemplation du mariage ou pendant le
mariage, par les conjoints l'un à l'autre, et en ce
sens seulement qu'elles ne sont point résolues par
la survenance d'un enfant commun. (960, 1096.)

Mais il suffit que le donateur ait un enfant ou
descendant existant au moment de la donation,
pour que la clause résolutoire dont il s'agit ne
puisse plus être suppléée : il importerait peu que
cet enfant ou descendant, alors unique, fût lui-
même le donataire, ou qu'il fût décédé avant la
naissance de ceux qui sont survenus depuis la donation. (960.)

Cette condition résolutoire implicite résout de
plein droit la donation, ainsi qu'il est dans la
nature de toute condition résolutoire.

Les biens donnés seront affranchis même de
l'hypothèque subsidiaire de la femme du donataire pour sa dot et ses conventions matrimo-
niales.

Et cela aura lieu nonobstant que le donateur
se soit obligé comme caution du donataire, par le
contrat de mariage qui renferme la donation ; la
loi considérant cette obligation accessoire comme
une renonciation indirecte à la résolution de la
donation, pour cause de survenance d'enfans.
(963.)

Par application de la maxime, que la condition une fois accomplie, son effet est irrévoca-

blement produit, la donation ne revivra point
par le prédécès des enfans survenus au donateur,
(964.) — Elle ne pourra non plus revivre par
aucun acte confirmatif, suivant qu'on l'a expliqué
précédemment,

D'un autre côté, le donataire qui a été mis et
laissé en possession des biens donnés, ne devra la
restitution des fruits que du jour de la notification qui lui aura été régulièrement faite de la naissance de l'enfant, ou de sa légitimation, sans
qu'il soit besoin toutefois d'une demande en justice. (962, 550.)

Enfin, la résolution pour survenance d'enfans
étant une *condition implicite* de la donation même,
le donataire ne pourra opposer à l'action du donateur ou de ses héritiers, que la prescription
établie à l'effet de suppléer à la preuve directe de
la libération d'un engagement personnel.

Et le temps de cette prescription, qui est de
trente ans, ne commencera à courir que du jour
de la naissance du dernier enfant du donateur,
même posthume.

Bien plus, par une faveur toute spéciale à cette
cause de résolution, les tiers acquéreurs seront
censés avoir accédé à l'engagement personnel du
donataire, et ne pourront en conséquence se prévaloir que de la prescription qui lui serait acquise
à lui-même. (966.)

Art. 3. *De la résolution de la donation pour
cause d'inexécution des conditions potestatives
ou mixtes, imposées au donataire.*

Par application de la maxime que les dispositions
à titre gratuit sont susceptibles d'une interprétation plus large que les conventions ordinaires,
lorsqu'une personne a donné sous une condition

résolutoire potestative ou mixte, elle doit être présumée avoir eu en vue, moins l'accomplissement même de la condition que la bonne volonté du donataire à remplir ses intentions. (*L*, 54, § 2, ff. *de Leg.*, 1°. — *L*. 31, ff. *de Cond. et Dem.*)

En conséquence, il a été consacré en principe que la résolution pour inexécution de ces sortes de conditions, n'aurait jamais lieu de plein droit. Elle doit être demandée en justice, et le juge pourra, suivant les circonstances, maintenir la donation, nonobstant que la condition n'ait pas été réellement accomplie; il pourra aussi accorder un délai pour l'exécution, si elle est encore possible. (956, 1184.)

Mais la résolution une fois prononcée, elle aura, à partir de la demande, les mêmes effets que si elle s'était opérée de plein droit. (954.)

ART. 4. *De la résolution des donations par l'ingratitude du donataire.*

Si le donataire ingrat est privé du bienfait qu'il a si mal reconnu, c'est une peine que la loi lui inflige et non l'effet d'une clause résolutoire implicite; les parties n'ayant pas même dû prévoir la possibilité des actes qui constituent l'ingratitude.

Ainsi, cette cause de révocation, à la différence des autres, n'est pas *nécessaire* ou inhérente au contrat de donation.

Les seuls faits d'ingratitude admis pour opérer la révocation sont : 1° les excès ou sévices exercés par le donataire même, sur la personne du donateur, et ayant les caractères d'un crime ou d'un délit, sans qu'il soit besoin toutefois qu'il intervienne un jugement de condamnation au grand ou au petit criminel (955, 727);

2° Les injures graves faites également par le donataire même, au donateur vivant ou à sa mémoire (955, 1046, 1047);

3° Le refus, toujours de la part du donataire même, de fournir des alimens à son bienfaiteur tombé dans le besoin. (955, 3°.)

Il y a même des donations qui ne sont point révocables pour cause d'ingratitude : ce sont celles qui ont été faites en faveur de mariage, soit par un tiers aux conjoints, soit par les conjoints l'un à l'autre. (959.)

La résolution pour cause d'ingratitude ne s'opère point de plein droit. (956.)

De plus, comme elle n'a point son fondement dans le contrat même de donation, elle ne préjudiciera point aux droits réels concédés par le donataire sur les biens donnés, antérieurement à la demande.

Et la demande en révocation ne sera légalement formée, par rapport aux tiers, et ne leur deviendra dès-lors opposable que du jour où elle aura été inscrite par extrait, en marge de la transcription de la donation. (958.)

Mais en prononçant la révocation, le juge condamnera le donataire à restituer la valeur des objets aliénés, eu égard au temps de la demande, et les fruits à compter du jour où elle aura été régulièrement formée. (958.)

La demande en révocation pour cause d'ingratitude n'est plus recevable s'il y a eu réconciliation, ou si le donateur a pardonné à l'ingrat.

Et il y a présomption légale de réconciliation entre les parties ou de pardon de la part du donateur, lorsque celui-ci a laissé écouler, sans intenter son action, une année entière depuis le

dernier fait d'ingratitude qu'il impute au donataire, ou depuis qu'il a pu en avoir connaissance.

Les héritiers du donateur ne seront passibles
que des fins de non-recevoir que l'on aurait pu
opposer à lui-même.

Ainsi, non-seulement ils pourront poursuivre
l'action par lui intentée; ils pourront encore, s'il
est mort investi du droit de l'intenter, la porter
eux-mêmes devant les tribunaux pendant le temps
qui reste à courir du délai prescrit. (957.)

Ainsi, à supposer que le fait d'ingratitude soit
une injure grave faite à la mémoire du donateur,
ils auront, pour former la demande en révocation, une année à compter du jour du délit ou du
jour qu'ils auront pu le connaître. (1047.)

En ce qui concerne les héritiers du donataire,
comme la révocation de la donation pour cause
d'ingratitude a un caractère de pénalité, l'action
ne pourra être exercée contre eux, quand même
l'on serait encore dans l'année du délit, sauf l'application de la maxime : *actiones semel inclusæ
judicio salvæ manent*. (957.)

CHAPITRE II.

DE LA DONATION TESTAMENTAIRE, ET DES TESTAMENS.

SECTION PREMIÈRE.

DE LA NATURE DES TESTAMENS.

Le testament peut être défini : la déclaration
solennelle et essentiellement révocable que fait
une personne de ses dernières volontés, par rapport à la disposition ou transmission de ses biens
après son décès. (895.)

Le testament est *une simple déclaration de vo-*

lonté qui ne requiert point, pour sa perfection, le concours du légataire, et à laquelle celui-ci ne peut même accéder efficacement qu'après la mort du testateur.

C'est une déclaration *solennelle*; le testament est en effet un acte du droit civil qui, comme l'acte de donation entre vifs, n'existe aux yeux de la loi que par l'accomplissement intégral des formalités qu'elle a établies.

C'est un acte *essentiellement révocable*, à savoir de la part du testateur même; car, dès qu'il a fermé les yeux, le légataire est investi d'un droit que les héritiers ne peuvent lui enlever.

Mais, conformément aux principes généraux des obligations, un legs pourrait être valablement fait sous une condition potestative *proprement dite*, de la part des héritiers qui doivent l'acquitter.

Enfin, ce qui caractérise le testament, c'est la volonté exprimée par le disposant de ne donner que pour le temps où il aura cessé de vivre.

Les formules consacrées par l'usage sont : *J'institue héritier ; je fais légataire ; je donne et lègue ;* mais elles ne sont point sacramentelles. (967.)

SECTION II.

DES FORMES SUBSTANTIELLES DES TESTAMENS.

Pour être valable, une disposition testamentaire doit, avant tout, être la vraie et libre expression de la volonté du testateur ; mais elle n'a civilement ce caractère de vérité et de liberté qu'autant qu'elle est revêtue des formes plus ou moins solennelles, imaginées par le législateur pour garantir le testateur des pièges de la séduction, ou empêcher que sa famille ne soit dépouillée par des dispositions entièrement suggérées.

Là où ces formalités ne concourent pas, la loi présume qu'il y a eu absence de volonté; de sorte que la peine de nullité se trouve par là même attachée à l'inobservation d'une seule d'entre elles. (1001.)

Eu égard à la diversité de leurs formes substantielles, on distingue trois sortes de testamens : le testament *olographe*, le testament *mystique*, et le testament *par acte public*; à quoi l'on peut ajouter le testament fait en pays étranger. (969, 999.)

Mais sous le rapport même de la forme, il y a deux règles qui leur sont communes.

La première est que toute disposition testamentaire doit être faite par écrit, quelque modique que soit la valeur de la chose qui en est l'objet.

La seconde, que deux ou plusieurs personnes ne peuvent tester par le même acte, soit en faveur l'une de l'autre, soit au profit d'un tiers; ce mode de disposer ne pouvant s'allier avec l'idée d'une volonté parfaitement libre, et ayant paru surtout inconciliable avec le principe de la révocabilité. (968.)

C'est ce qu'on appelait autrefois testament *réciproque* ou *conjonctif*.

C'est encore un principe général en cette matière, que tout testament doit prouver par lui-même, d'une manière explicite, ou tout au moins implicite, que les solennités requises pour sa validité ont été observées; de telle sorte qu'on ne serait point admis à justifier de leur accomplissement par des preuves extrinsèques.

ART. 1ᵉʳ. *Des formes spéciales du testament olographe.*

Le testament olographe est ainsi appelé parce que le testateur en est le seul ministre.

7*

Il doit être entièrement écrit de sa main ; daté avec assez de précision pour prouver sa capacité actuelle de disposer ; et clos par sa signature habituelle.

Il n'est assujetti à aucune autre forme. (970.)

Seulement, avant d'être mis à exécution, il sera présenté au président du tribunal de première instance dans l'arrondissement duquel la succession est ouverte ; ce magistrat l'ouvrira s'il est cacheté, dressera procès-verbal de sa présentation, de son ouverture, de son état, et en ordonnera le dépôt entre les mains du notaire qu'il lui plaira commettre. (1007.)

Mais à supposer qu'il eût été décacheté avant sa présentation au président, il ne deviendrait pas nul par là même.

Le testament olographe est un acte solennel, mais non un acte authentique ; il n'a que la force probante d'une écriture privée sujette à désaveu et à vérification. (999.)

Cependant il fera foi de sa date, même contre le successible qu'il exclut entièrement de la succession, sauf à celui-ci à en établir la supposition par tous les genres de preuve admissibles en matière de fraude, et sans qu'il soit besoin de recourir à l'inscription de faux. (1322.)

Le testament olographe deviendrait au surplus authentique suivant ce qui a été exposé au titre des obligations, s'il était, par le testateur lui-même, remis à un notaire, pour être placé parmi ses minutes, et qu'il en fût dressé un acte de dépôt dans les formes ordinaires.

Art. 2. *Des formes spéciales du testament mystique.*

Le testament mystique est celui que le testa-

teur sachant lire a écrit ou fait écrire confiden-
tiellement par un tiers, et dont il a fait ensuite
garantir la sincérité par un acte notarié appelé
acte de suscription.

Ainsi, celui qui ne sait ou ne peut lire ne saurait tester dans la forme mystique, comme celui
qui ne sait ou ne peut écrire ne saurait le faire
dans la forme olographe. (978.)

Les solennités du testament mystique consistent
en ce que :

1° Le testateur, si toutefois il sait et peut écrire, est tenu de signer ses dispositions, soit qu'il
les ait écrites lui-même, soit qu'il les ait fait écrire
par un autre;

2° Il doit les présenter avec ou sans enveloppe,
closes et scellées, ou non closes et non scellées,
à un notaire compétent, en présence de six témoins au moins; et s'il ne sait signer ou n'a pu le
faire, en présence de sept au moins;

3° Il fera clorre et cacheter ou clorra et cache-
tera lui-même, si cela n'a point été fait précédemment, ces mêmes dispositions ou leur enveloppe,
à supposer qu'il y en ait une, devant le même
notaire et les mêmes témoins;

4° Il leur déclarera que l'écrit clos et scellé
qu'il leur a présenté est son testament écrit et
signé par lui, ou écrit par un autre et revêtu ou
non de sa signature;

5° Le notaire dressera un procès-verbal détaillé
de tout ce qui aura été fait et dit en sa présence
par le testateur; il y fera même une mention spéciale de la cause pour laquelle un septième témoin aura été appelé, dans le cas où ce septième
témoin est nécessaire; et il l'écrira de sa propre
main sur le testament mystique ou son enveloppe;
d'où ce procès-verbal a été appelé *acte de suscription;*

6° Enfin la formalité de la présentation et celles qui suivront seront accomplies de suite, sans divertir à aucun autre acte. (976, 977, 979.)

Indépendamment de ces formes spéciales, le procès-verbal de suscription doit, comme étant reçu par un notaire, être revêtu des formes généralement requises pour les actes notariés.

Ainsi, il sera signé par le testateur, si toutefois il sait et peut signer, par les témoins et le notaire; et si le testateur qui a signé ses dispositions ne pouvait, par un empêchement survenu depuis, signer l'acte de suscription, il serait fait mention de sa déclaration à cet égard, sans qu'il fût besoin en ce cas d'augmenter le nombre des témoins. (976; *vent.*, 14.)

Ainsi encore, le notaire devra énoncer les noms des témoins, leur demeure; le lieu, l'année, le jour où l'acte de suscription est reçu; faire une mention spéciale à la fin de cet acte de la signature des témoins et du testateur (*vent.* 12, 14).

Il est nécessaire, pour remplir la formalité de la déclaration, que le testateur puisse parler; néanmoins en cas qu'il soit muet ou qu'il ait perdu accidentellement l'usage de la parole, il pourra suppléer à cette déclaration orale par une déclaration écrite; mais elle devra l'être par le testateur lui-même, devant le notaire et les témoins, au haut de l'acte de suscription dans lequel il sera alors fait mention que ces mots ont été écrits en présence de ces derniers par l'auteur de la disposition. Il est donc indispensable, en ce cas, que celui-ci sache et puisse écrire; et même, pour plus de garantie, la loi veut ici que le testament, autrement dit *carte intérieure*, soit entièrement écrit et signé de sa main (979).

Du reste, à l'exemple des actes qui peuvent être délivrés en brevet, le testament mystique est, après l'accomplissement des formalités prescrites, remis entre les mains du testateur, revêtu de l'acte de suscription, à moins que le testateur n'en confie le dépôt au notaire (1007; *Proc.*, 916, 919).

L'acte de suscription étant un acte notarié et par conséquent authentique, fera pleine foi de toutes les énonciations qu'il contient, jusqu'à l'inscription de faux.

Mais comme la carte intérieure n'a par elle-même, non plus que le testament olographe, aucun caractère d'authenticité, le testament mystique sera aussi, avant d'être mis à exécution, présenté au président du tribunal de première instance du lieu de l'ouverture de la succession. Ce magistrat l'ouvrira également, mais ne pourra le faire qu'en présence des notaires et témoins signataires de l'acte de suscription qui se trouveront sur les lieux, ou eux duement appelés; et quant au surplus, il procédera comme on l'a expliqué pour le testament olographe. (1007.)

La rupture des sceaux ou l'ouverture d'un testament mystique sans les formalités prescrites par la loi ne doit point, en thèse générale, en entraîner la nullité, si elle a eu lieu par accident, ou par le fait d'un tiers, et que d'ailleurs l'identité de la *carte intérieure* puisse être établie.

ART. 3. *Du testament par acte public.*

§ 1er. *Des formes du testament public, qui sont de droit commun.*

Le testament par acte public est celui aux dispositions duquel le caractère de l'authenticité est imprimé dans le moment même où elles sont rédigées par écrit.

Les solennités de ce testament ont été réglées ainsi qu'il suit :

1º le testateur dictera ses dispositions de dernière volonté à un notaire, en présence de quatre témoins, ou à deux notaires en présence de deux témoins.

Il ne saurait être suppléé à la dictée orale, par des signes, ni par aucun des autres moyens qu'emploient les hommes pour se communiquer leurs pensées.

Ainsi, celui qui n'a jamais eu ou qui a perdu l'usage de la parole ne peut faire un testament par acte public.

2º Le notaire ou l'un des deux notaires écrira de sa propre main les dispositions telles qu'elles lui auront été dictées, en conservant toutefois le sens plutôt que les mots et la construction des phrases.

Il n'est même pas indispensable que le testament soit rédigé dans la langue que parle le testateur, sauf au notaire à se conformer à ce qui est généralement prescrit pour les actes notariés, quand les parties n'entendent pas la langue française.

3º Les dispositions ainsi écrites sous la dictée du testateur, lui seront lues à haute et intelligible voix, en présence des témoins et des notaires, à supposer que ceux-ci ne soient pas les organes de cette lecture. (971.)

Et si le testateur n'entendait point la langue dans laquelle elles ont été rédigées, il faudrait lui lire en outre, toujours en présence des témoins, la traduction qui, sur sa réquisition, en aurait été faite à mi-marge, dans l'idiome qu'il parle.

Il résulte de là, que celui qui est complètement sourd ne saurait faire un testament par acte public, à moins qu'il ne puisse lire et qu'il ne lise en effet lui-même son testament en présence des notaires et des témoins.

4° Il sera fait une mention spéciale et expresse, sans qu'on doive toutefois regarder comme sacramentelles les expressions dont s'est servi le législateur, que *le testament a été dicté au notaire* ou *aux deux notaires par le testateur;* qu'il *a été écrit par le notaire* ou *par l'un des deux notaires tel qu'il a été dicté;* enfin, qu'il *a été lu au testateur en présence des témoins.*

Quant à la présence de ceux-ci pendant la dictée et la rédaction, il suffira qu'on puisse l'induire de l'ensemble des énonciations que renferme le testament.

Il en est de même de la présence des notaires pendant la lecture, ou de leur coopération à l'accomplissement de cette formalité. (971 , 972.)

5° Seront en outre observées les formalités communes à tous les actes notariés.

Ainsi le testament devra être signé par le testateur ; mais s'il n'a pu signer, il ne suffira pas, comme dans les actes ordinaires, de consigner dans le testament sa déclaration de ne pouvoir signer ; il faudra y ajouter la mention spéciale de la cause qui l'empêche de signer. (973. — *Vent.* 14.)

6° Enfin le notaire ou l'un des deux notaires qui ont reçu le testament, le conservera comme minute. (1007. — *Vent.* 20.)

Du reste, lorsqu'il s'agira de mettre un testament par acte public à exécution, il n'y aura aucune formalité préalable à remplir ; il suffira de s'en faire délivrer une expédition.

§ 2. Des formes privilégiées du testament public.

L'on peut distinguer quatre espèces de testamens publics dont les formes sont plus ou moins
privilégiées, à savoir :

Le testament fait en campagne ;

Le testament fait en temps de peste ;

Le testament militaire ;

Le testament maritime.

I. Dans les campagnes, il suffira que la moitié des témoins sachent et puissent signer.

La présence des autres sera constatée par la
mention de leur déclaration qu'ils ne peuvent signer, ainsi que de la cause qui les en empêche.
(974, 973, 998.)

Et seront au surplus observées toutes les formalités du testament public précédemment dé-
taillées.

II. Dans les lieux où règne une maladie contagieuse qui aura nécessité l'établissement d'un
cordon sanitaire, toute personne attaquée ou
non de ce mal, pourra tester en présence de deux
témoins, devant le juge de paix du canton, ou
devant un membre du conseil de la commune où
elle se trouvera. (985, 986.)

Et pour que le testament soit valable à la
forme, il suffira :

1° Qu'il ait été signé par le testateur, ou qu'il
contienne la mention de sa déclaration de ne pouvoir signer, ainsi que de la cause qui l'en a empêché ;

2° Qu'il porte également la signature des deux
témoins, ou au moins de l'un d'eux, avec mention, en ce dernier cas, de la cause pour laquelle
l'autre n'aura pu y apposer la sienne, et de sa
déclaration à cet égard ;

3º Qu'il soit clos par la signature du juge de paix, ou du membre du conseil municipal qui l'a reçu. (998.)

Mais il demeurera sans effet six mois après que les communications auront été rétablies dans le lieu où se trouve le testateur, ou six mois après qu'il aura passé dans un lieu où elles ne seront point interrompues. (987.)

III. Lorsque des militaires ou tous autres employés dans les armées, seront en expédition militaire, ou en quartier, ou en garnison hors du territoire français, ou prisonniers chez l'ennemi, ou qu'ils se trouveront dans une place française assiégée, ou dans une citadelle ou autre lieu dont les portes auront été fermées et les communications interrompues à cause de la guerre, ils pourront tester devant un chef de bataillon ou d'escadron, ou tout autre officier d'un grade supérieur, en présence de deux témoins; ou devant deux sous-intendans militaires; ou encore, s'ils sont malades ou blessés, devant l'officier de santé en chef, assisté du commandant militaire chargé de la police de l'hospice. (981, 982, 983, *et Ord. du 27 juillet* 1817.)

Et le testament sera valable, pourvu qu'il soit revêtu des formalités du testament fait en temps de peste, sauf que dans le cas où il sera reçu par deux sous-intendans militaires, ou par l'officier de santé en chef et le commandant militaire de l'hospice, il devra toujours être signé par l'un et par l'autre. (998.)

Mais il demeurera sans effet six mois après que le testateur sera revenu dans un lieu où il aura eu la liberté d'employer les formes ordinaires. (984.)

IV. Dans le cours d'un voyage sur mer, toutes

les personnes qui se trouveront sur le vaisseau, même les simples passagers, pourront tester en présence de deux témoins, savoir : à bord des bâtimens du Roi, devant l'officier commandant le vaisseau, assisté de l'officier d'administration ou de celui qui en remplit les fonctions ;

A bord des bâtimens de commerce, devant l'écrivain du vaisseau ou celui qui en fait les fonctions, assisté du capitaine, maître ou patron.

A défaut ou en cas d'empêchement des capitaine, maître ou patron, officier d'administration et écrivain, ils seront suppléés par ceux qui viennent après eux dans l'ordre du service. (988, 989, 995.)

Les formes du testament maritime seront les mêmes que celles du testament militaire, si ce n'est qu'il devra être rédigé en un double original. (990, 998.)

Et si le bâtiment aborde dans un port étranger où se trouve un consul de France, ceux qui auront reçu le testament déposeront l'un des originaux clos et cacheté entre les mains de ce consul qui le fera parvenir au Ministre de la marine; et celui-ci en fera faire le dépôt au greffe de la justice de paix du lieu du domicile du testateur. (991.)

Au retour du bâtiment en France, soit dans le port de l'armement, soit dans tout autre, les deux originaux du testament ou celui qui restera, seront également remis clos et cachetés au bureau du préposé de l'inscription maritime, qui les fera passer sans délai au Ministre de la marine; et celui-ci en ordonnera le dépôt, ainsi qu'il vient d'être dit. (994.)

Cette remise des originaux, soit entre les mains du consul, soit au bureau du préposé de l'inscription, sera constatée par la mention qui devra en être faite sur le rôle du bâtiment, en marge du nom du testateur. (993.)

Dans tous les cas, le testament maritime demeurera sans effet trois mois après que le testateur sera descendu à terre dans un lieu où il aura pu employer les formes ordinaires. (996.)

Au surplus, un testament ne sera point réputé fait en mer quoiqu'il l'ait été dans le cours du voyage, si, au temps où il a été fait, le testateur avait abordé une terre soit étrangère, soit de la domination française où il y aurait un officier public français; auquel cas il ne sera valable qu'autant qu'il aura été dressé suivant les formes prescrites en France, ou suivant celles usitées dans le pays. (994.)

APPENDICE AUX ARTICLES 2 ET 3.

De la qualité des témoins qui doivent être appelés aux testamens mystiques ou par acte public ; et des incapacités résultant de la parenté, et autres, soit par rapport aux témoins, soit par rapport aux officiers publics qui ont caractère pour recevoir ces testamens.

La loi n'exige point que les témoins des testamens mystiques et par acte public aient, comme ceux des actes notariés ordinaires, la jouissance des droits politiques et leur domicile dans l'arrondissement communal où l'acte est passé ; il suffira, d'une part, qu'ils soient mâles, majeurs, jouissant des droits civils, non frappés d'interdiction ; et d'autre part, qu'ils soient regnicoles ou sujets du Roi. (980, *vent.*, 9.)

Et ils devront au surplus n'avoir aucun défaut corporel qui les mette dans l'impossibilité de reconnaître la conformité des dispositions du testament aux intentions du testateur, et l'identité de sa personne.

En ce qui concerne les empêchemens produits par la parenté, et autres semblables, les testamens mystiques doivent, dans le silence du Code, être soumis aux mêmes règles que les actes notariés ordinaires.

Ainsi, un testament mystique serait nul comme *mystique*, si le notaire qui a reçu l'acte de suscription, était alors parent ou allié, en ligne directe à quelque degré que ce soit, et en ligne collatérale au troisième inclusivement, soit du testateur, soit des héritiers institués ou légataires, et, à plus forte raison, s'il était lui-même héritier institué ou légataire. (*Vent.*, 8.)

Il en serait de même si, parmi les témoins indispensables, figuraient des parens ou alliés au degré prohibé, ou des clercs et serviteurs, soit du notaire, soit du testateur, soit des héritiers institués ou légataires, et à plus forte raison les héritiers institués ou légataires eux-mêmes. (*Vent.*, 10.)

Les mêmes dispositions prohibitives de la loi sur le notariat seront également applicables au testament par acte public, si ce n'est que l'empêchement résultant de la parenté ou de l'alliance entre les témoins et les héritiers institués ou légataires a été étendu jusqu'au quatrième degré inclusivement. (975.)

Ainsi, indépendamment des incapacités qu'on vient de signaler par rapport au testament mystique, deux notaires ou deux sous-intendans militaires, parens ou alliés en ligne directe à quelque degré que ce soit, ou en ligne collatérale au troisième inclusivement, ne pourront recevoir ensemble un testament par acte public. (*Vent.*, 10.)

Ainsi, ne pourront être témoins d'un testament militaire les commis ou délégués de celui qui le reçoit. (*Instr. du 24 brum. an* XII.)

Art. 4. *Des formes du testament fait en pays étranger.*

Le testateur étant lui-même le ministre des solennités du testament olographe, un Français peut disposer en cette forme par-tout où il se trouve. (999.)

Mais s'il ne lui est pas possible de tester ainsi, ou qu'il veuille le faire par acte authentique, il devra, d'après la maxime *locus regit actum*, se conformer aux lois du pays où il se trouve.

Le testament reçu par un officier public étranger ne pourra être exécuté en France qu'après y avoir été enregistré au bureau du domicile du testateur, ou de son dernier domicile connu.

Et s'il contient des dispositions d'immeubles situés ailleurs, il devra en outre être enregistré au bureau de la situation de ces immeubles, sans qu'il puisse toutefois être exigé un double droit. (1000.)

SECTION III.

DE L'EFFET ET DE L'EXÉCUTION DES DONATIONS TESTAMENTAIRES.

L'effet des donations testamentaires sera le même, soit qu'elles aient été qualifiées *institutions d'héritier*, soit qu'elles aient été faites sous la dénomination de *legs*, ou sous telle autre dont il aura plu au testateur de se servir ; sauf les distinctions qui seront ci-après établies, d'abord entre les legs purs et simples et les legs conditionnels, puis entre les legs universels, à titre universel, et à titre particulier. (1002.)

Art. 1er. *De quel jour les legs ont leur effet, et comment ils deviennent caducs ?*

Le testament étant essentiellement révocable, il n'en peut résulter aucun droit acquis tant que respire le testateur ; il faut donc avant tout que le légataire lui survive pour que la disposition ait son effet.

Mais le prédécès du testateur ne suffit pas toujours pour donner ouverture, en faveur du légataire, à un droit absolu, irrévocable, qu'il doive transmettre à ses propres héritiers, s'il vient à mourir lui-même avant d'avoir pu l'exercer.

A cet égard il faut distinguer entre les legs purs et simples ou à terme, et les legs faits sous une condition suspensive.

Si le legs est pur et simple ou à terme, le légataire acquiert sur la chose léguée, du jour du décès du testateur, un droit transmissible à ses héritiers ou ayant-cause, alors même qu'il décéderait depuis, sans savoir qu'il en était investi. (1014, 1041.)

Mais, à moins que le testateur n'ait manifesté une volonté contraire, le legs *suspendu* par une condition ne donnera au légataire un droit transmissible à ses héritiers qu'autant que cette condition s'accomplira de son vivant.

En effet, comme il a été généralement observé que celui qui disposait à cause de mort, n'avait le plus souvent en vue que la personne même de celui qu'il gratifiait, la Loi consacre ici en principe, que dans le silence du testament, la disposition ou plutôt l'obligation qui doit en résulter sera présumée *personnelle*. (1040.)

Et, d'après les principes exposés au titre *des obligations en général (chap. 3, sect. 2, art. 2),* bien que l'événement auquel la disposition testamentaire est subordonnée *doive certainement arriver*, elle n'en sera pas moins conditionnelle, *s'il est incertain que cet événement arrive pendant la vie du légataire*, et qu'il n'apparaisse pas d'ailleurs que le testateur ait voulu en étendre les effets à la personne des héritiers. (1040, 1041, 1122.)

Que si la condition dont l'événement est certain n'a point été apposée à la *disposition* même, et que, dans l'intention du testateur, elle ne fasse qu'en suspendre l'*exécution*, alors cette prétendue condition n'est qu'un terme qui n'empêchera pas le légataire d'avoir un droit transmissible à ses héritiers du moment du décès du testateur. (1041.)

D'un autre côté, comme nous ne saurions être, même à titre purement gratuit, investis d'un droit réel ou personnel, par la seule volonté d'autrui, *in neminem invitum beneficium confertur*, l'effet du legs acquis par le décès du testateur ou l'accomplissement de la condition se trouve encore essentiellement subordonné à l'acceptation ultérieure du légataire ou de ses héritiers; acceptation qui n'est du reste soumise à aucune forme particulière, et qui peut même avoir lieu tacitement de la manière dont on verra que peut se faire l'acceptation d'une succession déférée par la loi.

Ainsi une disposition testamentaire deviendra caduque : 1° si le légataire vient à décéder avant le testateur, ou avant l'accomplissement de la condition *suspensive*, ou s'il se trouve alors incapable de recevoir (1039, 1040, 1043);

2° Si, survivant au testateur et à l'accomplissement de la condition suspensive, et n'étant frappé d'aucune incapacité, il répudie le legs. (1043.)

La révocation du legs par le testateur est encore une sorte de caducité.

Enfin, un legs pourrait demeurer sans effet par
un vice intrinsèque de la disposition même, comme
si la chose léguée ou la personne du légataire avait
été si vaguement désignée qu'il fût absolument
impossible de la reconnaître. (*L.* 62, ff. *de hæred. inst.* ; *l.* 33, § 1, *de cond. et dem.*)

Art. 2. *A qui doit profiter la caducité d'un legs ?*

La caducité d'un legs, quelle qu'en soit la cause,
doit profiter,

D'abord au légataire subrogé ou substitué ;

A défaut de substitué, au légataire conjoint ;

A défaut de légataire conjoint, aux héritiers
institués, légataires, héritiers *ab intestat*, qui se
trouveraient grevés de la prestation du legs.

L'article suivant fera connaître plus particulièrement à quelles personnes incombe la charge
d'acquitter les legs ; l'on n'aura donc à parler ici
que de la *subrogation* et de la *conjonction* des
légataires.

§ 1er. *De la subrogation de personnes en matière de
legs, ou de la* substitution vulgaire.

La subrogation de personnes ou substitution
vulgaire est une clause par laquelle une personne
est appelée à recueillir le bénéfice d'une disposition dont l'effet est en suspens ou peut cesser, au
lieu et place d'une autre personne gratifiée en
premier ordre, pour le cas où celle-ci ne vou-
drait ou ne pourrait en profiter. (898.)

Il est dans la nature même des choses que tout
acte qui n'opère pas actuellement une transmission de droits, ou renferme en lui-même une

cause de résolution, soit susceptible d'admettre cette sorte de subrogation.

Ainsi la substitution vulgaire ou subrogation de personnes pourra avoir lieu dans une donation entre-vifs qui n'a point encore été acceptée, ou qui est soumise à une condition soit suspensive soit résolutoire. (898.)

Mais elle est plus particulièrement en usage dans les testamens qui ne doivent jamais produire leur effet qu'à la mort du testateur.

Elle ne peut, en thèse générale, résulter que d'une clause formelle; il ne serait point permis aux juges de la suppléer, même en faveur des enfans du légataire.

§ 2. De la conjonction des légataires, et du droit d'accroissement.

Par droit d'accroissement, l'on entend le droit respectivement attribué à plusieurs colégataires d'une même chose, de recueillir la portion de celui d'entre eux à l'égard duquel la disposition devient caduque.

Il est fondé sur une substitution vulgaire réciproque suppléée par la loi, d'après l'intention présumée du testateur.

Mais la loi ne suppose cette *substitution réciproque* dans l'intention du testateur, malgré le silence du testament, que là où les légataires sont *conjoints*; et elle ne considère comme tels que ceux à qui la même chose a été *identiquement* léguée, non pas seulement par le même acte, mais par une seule et même disposition. — C'était le cas de la conjonction *mixte* des jurisconsultes romains. (1044.)

Toutefois, si la chose léguée à plusieurs n'est pas susceptible d'être divisée sans détérioration, le legs sera encore réputé fait conjointement, quoiqu'il l'ait été par deux dispositions séparées, à supposer que l'une ne soit point révocatoire de l'autre. — C'était la conjonction appelée *réelle* chez les Romains. (1045.)

Il n'y aurait plus identité dans l'objet des legs, et il n'y aurait plus dès-lors ni conjonction ni droit d'accroissement, si la *disposition même* renfermait une assignation de parts. — C'était le cas de la prétendue conjonction *verbale* déjà considérée dans le dernier état du droit romain comme essentiellement exclusive de tout droit d'accroissement.

Le légataire en faveur duquel s'ouvre le droit d'accroissement est toujours le maître de n'en pas user, comme il pourrait répudier le droit lui résultant d'une substitution expresse qui ne serait point la condition de son propre legs ; mais en cas d'acceptation, il doit acquitter la charge imposée à son colégataire, si cette charge n'est pas purement personnelle.

Art. 3. *De la délivrance des legs, et spéciale-*
ment des personnes par qui elle doit être faite.

Du moment où le legs a son effet, le légataire se trouve investi de la propriété même de la chose léguée, si elle consiste en un corps certain ou en une quote-part des biens de la succession. (1014, 1015, 1138.)

Mais régulièrement il ne peut obtenir les avantages de la possession que par une demande en délivrance formée à celui que le testateur ou la loi charge de la prestation du legs.

Pour régler le mode de délivrance des legs, la loi les distingue de nouveau en legs *universels,* legs *à titre universel,* et legs *à titre particulier.* (1002.)

Le legs universel est celui qui se compose de l'universalité des biens dont le testateur mourra saisi ; soit que la disposition ait été faite au profit d'une seule personne, soit qu'elle ait été faite en faveur de plusieurs, pourvu qu'en ce dernier cas l'un des légataires au moins ait, par substitution ou conjonction, un droit éventuel à toute la succession. (1003, 1010.)

Lorsqu'à l'ouverture de la succession il n'existe pas d'héritiers légitimaires, le légataire universel est, au moment du décès du testateur, saisi même du droit de possession, et il n'est en conséquence soumis à former aucune demande en délivrance. (1006.)

Seulement il devra, si le testament est olographe ou mystique, se faire envoyer en possession par une ordonnance du président qui a ordonné le dépôt du testament.

Il lui présentera, à cet effet, une requête à laquelle sera joint l'acte de dépôt ; et l'ordonnance de l'envoi en possession sera mise au bas de cette requête. (1008.)

Mais si le testateur a laissé des héritiers légitimaires, c'est à ceux-ci que la saisine appartiendra de droit, et le légataire universel sera tenu de leur demander la délivrance de son legs. (1004.)

Néanmoins, dans ce cas-là même, il en aura la jouissance à compter du jour du décès, si la demande en délivrance a été formée dans l'année ; sinon du jour de la demande ou du jour que la délivrance lui aura été volontairement consentie. (1005.)

Du reste, que le légataire universel soit ou non en concurrence avec des héritiers réservataires, il est, par la nature même de son titre, tenu d'acquitter tous les autres legs, pour le tout ou pour la partie à laquelle ils seront réductibles, la réserve ne pouvant être entamée par aucune sorte de dispositions. (1009.)

Le legs à titre universel est celui qui porte sur une *quote-part* seulement des biens dont le testateur mourra saisi, et qui ne peut, en aucun cas, s'étendre à la totalité.

Ce sera encore un legs de *quote-part*, et par conséquent un legs à titre universel, que celui qui comprendra tous les biens immeubles, ou tous les biens meubles, ou une quote-part des uns ou des autres.

Mais, d'après le Code, toute autre disposition ne pourrait former qu'un legs à titre particulier. (1010.)

Le légataire à titre universel doit demander la délivrance aux héritiers légitimaires, à leur défaut aux légataires universels, et à défaut de ceux-ci aux héritiers collatéraux appelés dans l'ordre établi au titre des successions *ab intestat*. (1011.)

Et néanmoins, de même que le légataire universel en concours avec un héritier légitimaire, il aura droit aux fruits du jour du décès, s'il forme sa demande dans l'année. (1005.)

D'un autre côté, si son legs embrasse toute la quotité disponible, il sera aussi, comme le légataire universel, tenu seul de la prestation des autres legs.

Que s'il n'est légataire que d'une partie de la quotité disponible, il les acquittera par contribution avec les autres légataires à titre universel, ou avec les héritiers légitimaires, sans qu'il puisse toutefois en résulter aucune réduction de la réserve. (1012, 1013.)

Le legs à titre particulier est celui qui a pour objet une ou plusieurs choses spécialement désignées, ou une généralité de biens autres que les biens immeubles ou les biens meubles, comme, par exemple, les acquêts d'une société, une succession échue au testateur, etc. (1010.)

Le légataire à titre particulier demandera la délivrance de son legs suivant les distinctions précédemment établies, soit aux héritiers légitimaires, soit aux légataires universels, soit aux parens héritiers *ab intestat*, soit enfin aux légataires à titre universel.

Il n'aura jamais droit aux fruits ou intérêts de la chose léguée qu'à compter du jour de la demande, à moins que le testament ne contienne une disposition formelle contraire, ou que l'objet du legs ne soit une rente viagère ou une pension alimentaire. (1014, 1015.)

Celui qui n'a été gratifié que d'un legs à titre particulier n'est point tenu d'acquitter d'autres legs, excepté toutefois ceux qui seraient une délibation du sien, ou dont il aurait été chargé par une clause formelle du testament ; cas auquel la demande en délivrance devrait nécessairement être dirigée contre lui.

Pour obtenir la délivrance, le légataire à titre particulier a une action personnelle contre les héritiers ou autres débiteurs de son legs, et la loi lui accorde en outre, sur la portion de biens que ceux-ci ont recueillis dans la succession, un privilège ou une hypothèque dont on expliquera plus tard la nature et l'étendue. (1017, 878, 2111, 2113.)

Il aura enfin, si son legs consiste en un corps certain, une action réelle en revendication contre les tiers détenteurs. (1014.)

A l'égard du légataire universel ou à titre universel, l'action en délivrance est une action en partage qui deviendrait également *réelle* contre les tiers.

Il reste à faire observer que, conformément aux principes du droit commun, les frais de la demande en délivrance sont à la charge de la succession débitrice du legs, à moins qu'il n'en ait été autrement ordonné par le testateur, ou que la réserve n'en éprouve une réduction. (1016, 1608.)

Quant aux droits d'enregistrement, ils sont dus par le légataire, qui pourra faire enregistrer séparément son legs; bien entendu, sans que cet enregistrement puisse profiter à d'autres que lui et ses ayant-cause. (1016.)

Art. 4. *Comment les legs doivent-ils être acquittés ?*

Un legs doit être acquitté de la même manière que toute autre obligation.

Ainsi celui qui en est débiteur ne pourra se libérer que par la prestation de la chose même qui a été léguée, et de tout ce qui en forme un accessoire nécessaire. (1014.)

Si c'est une chose indéterminée, il ne sera pas tenu de la donner de la meilleure qualité, mais il ne pourra pas l'offrir de la plus mauvaise. (1022, 1246.)

Si c'est un corps certain, il sera responsable des détériorations qui y sont survenues depuis le décès du testateur, par sa faute ou sa négligence (1018, 1136, 1137, 1245); comme aussi la perte arrivée par force majeure le libérera; et même nonobstant qu'il ait été mis en retard de livrer, pourvu qu'en ce cas il soit prouvé que la chose eût également péri entre les mains du légataire. (1042, 1302, 1303.)

Art. 5. *De l'effet de l'acceptation des legs, vis-à-vis des créanciers de la succession.*

En acceptant le don qui lui a été fait, le légataire contracte par là même l'obligation personnelle d'acquitter les charges et de remplir les conditions qui lui ont été imposées par le testament.

Le légataire universel ou à titre universel sera en outre, comme représentant la personne civile du défunt, tenu aussi personnellement et indéfiniment d'acquitter dans la proportion de ses droits héréditaires les dettes et charges de la succession. (1009, 1012.)

Mais, à moins que l'acceptation pure et simple ne soit une condition explicite ou implicite de son legs, il aura la faculté de se soustraire aux effets de cette obligation personnelle indéfinie *ultrà vires emolumenti*, en se conformant à tout ce que l'on verra être prescrit à l'héritier de la loi qui accepte sous bénéfice d'inventaire, et en faisant la même déclaration solennelle, sur les poursuites dirigées contre lui par un créancier ou par un héritier *pur* et *simple* ou colégataire qui aurait payé la totalité des dettes. (793, 800, 873, 1004, 1011.)

Quant au légataire à titre particulier, les créanciers n'auront, à moins d'une disposition contraire dans le testament, aucune action contre lui personnellement ; ils pourront seulement exercer les droits réels d'hypothèque ou autres qui leur sont acquis sur la chose léguée. (871, 1024, 878.)

Æs alienum valdè distat ab onere quod rei cohæret ; nàm æs alienum certam rem non minuit. (*Cuj. ad leg.* 50, ff. *de judic.*)

Et dans le cas où, poursuivi comme tiers détenteur, le légataire à titre particulier d'un immeuble hypothécairement grevé d'une dette de la succession, aura acquitté cette dette de ses deniers propres, il demeurera légalement subrogé aux droits du créancier contre les héritiers ou successeurs à titre universel. (874, 1251, 2178.)

Art. 6. *Des exécuteurs testamentaires.*

L'exécution testamentaire est un mandat d'une nature anomale, par lequel un testateur confère à une ou plusieurs personnes le pouvoir de faire exécuter ses dispositions de dernière volonté. (1025.)

Ce mandat étant lui-même une disposition de dernière volonté, doit être donné par acte testamentaire.

Il n'est point révocable de la part des héritiers ou successeurs à titre universel du testateur ; mais il ne sera obligatoire pour eux qu'autant qu'il aura été confié à des personnes ayant la capacité naturelle et légale de contracter toute espèce d'engagemens. (1028.)

C'est ainsi que le mineur ne pourra être exécuteur testamentaire, quand même il en obtiendrait l'autorisation de son tuteur ou de son curateur. (1030.)

C'est encore ainsi que la femme mariée qui est en société de biens avec son mari, ne pourra être investie d'une exécution testamentaire qu'avec le consentement de celui-ci.

Que si elle était séparée de biens, l'autorisation du mari pourrait être suppléée par celle de la justice. (1029.)

Les fonctions des exécuteurs testamentaires, si le testateur ne les a pas spécialement déterminées, consisteront :

1° A faire apposer les scellés, s'il y a des héritiers mineurs, interdits ou absens ;

2° A faire faire, en présence des héritiers, ou eux dûment appelés, l'inventaire des biens de la succession ;

3° A provoquer la vente du mobilier, à défaut de deniers suffisans pour acquitter les legs mobiliers ;

4° A veiller enfin à ce que le testament soit fidèlement exécuté dans toutes ses dispositions.

Ils pourront même, en cas de contestation sur son exécution, intervenir pour en soutenir la validité. (1031.)

Et afin qu'ils puissent remplir plus facilement l'objet de leur mission, le testateur est autorisé par la loi à leur donner pour une année à compter du jour de son décès, la saisine ou la garde de tout ou partie de son mobilier, quand même il laisserait des héritiers *légitimaires*. (1026.)

Mais les héritiers, quels qu'ils soient, pourront faire cesser cette saisine, en remettant aux exécuteurs testamentaires une somme suffisante pour le paiement des legs mobiliers, ou en justifiant de ce paiement. (1027.)

Celui qui accepte une exécution testamentaire contracte toutes les obligations d'un mandataire.

Ainsi, à supposer que la saisine du mobilier lui ait été donnée, il devra, à l'expiration de l'année du décès du testateur, rendre compte de sa gestion. (1031, 1993.)

Bien plus, ce qui est contraire aux principes

8*

du droit commun, si plusieurs exécuteurs testamentaires ont été nommés et ont accepté, il y aura solidarité entre eux par rapport au compte du mobilier qui leur aura été confié, quand même un seul aurait agi au défaut des autres, à moins toutefois que le testateur n'ait divisé leurs fonctions, et que chacun d'eux ne se soit renfermé dans celle qui lui aura été confiée. (1033, 1995.)

D'un autre côté, les représentans du testateur seront tenus de toutes les obligations que s'impose un mandant.

C'est ainsi que l'exécuteur testamentaire devra être indemnisé par la succession, des frais de scellés, d'inventaire, de compte, et autres relatifs à ses fonctions. (1034, 1999.)

Enfin, les mêmes causes qui font cesser le mandat mettront fin à l'exécution testamentaire, si l'on en excepte la mort du mandant, qui est ici le testateur, et la révocation, qui ne peut avoir lieu de la part de ses représentans.

Ainsi, les pouvoirs de l'exécuteur testamentaire ne passeront point à ses héritiers. (1032, 2003.)

SECTION IV.

DE L'INTERPRÉTATION DES DISPOSITIONS TESTAMENTAIRES.

Les testamens doivent, en thèse générale, être interprétés d'après les mêmes règles que les conventions, si ce n'est que le légataire étant absolument étranger à l'acte, l'on ne saurait prendre pour guide que l'intention du testateur ; et qu'en outre, d'après la maxime que les donations sont susceptibles d'une interprétation large et favorable, l'on y suppléerait plus facilement que dans un contrat intéressé, une clause qui donnerait plus d'étendue à la disposition.

Ainsi, dans le cas d'une désignation insuffisante ou erronée, soit de la chose léguée, soit de la personne du légataire, on pourra suppléer à cette insuffisance ou rectifier cette erreur par toute espèce d'indices propres à déceler la volonté du testateur.

Ainsi, la somme léguée à un domestique ne sera point censée lui avoir été donnée en compensation des gages qui lui sont dûs. (1023.)

Mais la loi a consacré plusieurs règles d'interprétation qui s'appliquent spécialement aux testamens.

1° Lorsque le testateur a légué un enclos dont il augmente ensuite l'enceinte, il est censé avoir voulu le donner avec toute l'étendue qu'il aura au jour de son décès.

De même il sera censé avoir compris dans le legs d'un fonds, soit les constructions nouvelles qu'il y aura élevées depuis son testament, soit, à plus forte raison, de simples embellissemens qui n'existaient pas alors.

Mais des fonds postérieurement acquis ne seraient point censés faire partie du legs, par cela seul qu'ils seraient contigus au fonds légué, ou auraient été soumis à la même exploitation. (1019.)

2° Lorsque le testateur aura légué une chose qui ne lui appartenait pas, il sera toujours censé ne l'avoir léguée qu'autant qu'elle se trouverait dans son patrimoine à l'époque de son décès.

En conséquence, s'il est mort sans en devenir propriétaire, ses héritiers, soit qu'il ait su, soit qu'il ait ignoré qu'elle appartenait à autrui, ne seront tenus, à moins d'une disposition contraire bien formelle, ni de livrer cette chose alors même qu'ils le pourraient, ni d'en payer la valeur, c'est-à-dire que le legs demeurera sans effet. (1021.)

3° De même, si la chose léguée était grevée d'un usufruit ou affectée par privilège ou hypothèque à la dette d'un tiers, le testateur sera toujours censé n'avoir voulu la transmettre au légataire que comme il la possédait lui-même, soit qu'il ait ou non connu l'existence de cette charge.

Que si c'est une dette personnelle du défunt, à laquelle la chose se trouve engagée, les héritiers ou successeurs universels devront, à la vérité, acquitter cette dette à son échéance, comme toutes les autres charges de la succession ; mais ils ne seront pas tenus de le faire au moment même de la délivrance. (1020, 1024, 611, 871, 874.)

4° Le testateur ne sera point censé avoir voulu subordonner l'effet de la disposition à la vérité du motif qu'il a cru devoir en donner, à moins qu'il n'apparaisse clairement que ce motif a été la cause finale et déterminante du legs. (*L.* 72, § 6, ff. *de Condit. et Demonstrationibus.*)

5° De même, en exprimant sur quelle créance ou sur quelle autre chose le legs sera acquitté, il ne sera point censé avoir voulu par là en restreindre l'étendue ; c'est ce que l'on a appelé *assignat démonstratif.*

Il en serait autrement si l'assignat était *limitatif,* c'est-à-dire si la contexture de la disposition laissait voir l'intention de limiter la libéralité à la chose désignée ; comme si cette indication avait été placée dans la substance même du legs, et non dans une clause accessoire qui eût trait seulement à l'exécution. (*L.* 27, § 2, ff. *de Legatis,* 3° ; et *L.* 8, § 2, ff. *de Legatis,* 2°.)

SECTION V.

C'est un principe général et absolu en cette matière que nul ne peut s'interdire la faculté de révoquer ou de modifier son testament, ni s'imposer aucune entrave dans l'exercice de cette faculté.

La révocation d'un testament peut être ou *explicite*, ou *implicite*, ou *présumée* d'après certains faits que la loi détermine, ou dont elle laisse l'appréciation dans le domaine du juge.

La révocation est *explicite* lorsque le testateur a déclaré en termes exprès qu'il révoquait son testament, ou telle disposition de son testament ; *implicite* lorsqu'il n'a exprimé son changement de volonté qu'en faisant de nouvelles dispositions inconciliables avec les premières, ou qui y sont directement contraires.

Un testament ne peut être révoqué implicitement que par un testament postérieur, dans l'une des formes précédemment décrites. — Il peut l'être explicitement soit par un autre testament, soit par un acte notarié dans la forme ordinaire. (1035.)

La révocation n'en aura pas moins son effet lorsque le testament qui la renferme demeurera sans exécution par l'incapacité de l'héritier institué ou du légataire, ou par leur refus de recueillir. (1037.)

Mais dans aucun cas, elle ne pourra, sous prétexte de connexité, être étendue à d'autres dispositions que celles auxquelles s'applique la clause révocatoire ou à l'égard desquelles existe la contrariété ou l'incompatibilité. (1036.)

Il y a présomption légale de révocation par cela seul que le testateur a aliéné la chose léguée, quand même il l'aurait aliénée par nécessité, ou à titre d'échange, ou sous une condition résolutoire, et que cette chose serait rentrée dans sa main, ou par voie de rachat, ou par l'événement de la condition, ou enfin parce que l'aliénation aurait été annullée, pourvu toutefois que ce ne fût pas à raison d'un vice de forme, ou d'un défaut de consentement.

Si une partie de la chose seulement avait été aliénée, le legs subsisterait pour le surplus. (1038.)

La révocation d'un legs est encore légalement présumée, lorsque la chose qui en était l'objet a été substantiellement détruite du vivant du testateur, soit par son propre fait, soit par le fait d'un tiers, soit par cas fortuit. (1042).

Enfin le testateur devra nécessairement être considéré comme ayant révoqué son testament pour le tout, ou seulement pour partie, lorsqu'il l'aura lui-même détruit, soit matériellement, soit en le mettant dans un état tel que ce ne soit plus un testament ; ou qu'il en aura biffé, rayé ou raturé telle ou telle disposition avec l'intention de conserver les autres ; ce dont on jugera d'après les circonstances. (1353.)

SECTION VI.

DES CAUSES DE RÉSOLUTION DES DONATIONS TESTAMENTAIRES.

Les donations testamentaires sont résolubles pour les mêmes causes et de la même manière que les donations entre vifs ; mais sous les exceptions et avec les modifications que doit nécessairement amener l'application du double principe *qu'un testament ne produit aucun effet avant la*

*mort du testateur; et qu'il est jusque-là essentiel-
lement révocable.* (1046.)

Ainsi, la survenance d'un enfant au testateur
depuis le testament ne pourrait servir de fondement à une demande en résolution du legs.

Mais elle donnerait lieu à une action en nullité,
s'il apparaissait que la persuasion où aurait été le
testateur qu'il mourrait sans enfans, a été la cause
finale et déterminante du legs; car, alors, il y
aurait absence de volonté. (1009, 1010, 1131.)

Pactumeius Androsthenes Pactumeiam magnam Pac-
tumeii magni filiam ex asse hæredem instituerat, ei-
que patrem ejus substituerat. Pact. magno occiso,
et rumore perlato, quasi filia quoque ejus mortua,
mutavit testamentum, Noniumque Rufum hæredem
instituit, hâc præfatione : *Quia haeredes quos volui
habere, mihi contingere non potuerunt, Nonius Ru-
fus haeres esto :* Pact. magna supplicavit imp. nos-
tros; et cognitione susceptâ, licet falsus modus non
soleat obesse, tamen ex voluntate testantis putavit
imperator ei subveniendum; igitur pronuntiavit,
*hæreditatem ad Pact. magnam pertinere, sed legata
ex posteriore testamento eam præstare debere, perindè
atque si ipsa in posterioribus tabulis fuisset hæres
scripta.* (Paul., *l. ult.*, ff. *de haered. inst.*)

Ainsi, comme un légataire ne saurait, en cette
qualité, devoir des alimens au testateur, le refus
qu'il aurait fait de lui en fournir ne peut, par
lui-même, autoriser une demande en résolution
du legs, de la part des héritiers.

Mais il en est autrement des autres faits caractéristiques de l'ingratitude, à supposer que le testateur soit mort avant qu'on puisse présumer qu'il
y a eu réconciliation ou pardon. (1046, 1047.)

Et comme les donations testamentaires ne doivent point être soumises à la formalité de la trans-

cription pour produire leur effet par rapport aux tiers, ceux qui auront acquis du donataire ingrat tout ou partie des biens compris dans la disposition révoquée, seront, conformément au droit commun, présumés de bonne foi jusqu'à la preuve du contraire, alors qu'il s'agira de faire l'application du principe, que *la résolution pour cause d'ingratitude ne peut préjudicier aux droits des tiers.* (1046, 958, 550, 2268.)

CHAPITRE III.

DES DONATIONS MIXTES, AUTREMENT DITES INSTITUTIONS ET LEGS CONTRACTUELS.

SECTION PREMIÈRE.

DES CARACTÈRES ET DES EFFETS QUI SONT COMMUNS A TOUTES LES DONATIONS MIXTES.

La donation mixte peut être définie : un contrat du droit civil, par lequel une personne dispose d'une manière irrévocable, et néanmoins pour le temps de son décès seulement, de l'universalité ou de partie de ses biens présens ou à venir, au profit d'un futur époux et des enfans à naître de son mariage, qui pourront, lors de l'ouverture de la succession du disposant, accepter ou répudier cette donation, comme si c'était une disposition purement testamentaire.

Ces sortes de donations anomales n'ont été admises que dans le but de favoriser les mariages : en conséquence, elles ne pourront être faites que par *contrat de mariage* ou *traité antinuptial*, et au profit des futurs époux ou de l'un d'eux, et des enfans qui doivent naître de leur union. (1082, 1084, 1086.)

Elles sont, au surplus, comme toutes les donations par contrat de mariage, exemptes de la *formalité de l'acceptation expresse.* (1087.)

Considérées dans leurs effets, elles investissent *irrévocablement* le donataire du droit de recueillir, dans la succession du donateur, la portion de biens dont il a été gratifié, sous la condition d'une nouvelle acceptation de sa part. (1085.)

S'il prédécède, le droit passe aux enfans nés de son mariage, comme lui étant substitués vulgairement.

Et cette clause de substitution vulgaire, à supposer qu'elle ait été omise dans l'acte de donation, y est suppléée par la loi même, d'après l'intention présumée des parties. (1082, 1089.)

Si les enfans issus du mariage prédécèdent eux-mêmes le donateur, alors la donation se trouvera caduque. (1089.)

Elle demeurerait à plus forte raison sans effet, si le mariage ne s'ensuivait pas. (1088.)

Enfin ces sortes de *donations* étant irrévocables quant au lien, elles seront résolubles pour les mêmes causes que les donations entre vifs en faveur de mariage.

Du reste, les donations mixtes peuvent être faites soit par un tiers aux futurs époux ou à l'un d'eux, soit par les futurs époux l'un à l'autre ; et elles seront, dans tous les cas, régies par les mêmes principes.

Toutefois, la clause de substitution vulgaire au profit des enfans du mariage, pour le cas du *prédécès du donataire*, ne sera point *légalement présumée* dans les donations entre futurs époux, soit simples, soit réciproques. (1093.)

II.   9

SECTION II.

DES DIFFÉRENTES ESPÈCES DE DONATIONS MIXTES, ET DE LEURS CARACTÈRES ET EFFETS PARTICULIERS.

L'on peut distinguer trois espèces de donations mixtes :

1° La donation de l'universalité ou d'une quote-part des biens que le donateur *laissera à son décès*; c'est l'*institution contractuelle* proprement dite.

2° La donation qui comprend *cumulativement* et néanmoins *distinctement* les biens présens et les biens à venir, pour le tout ou pour partie;

3° La donation de *biens présens* faite sous des conditions dépendantes de la volonté du donateur.

ART. 1. *De l'institution contractuelle.*

L'institution contractuelle peut être définie : un *legs entre vifs universel* ou *à titre universel.*

En ne donnant que les *biens qu'il laissera à son décès*, l'instituant s'est par là même réservé la faculté, soit de contracter de nouvelles dettes qui, comme celles déjà existantes, seront une charge de l'institution, soit même d'épuiser son patrimoine par des aliénations à titre onéreux.

Mais il ne pourra faire de nouvelles dispositions à titre gratuit, fût-ce même entre vifs, qui aient pour effet d'altérer le titre de l'institué.

La loi ne lui permet que des dons ou legs de sommes modiques à titre rémunératoire ou pour satisfaire à des devoirs de piété (1083);

A moins toutefois qu'il ne se soit réservé, par une clause formelle, le droit de disposer de tel immeuble ou de telle portion de ses biens; car il est de principe que les donations mixtes peuvent être faites sous toute espèce de conditions potestatives de la part du donateur. (1086.)

Il pourrait aussi exclure de l'institution , dans un sens absolu , une partie et même la totalité de ses biens présens ; cas auquel elle ne serait qu'un don de *biens à venir*. (1093, 943, 947.)

Art. 2. *De la donation des biens présens ou d'une quote-part des biens présens, jointe à la donation des biens à venir ou d'une quote-part des biens à venir.*

En donnant cumulativement, mais comme deux portions distinctes du patrimoine qu'il doit laisser à son décès, ses *biens présens* et ses *biens à venir*, l'instituant s'interdit, par là même , la faculté d'aliéner les premiers, à quelque titre que ce soit, même à titre onéreux, ou de les grever de *nouvelles charges* ; et l'institution prend, par rapport à ces mêmes biens présens, le caractère d'une donation entre vifs, faite sous la condition *suspensive* de la survie du donataire ou des enfans qui lui ont été substitués vulgairement par la volonté formelle ou présumée des parties. (1084, 1089.)

Mais la loi veut qu'elle n'en ait les effets que sous deux conditions :

La première est qu'il ait été annexé à l'acte de donation, un état des dettes, alors existantes, du donateur, et des autres charges de ses *biens présens* ;

La seconde, qu'*au décès du donateur*, le donataire ou les enfans substitués vulgairement renoncent aux *biens à venir*, c'est-à-dire aux biens acquis depuis la donation, pour s'en tenir aux *biens présens*.

A défaut de l'*état*, le donataire ou les enfans substitués devront accepter ou répudier la donation pour le tout ; et, en cas d'acceptation, ils ne pourront, d'une part, réclamer que les biens qui se sont trouvés dans la main du donateur, au jour de son décès; et ils seront tenus, d'autre part, d'acquitter indistinctement toutes les dettes et charges de la succession ; c'est-à-dire qu'ils n'auront que les droits qui leur seraient résultés d'une institution contractuelle pure et simple.

Et il en sera de même encore, nonobstant qu'il ait été annexé à l'acte de donation, un état des dettes alors existantes et autres charges des biens présens, si à la mort du donateur, ils ne renoncent point aux *biens à venir*. (1084, 1085.)

Art. 3. *De la donation de biens présens sous des conditions dépendantes de la volonté du donateur.*

Une donation de *biens présens*, pure et simple, quoique faite par contrat de mariage aux futurs époux ou à l'un d'eux, ou par les futurs époux l'un à l'autre, sera soumise aux mêmes règles générales que les donations entre-vifs qui ne font point partie d'un traité antinuptial, et aura absolument les mêmes effets. (1081, 1092.)

Ainsi elle saisira le donataire actuellement et irrévocablement, toutefois sous la condition suspensive, *si nuptiæ sequantur*, de la propriété même des biens qui y sont compris; et, par suite, elle ne pourra avoir lieu *directement* ou par voie de substitution vulgaire, au profit des enfans du mariage futur ; parce que, d'une part, pour être capable de recevoir entre vifs, il faut exister au moment de la donation ; et que, d'autre part, la substitution vulgaire s'évanouit du moment où les effets de l'acte ont cessé d'être en suspens.

Seulement, le futur époux donataire pourrait être grevé d'une *substitution graduelle*, au profit de ces mêmes enfans, suivant qu'on l'expliquera ci-après. (1081, 2ᵉ *al.*)

Mais une donation par contrat de mariage, bien que ne portant que sur des biens présens, pourra être faite sous des conditions potestatives de la part du donateur, comme, par exemple, avec la charge d'acquitter indistinctement toutes les dettes de sa succession ; et, par là, elle deviendra une donation mixte, subordonnée dans ses effets, à la survie du donataire ou des enfans qui lui sont substitués vulgairement, et à une nouvelle acceptation de leur part, lors de l'ouverture de la succession du donateur. Ce sera un legs entre vifs à *titre particulier*. (945, 947, 1086, 1089.)

Si celui qui donne, par contrat de mariage, des biens présens, s'était seulement réservé la liberté de disposer d'une somme fixe, à prendre sur ces biens, ou d'un objet qui en fait partie, la donation n'aurait une nature mixte, et ne serait, en conséquence, susceptible de caducité par le prédécès du donataire et de ses enfans, que par rapport à la somme ou à l'objet réservé. Pour le surplus, ce serait une *donation entre-vifs* pure et simple, soumise comme telle, ainsi qu'on l'a déjà dit, aux règles générales établies pour ces sortes de donations ; ce qui n'empêcherait pas que, conformément aux principes spéciaux qui régissent les donations mixtes, l'effet ou la somme ainsi réservée appartînt au donataire ou à ses enfans, si le donateur prédécédait sans en avoir disposé. (1086, 1089, 1081, 946, 947.)

CHAPITRE IV.

DES SUBSTITUTIONS GRADUELLES.

SECTION PREMIÈRE.

QU'EST-CE QU'UNE SUBSTITUTION GRADUELLE, ET QUELLE EST LA NATURE DES DROITS RESPECTIFS DU GREVÉ ET DES APPELÉS ?

La substitution graduelle peut être définie : une disposition accessoire à une donation entre vifs, testamentaire ou mixte, par laquelle le donataire est chargé de conserver les biens donnés, et de les transmettre tels qu'il les a reçus, à d'autres personnes qui peuvent ne pas encore exister, et qui se trouveront néanmoins subrogées à tous les effets de la disposition principale, comme si elle avait été directement faite en leur faveur. (896, 1048, 1049.)

A gravante capit, non à gravato. (*Thev.*, *cap.* 38.) — Quid est enim quod de suo videtur reliquisse, qui quod relinquit omnimodo reddere debuit? (*L.* 67, § 1, ff. *de leg.* 3°)

L'on appelle grevé, celui qui se trouve actuellement chargé de conserver et de rendre ; appelé, celui en faveur de qui cette charge se trouve actuellement établie.

L'acte de donation avec clause de substitution graduelle, renferme deux donations distinctes, l'une faite au grevé sous la condition *résolutoire*, *si au jour fixé pour la restitution,* qui est ordinairement celui de sa mort, *les appelés existent et sont capables de recevoir;* l'autre faite à ceux-ci sous cette même condition, qui, à leur égard, est nécessairement *suspensive.*

Ainsi, une substitution n'est autre chose qu'une donation conditionnelle; mais elle diffère essen-

tiellement de toutes les dispositions de cette nature, en ce que, contrairement aux principes
généraux du droit, elle peut avoir lieu au profit
d'individus qui ne sont pas encore conçus au moment où la donation est acceptée, ou au jour du
décès du testateur.

Rerum dominia in pendenti stare nequeunt.
(*Pereg.*)

En autorisant une substitution graduelle, la loi
constitue par là même le donataire grevé, *mandataire des appelés*, à l'effet d'accepter pour eux
la donation ; et dès-lors ceux-ci, bien que non
encore conçus, doivent aussi bien que celui-ci
être considérés comme irrévocablement saisis des
droits qu'elle leur confère, sous la condition de
leur existence et de leur capacité à l'époque où la
restitution doit avoir lieu. (1052, 935, 1082,
1121; *ordon. de* 1747, *art.* 11.)

Une fois qu'il a été admis en principe qu'un
donateur pouvait, par une disposition conditionnelle, faire passer les biens compris dans la donation, de la personne qu'il gratifie en premier
ordre à un second donataire même non conçu,
rien ne s'opposait à ce qu'il les fît passer de la
même manière de ce second donataire à un troisième, du troisième à un quatrième, et ainsi de
suite, jusqu'à l'infini.

Chacune de ces dévolutions ou mutations successives (celle qui s'opère du disposant au premier donataire exceptée), forme ce que l'on est
convenu d'appeler un degré ; d'où cette sorte de
substitution a été appelée *graduelle*.

Du reste, il ne faut pas confondre les *degrés de
substitution* avec les degrés de parenté en ligne
directe; c'est ce qu'on expliquera ailleurs plus
amplement.

SECTION II.

Dans les principes du Code, peuvent seulement être grevés de substitution le fils ou la fille, le frère ou la sœur donataires, en faveur de leurs propres enfans au premier degré de parenté.

De plus, la disposition soit principale, soit accessoire, n'est valable qu'autant que la charge de restitution est établie au profit de tous les enfans nés et à naître du grevé, sans exception, ni préférence d'âge ou de sexe.

Elle n'est également valable, si le grevé est frère ou sœur du disposant, qu'autant que celui-ci décède sans enfans ou descendans.

Enfin la substitution ne peut être étendue à plus d'un degré. (1048, 1049, 1050.)

Mais, d'après la loi du 17 mai 1826, tout donataire, qu'il soit fils ou petit-fils, frère ou neveu, enfin parent ou non parent du donateur, peut être grevé de restitution en faveur de ses enfans ou de ses descendans, à quelque degré de parenté que ce soit.

La disposition, soit principale, soit accessoire, sera valable, quoique la charge de rendre ait été établie au profit d'un seul des enfans ou des descendans, exclusivement à ceux du même degré de parenté.

Elle sera également valable, sauf réduction, quoique le donateur frère ou sœur, ou étranger, laisse des enfans ou descendans.

Enfin le donateur pourra établir deux degrés de substitution, c'est-à-dire régler deux trans-

missions ou mutations successives, non compris
celle qui s'opère de lui au premier grevé.

Quant à la portion de biens qu'il est permis au
donateur de grever de substitution, le Code et la
loi du 17 mai 1826 l'ont également limitée à la
quotité disponible.

Ainsi, dans le cas même où la disposition principale est au profit d'un enfant, la charge de
restitution ne saurait porter sur la réserve.

A plus forte raison, le donateur ne pourrait-il
y affecter des biens qu'il aurait précédemment
donnés par acte entre-vifs, sans cette condition.

Cependant, si le donataire par acte entre-vifs
sans charge de restitution acceptait une nouvelle
libéralité faite par acte entre-vifs ou testamentaire, sous la condition que les biens compris
dans la première donation demeureraient grevés
de substitution, il serait irrévocablement lié, et
ne pourrait désormais se soustraire à cette charge,
même en renonçant à la seconde disposition, et
en offrant de rendre les biens qui en étaient
l'objet, (1052.)

Outre les substitutions à deux degrés qui sont
de droit commun, notre législation admet et consacre l'usage des majorats, institution politique,
dont l'objet est de soutenir la splendeur d'un nom
qui a acquis quelque illustration. (896.)

Un majorat n'est autre chose qu'une substitution graduelle, indivisible, perpétuelle, invaria-
blement établie en faveur de l'aîné de la famille;
d'où lui vient la dénomination de *majorat* (*natu
major*).

Les majorats ne peuvent être institués qu'avec
l'autorisation du Roi et dans des formes prescrites
par des lois spéciales. (*Sénatus-cons. du 14 août*

1806, *art. 7 et suiv.* ; *décrets des* 1er *mars et* 24 *juin* 1808).

Une loi du 12 mai 1835 interdit pour l'avenir toute institution de majorats. (*Art.* 1er.)

SECTION III.

DES MESURES QUE LA LOI PRESCRIT POUR LA CONSERVATION DES BIENS SUBSTITUÉS.

Il doit, avant tout, être nommé un curateur à la substitution, c'est-à-dire un surveillant dont les fonctions consisteront à faire exécuter fidèlement la charge de restitution.

L'auteur de la disposition est et devait être appelé en premier ordre à nommer ce curateur ; et il peut le faire, soit par l'acte même qui établit la substitution, soit postérieurement par un testament ou un acte authentique. (1055, 392.)

S'il n'a point usé de ce droit, ou si, par exemple, la personne qu'il a désignée s'excuse, le curateur sera nommé par un conseil de famille convoqué à la diligence du grevé ou de son tuteur, s'il est mineur.

Et la délibération devra être prise dans le mois du jour du décès du donateur ou testateur, ou du jour que, depuis ce décès, l'acte contenant la disposition aura été connu, ou l'excuse admise. (1056.)

Ce curateur, quel qu'ait été le mode de sa nomination, ne pourra être dispensé que pour une des causes énoncées au titre des tutelles. (1055.)

Le curateur à la substitution étant nommé, le grevé doit faire procéder en sa présence, dans les formes et les délais ordinaires, à un inventaire régulier de tous les biens qui composent la succession, si toutefois la disposition à charge de rendre est un legs à titre universel, ou une institution contractuelle. (1058, 1059, 948.)

Que si c'était une disposition à titre particulier qui comprît une universalité de choses, ou des objets non spécialement désignés, l'inventaire serait également indispensable; mais en ce cas les frais en seraient entièrement pris sur les biens substitués. (1059, 810.)

L'inventaire des biens meubles doit être fait avec prisée. (1058.)

Quant aux immeubles par leur nature, et aux objets qui sont tels par leur destination, il suffira d'en constater l'état, à moins qu'il ne s'agisse de choses qui, comme les animaux attachés à la culture et les ustensiles aratoires, sont susceptibles de se reproduire, ou doivent être promptement détruites par l'usage. (1064.)

Si, dans les délais réglés au titre des successions, l'inventaire n'a pas été fait à la requête du grevé, il y sera, lui ou son tuteur duement appelé, procédé dans le mois suivant, à la diligence du curateur à la substitution. (1060.)

Enfin, si celui-ci a négligé lui-même de satisfaire au premier devoir de sa charge, l'inventaire sera fait, en y appelant le grevé ou son tuteur, ainsi que le curateur à la substitution, à la diligence, soit des appelés s'ils sont majeurs, soit de leur tuteur ou curateur s'ils sont mineurs ou interdits, soit de tout parent des appelés majeurs ou mineurs, soit même du procureur du roi près le Tribunal du lieu où la succession est ouverte, lequel agira d'office. (1061, 1057.)

Lorsque la quotité et la nature des biens grevés de substitution auront été constatées, le grevé sera tenu de faire vendre aux enchères publiques, tous les effets mobiliers qui en font partie, à l'exception de ceux que l'auteur de la disposition aura ordonné de conserver en nature, et des rentes, créances ou effets actifs. (1062, 1063, 1065, 1066, 533, 535.)

Les deniers provenant de la vente des meubles, seront réunis à l'argent comptant compris dans la disposition et à ce qui aura été recouvré des effets actifs, tant en capital qu'en intérêts dus au moment de l'entrée en jouissance du grevé; et celui-ci devra faire emploi du tout dans les six mois à compter du jour de la clôture de l'inventaire, sauf prolongation s'il y a lieu. (1065.)

Il devra pareillement faire emploi de ce qui aura été depuis par lui reçu sur le capital des rentes ou créances; et ce dans les trois mois au plus tard du paiement. (1066.)

Si l'auteur de la disposition a prescrit le mode de placement, il faudra se conformer à sa volonté; sinon l'emploi ne pourra être fait qu'en acquisition d'immeubles, ou qu'en créances privilégiées sur des immeubles. (1067.)

Dans tous les cas il sera fait en présence du curateur à la substitution, qui, au besoin, devra le requérir, et faire toutes les diligences nécessaires pour le procurer. (1068, 1073.)

Il reste à faire observer que le curateur à la substitution est personnellement responsable envers les appelés du défaut d'inventaire, de vente du mobilier, d'emploi des deniers, comme aussi du défaut d'accomplissement des formalités prescrites comme on va le voir vis-à-vis des tiers; et généralement de toutes omissions ou négligences dans l'exercice de ses fonctions qui sont, ainsi qu'on l'a annoncé, de veiller à ce que la restitution soit bien et intégralement opérée. (1073.)

SECTION IV.

Le grevé est propriétaire, et en a tous les
droits jusqu'au jour fixé pour la restitution; mais
il ne l'est que sous une condition résolutoire, et
dès-lors il ne peut aliéner, hypothéquer ou imposer d'autres charges réelles à la propriété, que
sous la même condition.

Mais par des considérations générales d'intérêt
public, le législateur a cru devoir encore modifier ici le principe que *l'on ne peut transmettre à
autrui plus de droits que l'on n'en a soi-même*,
en subordonnant vis-à-vis des tiers les effets de
la clause de substitution, à l'accomplissement de
certaines formalités.

Ces formalités sont, par rapport aux biens immeubles susceptibles d'hypothèques, la transcription de l'acte de donation entre-vifs ou testamentaire *contenant la clause de substitution*; et
par rapport aux créances privilégiées sur des
immeubles, l'inscription hypothécaire, en y ajou-
tant une mention spéciale de la substitution.
(1069, 2146, 2148.)

La transcription ou l'inscription sera requise
soit par le grevé, soit par le curateur à la substitution; mais elle pourra aussi l'être par les
appelés majeurs ou mineurs, et par toutes les
personnes qui ont qualité pour faire procéder à
l'inventaire. (1069, 940, 2138, 2139.)

Ainsi, en premier lieu, tant que l'acte de donation entre-vifs ou testamentaire contenant la
clause de substitution n'aura point été transcrit,
le grevé sera réputé propriétaire incommutable

vis-à-vis des tiers auxquels il aura concédé, *à titre onéreux*, des droits réels sur la propriété des biens immeubles substitués.

Et, sauf l'application des principes du droit commun en matière de fraude, c'est en vain que pour couvrir le défaut de transcription l'on offrirait de prouver que ces tiers ont eu par d'autres voies connaissance de la disposition. (1071.)

Toutefois l'*auteur de la substitution* ne pourrait, même comme tiers-acquéreur ou créancier hypothécaire du grevé, se prévaloir du défaut de transcription, ni dès-lors ses héritiers et tous ses ayant-cause à titre gratuit médiats ou immédiats, agissant en cette qualité. (1072.)

Et ceux-là même auxquels il aurait vendu ou hypothéqué les biens substitués, ne pourraient invoquer cette exception, à moins que toute la disposition ne fût renfermée dans un seul acte de donation entre-vifs qui n'aurait point été transcrit comme tel. (939, 941.)

Quant aux héritiers, légataires ou donataires du *grevé*, ils ne pourront encore opposer aux appelés le défaut de transcription ; les uns étant, en leur qualité d'ayant-cause à titre universel, garans du fait de leur auteur ; les autres devant être réputés complices de l'abus de confiance dont il se sera rendu coupable en disposant, comme s'il en était propriétaire incommutable, de biens que son propre titre l'obligeait à conserver et à rendre.

Du reste, les appelés, même mineurs, ne seront point restituables contre le défaut de transcription, sauf leur recours contre le grevé ou le curateur à la substitution, et sans qu'il puisse y avoir lieu à restitution, même en cas d'insolvabilité de ceux-ci. (1070.)

Tels sont les résultats de l'omission de la formalité de la transcription ; mais aussi dès l'instant où elle aura été accomplie , le grevé qui aliène ou hypothèque les biens immeubles substitués, sera réputé ne l'avoir fait que sous la même condition dont l'événement doit résoudre son droit de propriété.

Et il suit de là 1° que les tiers-acquéreurs des biens substitués ne pourront opposer aux appelés d'autre prescription que celle dont pourrait exciper contre eux le grevé lui-même ou ses héritiers ;

2° Que les appelés , bien qu'héritiers du grevé, seront recevables à revendiquer les biens substitués entre les mains des tiers-acquéreurs, sauf à leur rembourser le prix de la vente. (1599.)

L'inscription hypothécaire énonçant la substitution , ou l'absence de cette formalité , produira des effets analogues par rapport aux créances privilégiées sur des immeubles. (1069 , 1072.)

Ainsi ces créances étant dûment inscrites, elles ne pourront êtres transportées à des tiers par le grevé, ni lui être valablement remboursées, si ce n'est en présence du curateur à la substitution qui veillera à ce qu'il en soit fait un nouvel emploi.

SECTION V.

DE L'OUVERTURE DES SUBSTITUTIONS, ET DE LA RESTITUTION DES BIENS SUBSTITUÉS.

Les droits des appelés seront de plein droit ouverts à l'époque qui aura été *explicitement* fixée pour la restitution par l'auteur de la substitution , sinon à l'époque de la mort naturelle ou civile du grevé. (1053.)

Que si parmi les enfans ou descendans appelés collectivement, quelques-uns étaient alors prédécédés laissant des enfans ou descendans, ceux-ci, à moins d'une disposition contraire, seront admis par droit de représentation à prendre dans les biens restitués la même portion qu'aurait eue leur auteur, c'est-à-dire qu'ils seront présumés lui avoir été substitués vulgairement. (1051. — *L. du 17 mai 1826.*)

Mais hors de là, le prédécès d'un appelé éteint irrévocablement son droit, ou plutôt l'empêche de naître.

Une substitution peut encore s'ouvrir, mais non plus de plein droit, ni d'une manière définitive et irrévocable, du moins en un sens absolu, 1° par l'abandon anticipé ou abdication volontaire du grevé;

2° Par la révocation qui serait prononcée contre lui pour cause d'ingratitude;

3° Par la déchéance qu'il aurait encourue faute par lui de s'être conformé à ce que prescrit la loi pour la conservation des biens substitués. (1053.)

Et, en effet, la loi veut que le grevé, qui n'a point fait nommer un curateur à la substitution, puisse être déclaré déchu du bénéfice de la disposition, sur la demande, soit des appelés, soit de toute personne ayant qualité pour requérir l'inventaire. (1057.)

A plus forte raison cette déchéance pourrait-elle être prononcée contre lui s'il se rendait coupable d'abus graves dans sa jouissance.

Et si le grevé déchu était mineur, il ne serait point restituable même en cas d'insolvabilité de son tuteur. (1074.)

L'ouverture anticipée de la substitution diffère, quant à ses effets, de celle qui a lieu de plein droit, en ce que d'après la maxime *nemo ex alterius facto prægravari potest*, elle ne doit préjudicier ni à ceux qui étaient créanciers du grevé, ou avaient acquis de lui les biens substitués antérieurement à l'abandon, révocation ou déchéance, ni aux appelés qui ne seraient pas encore conçus, et vis-à-vis desquels les autres ne seraient dès-lors que des gardiens ou séquestres. (1053.)

Par l'ouverture de la substitution il s'opère une mutation du grevé aux appelés, mais par rapport au droit de possession seulement ; quant au droit de propriété, les appelés sont réputés le tenir *directement et immédiatement* de l'auteur de la substitution.

En conséquence, ils reprendront les biens substitués sans autres charges réelles que celles qu'avait créées celui-ci.

Toutefois, l'on est parfaitement libre au moment où l'on établit une substitution, d'en restreindre ou modifier les effets en faveur du grevé ; l'on pourrait donc lui permettre d'engager les biens, de les aliéner à titre gratuit ou onéreux jusqu'à concurrence de telle valeur, ou même sans aucune limitation ; ce que l'on appelait autrefois substitution *de residuo*.

Seulement, le disposant devrait s'en expliquer en termes précis, et dans le doute la clause recevrait une interprétation restrictive, comme répugnant à la nature des substitutions.

Si donc il avait été dit que les biens substitués demeureraient subsidiairement affectés à l'hypothèque de la femme du grevé pour sa dot, cette expression devrait s'entendre limitativement du capital de la dot mobilière. (1054.)

9*

Par la même raison, si cette faculté d'engager les biens substitués n'avait été nominativement établie que pour le premier degré, l'on ne pourrait l'étendre au second.

Il reste à faire observer que, soit comme débiteur sous condition des biens substitués, soit comme investi du droit de les posséder et d'en jouir, le grevé doit veiller à leur conservation en bon père de famille, et est tenu de toutes les charges qui pèsent sur un usufruitier. (1136, 1137.)

Bien plus, il devra dans tous les cas, représenter la valeur estimative des immeubles par destination que l'on a vus être sujets à la prisée. (1064.)

Mais quant aux meubles qu'il aura été autorisé à conserver en nature, il ne sera, de même qu'un usufruitier, obligé de les rendre que dans l'état où ils se trouveront lors de la cessation de sa jouissance. (1063.)

SECTION VI.

COMMENT S'ÉTEIGNENT LES SUBSTITUTIONS.

Dans les principes du Code civil, la substitution ou charge de rendre est éteinte, lorsque tous les enfans au premier degré du donataire grevé l'ont prédécédé, quoiqu'ils aient laissé eux-mêmes des enfans. (1048, 1049, 1051, 735, 737.)

Mais lorsqu'elle aura été faite en vertu et dans l'esprit de la loi du 17 mai 1826, elle ne sera éteinte que lorsqu'au moment fixé pour la restitution, il n'existera aucun descendant du donataire grevé, du sexe désigné, et ayant la capacité de recevoir.

Que s'il en existe, il faudra alors distinguer si

la substitution a été établie pour deux degrés, comme le permet cette même loi, ou pour un seul.

Dans ce dernier cas la substitution sera éteinte après la première dévolution ; dans l'autre, elle ne le sera qu'après deux dévolutions successives de descendans à descendans, sans avoir égard au nombre des générations ou degrés de parenté qui les séparent. (*Loi du 17 mai 1826 ; ordon. de 1747, art. 33 ; ordon. de 1629, art. 124.*)

Une substitution serait encore éteinte ou plutôt n'aurait jamais eu d'existence, si la disposition principale n'était ou ne pouvait être acceptée par le donataire ou légataire grevé.

Mais comme la substitution graduelle renferme virtuellement la substitution vulgaire, si les appelés étaient conçus et capables de recevoir, soit du vivant du donateur, et avant la révocation de l'acte de donation, soit au moment du décès du testateur, ils pourraient accepter eux-mêmes au lieu et place du donataire ou légataire grevé ; et même, en ce cas, ils ne rempliraient point un degré. (*Ordon. de 1747, art. 27 et 37.*)

Enfin, la substitution pourra être éteinte par une convention avec les appelés ayant la capacité de disposer de leurs biens, ou par leur renonciation.

Quant aux majorats, ils ne devaient s'éteindre qu'avec la descendance légitime et masculine du titulaire. (*Décret du 1er mars 1808, art. 75.*) — Mais la loi du 12 mai 1835 les limite à deux degrés, l'institution non comprise.

SECTION VII.

QUELLES SUBSTITUTIONS SONT ENCORE PROHIBÉES, ET QUEL EST L'EFFET DE CETTE PROHIBITION ?

Toute substitution qui n'est point établie en faveur des enfans ou descendans du donataire ou légataire grevé, est une disposition encore prohibée dans le sens le plus absolu.

Et l'effet de cette prohibition est de rendre essentiellement nulle la disposition principale elle-même, ce qui est contraire au droit commun. (896.)

Mais il ne faut pas confondre avec les substitutions graduelles prohibées,

1° La disposition par laquelle l'usufruit serait donné à l'un et la nue propriété à l'autre (899);

2° La substitution vulgaire par laquelle un tiers est appelé à recueillir le don, l'hérédité ou le legs, dans le cas où le donataire, l'héritier institué ou le légataire ne le recueillerait pas (898);

3° Le don ou le legs de la prestation duquel aurait été chargé un autre donataire ou légataire avec ou sans terme; ce que les Romains appelaient un fidéi-commis pur et simple, ou à terme (1041);

4° Enfin le don ou le legs fait simultanément à deux personnes actuellement capables de recevoir, sous une double condition, résolutoire pour l'une, et suspensive à l'égard de l'autre (1040);

Toutes dispositions permises et valables.

Et comme une clause doit plutôt être interprétée dans le sens avec lequel elle peut avoir quelque effet, que dans celui avec lequel elle serait nulle, et qui plus est, entraînerait la nullité de la

disposition principale; toutes les fois qu'une donation sera faite dans un ordre successif à deux
personnes entre lesquelles il ne peut y avoir de
substitution graduelle, l'on devra n'y voir qu'un
fidéi-commis à terme ou conditionnel, ou qu'une
substitution vulgaire, pourvu que ces deux personnes soient nominativement désignées et qu'elles
aient l'une et l'autre la capacité de recevoir au
moment où l'acte doit produire son effet. (1157.)

Le droit de retour stipulé dans une donation
entre-vifs au profit des héritiers du donateur,
sans aucune désignation spéciale de ces héritiers,
et sans acceptation de leur part, paraît avoir,
et a en effet tous les caractères d'une substitution graduelle prohibée.

Cependant, comme une disposition contraire
au droit commun doit être rigoureusement renfermée dans ses termes, il n'y aurait de nulle ici,
que la stipulation du droit de retour au profit des
héritiers. (951.)

Par la même raison, si une substitution graduelle autorisée avait été établie pour un plus
grand nombre de degrés, ou sur une plus forte
quotité de biens que ne le permet la loi, la disposition serait valable, sauf à la restreindre à deux
degrés, ou à la réduire à la portion disponible.

Quod verò contrà juris rationem receptum est,
non est producendum ad consequentias. — In his
quæ contrà juris rationem constituta sunt, non pos-
sumus sequi regulam juris. (*L.* 14, 15, ff. *de legib.*)

TITRE SECOND.

DES SUCCESSIONS.

NOTIONS PRÉLIMINAIRES

SUR LES DIFFÉRENTES ACCEPTIONS LÉGALES DU MOT *SUCCESSION;* ET SUR LES FONDEMENS DU DROIT DE SUCCÉDER, SOIT PASSIVEMENT, SOIT ACTIVEMENT.

Une succession, dans le sens propre et juridique de cette expression, est la disposition que fait *subsidiairement* la loi, des biens d'une personne qui est décédée sans en avoir disposé elle-même, soit qu'elle ne l'ait pas pu, soit qu'elle ne l'ait pas voulu.

C'est ainsi que l'on dit qu'une succession est *acceptée* ou qu'elle est *répudiée*, comme on le dit d'une donation contractuelle ou testamentaire.

Celui en faveur duquel la loi dispose ainsi est généralement appelé héritier légitime ou *ab intestat.* — Cependant lorsqu'on veut désigner un héritier qui n'a point encore accepté, l'on se sert plus ordinairement du mot *successible,* (apte à succéder.)

Dans son acception étymologique que la loi consacre également, le mot *succession* s'entend de la substitution ou subrogation civile de la personne de l'héritier à celle du défunt; ou, ce qui est la même chose, de la transmission ou translation sur la tête de l'un, des droits actifs et passifs dont l'autre est mort investi.

L'on dit en ce sens, qu'une succession est *légitime* ou *ab intestat;* ou qu'elle est *testamentaire* ou *contractuelle,* selon que cette subrogation de

personnes ou transmission de droits, s'opère en
vertu des dispositions de la loi, ou en vertu des
dispositions de l'homme.

Enfin, l'on appelle encore *succession*, l'universalité des droits actifs et passifs qui ont été l'objet
des dispositions de la loi ou de l'homme.

C'est ainsi que l'on dit qu'une succession est
utile ; qu'elle doit être partagée, etc., etc.

Le mot *succession* exprime donc tout à la fois,
la nature de la disposition, son effet principal, et
son objet matériel.

Le droit de succession, considéré dans la personne du défunt, est moins un droit qu'une nécessité qu'impose la plus impérieuse des lois de
la nature.

Considéré dans la personne du successible, il
a encore son fondement dans le droit universel
des gens, du moins par rapport aux membres de
la famille qui vivent en communauté de biens ;
car outre qu'ils ont un titre dans la volonté certaine quoiqu'implicite du défunt, succéder n'est
à proprement parler, pour eux, que continuer
une possession acquise.

In suis hæredibus evidentiùs apparet continua-
tionem dominii eò rem perducere, ut nulla videatur
fuisse hæreditas, quasi hi olim domini essent, qui
etiàm vivo patre quodammodò domini existimantur...... itaque post patris mortem, non hæreditatem percipere videntur ; sed magis liberam bonorum
administrationem. (*L.* 11, ff. *de lib. et posth.*)
— Jus succedendi liberorum atque parentûm non
modò naturâ constitutum, sed etiàm ex quasi pacto
oritur..... accedit quod societas paterna, quæ ab ini-
tio consensu liberorum præsumpto nitebatur, ubi ad
maturiorem ætatem preveniunt, tacitâ eorumdem

ratihabitione confirmetur, quasi pacto in expressum transeunte. (*Wolf., inst.*, n°ˢ 909, 924.)

Mais le droit de succession ayant été étendu aux membres de la famille entre lesquels a cessé toute collaboration, même à ceux qui sont inconnus l'un à l'autre, il a dû être, et a été en effet rangé dans la classe des droits civils.

Dans le système de législation du Code, où, si l'on en excepte *la réserve*, la succession légitime ne peut comprendre que les biens dont il n'y a pas eu de disposition valable de la part du défunt; le droit de succéder *activement* est fondé, non pas toujours à la vérité sur sa volonté réelle ou implicite, mais sur sa volonté *légalement présumée*; c'est-à-dire que la loi des successions ab intestat, n'est autre chose que le *testament présumé* de toute personne qui décède sans avoir exprimé une volonté différente.

CHAPITRE PREMIER.

DE LA CAPACITÉ ACTIVE OU PASSIVE DE SUCCÉDER; OU QUELLES PERSONNES PEUVENT ACQUÉRIR OU TRANSMETTRE PAR VOIE DE SUCCESSION.

Dans les principes du Code civil, toute personne qui, au jour de son décès, possède des biens soumis à l'empire du statut réel français, a, par là même, le droit de succession passive.

Et dès-lors se trouve aboli le droit d'*aubaine* proprement dit, c'est-à-dire le prétendu droit que s'était attribué le fisc de s'emparer de la succession d'un étranger, *à l'exclusion de ses parens même français*, ce qui était une véritable confiscation.

Mais pour être habile à succéder *activement*,

il faut avoir tout à la fois la vie naturelle et la vie civile. (725, 1er *al.*)

Ainsi sont privés du droit de succession active :

D'une part, celui qui n'est pas encore conçu, ou celui qui étant conçu, ne doit pas naître viable. (725, 1° *et* 2°.)

D'autre part, celui qui est frappé de mort civile. (725, 3°)

Quant à l'étranger, il n'aura, d'après les dispositions du Code, le droit de succession active qu'autant que ce droit lui aura été donné par une *convention diplomatique* entre la France et l'État dont il est sujet; et dans ce cas-là même, il ne succédera que de la manière dont un Français, son parent au même degré que le défunt, serait admis à lui succéder à lui-même, par les lois de sa patrie; c'est-à-dire qu'indépendamment de la réciprocité de nation à nation établie par le traité, il faudra une réciprocité individuelle de sujet à sujet. (11, 716.)

Cette incapacité de succéder, dont le Code frappe le parent entaché de ce que l'on a appelé *le vice de pérégrinité*, ne donne pas lieu au droit d'aubaine; elle a seulement pour effet d'attribuer tous les droits de succession aux parens et autres successibles regnicoles, soit réguliers, soit irréguliers, à l'exclusion de l'étranger, quoique parent au même degré, ou à un degré plus rapproché.

Les sujets d'une nation exempts du droit d'aubaine, n'ont pas pour cela la capacité de succéder à leurs parens français....... L'étranger affecté par la loi civile de sa patrie, n'est capable des effets produits par la loi civile française, qu'autant qu'un privilège efface en lui le *vice de pérégrinité*...... (Denizard, verb. *aubaine;* Poth., *succ., chap.* 1er.)

L'abolition du droit d'aubaine pouvait être un acte de justice; le concours de l'étranger avec le regnicole est un acte de faveur. (Mallev., *sur la loi du 14 juillet 1819.*)

Au surplus, la loi politique du 14 juillet 1819, *abolissant le vice de pérégrinité lui-même,* accorde aux étrangers, dans toute l'étendue du royaume, et sans aucune condition de réciprocité, les mêmes droits de successibilité qu'aux Français. (*Art.* 1er.)

Elle veut toutefois que dans le partage d'une même succession entre des cohéritiers étrangers et français, ceux-ci aient le droit de prélever sur les biens situés en France une portion égale à la valeur des biens situés en pays étranger, que ceux-là auraient exclusivement recueillis en vertu des lois et coutumes locales, à quelque titre que ce soit. (*Art.* 2.)

CHAPITRE II.

A QUI LA LOI ATTRIBUE LES BIENS D'UNE PERSONNE DÉCÉDÉE *AB INTESTAT*, OU DES DIVERS ORDRES DE SUCCESSIBILITÉ QU'ELLE ÉTABLIT.

D'après ce principe que le droit de succéder *activement* a pour fondement la volonté présumée du défunt, l'ordre des successions a dû être réglé sur ses affections; mais sur ses affections tempérées par ce sentiment de justice et cet esprit de famille, qui dans le cœur de l'homme social, l'emportent ordinairement sur l'attachement naturel le plus légitime et le mieux cimenté, lorsqu'il s'agit de la disposition de ses biens.

La loi appelle donc à recueillir la succession d'une personne qui meurt, sans en avoir disposé, en premier ordre, ses parens légitimes; en second ordre, ceux qui lui étaient unis par les liens d'une parenté naturelle légalement reconnue; à défaut des uns et des autres, l'époux qui a partagé son sort; puis enfin, l'État qui l'a protégé, ou l'établissement public qui lui a tenu lieu de famille, et l'avait sous sa tutelle. (723, *Loi du 15 pluv. an* XIII.)

Ceux-là sont héritiers *légitimes* ou *réguliers*, dont les droits reposent sur une parenté *civile*; tous ceux dont l'habileté à succéder a un autre fondement, sont qualifiés par la loi de *successeurs* ou héritiers *irréguliers*. (724, 756, 767.)

Outre ces deux ordres de successibilité qui sont soumis à des règles différentes, la loi en a consacré un troisième qui est essentiellement *anomal* ou *exceptionnel*, et ne peut s'appliquer qu'aux biens qui proviennent du successible lui-même ou de ses auteurs. — On l'a appelé *droit de réversion* ou *retour légal,* comme ayant été établi à l'exemple du retour conventionnel. (747, 351, 766.)

SECTION PREMIÈRE.

DES SUCCESSIONS RÉGULIÈRES OU DÉVOLUES DANS L'ORDRE D'UNE PARENTÉ LÉGITIME.

La dévolution des successions régulières est, en thèse générale, réglée d'après ces quatre principes :

I. La succession est déférée aux parens les plus proches, à l'exclusion des plus éloignés; ceux-ci ne sont appelés que comme *substitués vulgairement* à ceux-là, *de degré en degré,* chacun pour le cas où la disposition de la loi devient caduque à l'égard du parent qui le précède et l'exclut.

II. Toutefois, une succession dévolue en ligne

ascendante ou en ligne collatérale, doit générale-
lement être divisée en deux parts égales, dont
l'une est attribuée aux plus proches parens de
la ligne paternelle, et l'autre aux plus proches
parens de la ligne maternelle ; à moins qu'il n'y
ait aucun ascendant ou collatéral dans l'une des
deux lignes, et sauf l'exercice du droit de réversion établi en faveur des ascendans donateurs. (733.)

III. L'on ne doit d'ailleurs ni considérer la
nature des biens, ni rechercher leur origine pour
en faire le partage. (732.)

IV. Enfin, lorsque plusieurs successibles se
trouveront dans le même degré de parenté, ils
partageront entre eux la succession ou la partie
qui leur en est dévolue, par égale portion, sans
prérogative d'aînesse ou de masculinité, et encore qu'ils ne soient pas issus du même mariage,
si ce sont des descendans ; ou, si ce sont des collatéraux, encore que leur parenté avec le défunt n'ait pas la même origine ; sauf le cas où
l'un d'eux appartiendrait tout-à-la-fois aux deux
lignes. (734, 745.)

Mais ces quatre principes généraux qui sont
déjà modifiés ou limités l'un par l'autre, le sont
encore par plusieurs règles spéciales que l'on va
faire connaître, en distinguant quatre ordres
d'héritiers réguliers :

1° Celui des enfans ou descendans ;

2° Celui des frères et sœurs ou descendans de
frère et sœur ;

3° Celui des ascendans ;

4° Celui des collatéraux autres que les frères
et sœurs, et les enfans nés d'eux.

ART. 1ᵉʳ. *Succession directe des enfans ou descendans.*

Les enfans ou descendans légitimes du défunt sont appelés à sa succession, à *l'exclusion de tous autres parens*, quand même il s'en présenterait qui fussent à un degré plus rapproché que le leur ; l'affection de l'homme pour ses derniers rejetons étant toujours plus vive que celle qu'il porte à des frères et sœurs ou à des ascendans. (745.)

La proximité du degré n'est considérée, par rapport aux enfans ou descendans, que lorsqu'il s'agit de régler entre eux l'ordre dans lequel chacun doit être admis à succéder.

Bien plus, si l'un d'eux a prédécédé, laissant lui-même des enfans ou descendans, ceux-ci lui sont *vulgairement substitués en premier ordre*, afin qu'ils puissent concourir avec les autres enfans ou descendans du même degré que leur père ou mère : c'est ce que l'on a appelé *le bénéfice de la représentation.*

Ce bénéfice peut être défini : la subrogation légale des enfans d'une personne morte *naturellement* ou *civilement*, dans le degré de parenté qu'elle occupait, et dans les droits de successibilité que lui aurait attribués la proximité de ce degré, si elle eût d'ailleurs été capable de succéder. (739, 744.)

Cette sorte de substitution vulgaire ayant été limitativement établie par la loi, pour le cas seulement du *prédécès* du premier appelé, elle n'aurait pas lieu, si celui-ci, ayant survécu au défunt, avait renoncé à la succession ou en avait été exclu, comme indigne, suivant qu'on l'expliquera ci-après. (730, 787.)

De là cette maxime, que l'on ne représente pas les personnes *vivantes*; mais seulement celles qui sont mortes *naturellement* ou *civilement*. (744, 1er *al.*)

D'un autre côté, le représentant ou substitué vulgairement, tenant ses droits directement et immédiatement de la disposition même de la loi, et non du représenté, par voie de transmission, rien ne s'oppose à ce que l'on représente celui à la succession duquel l'on aurait renoncé. (744, 2e *al.*)

Il a été du reste consacré en principe que cette subrogation légale des descendans à la place de l'enfant prédécédé dont ils sont nés, aurait lieu à l'infini, de degré en degré et dans toutes les hypothèses qui peuvent se présenter, dans celle-là même où tous les enfans du premier degré, par exemple, étant décédés, les descendans se trouveraient entre eux à des degrés égaux. (740.)

Quant au réglement des droits respectifs des enfans et descendans, concourant à la succession de l'auteur commun, il faut distinguer si tous, sans exception, y viennent de leur chef, ou bien si tous, ou du moins quelques-uns d'eux y sont admis par droit de représentation.

Dans le premier cas, ils succéderont par tête et par portions égales, quand même ils ne seraient pas au premier degré. (745, 787, 730.)

Dans le second, le partage s'opérera d'abord par souche ; et si une même souche a produit plusieurs branches, il se fera une subdivision en autant de portions qu'il y a de branches ; et enfin les membres de la même branche partageront entre eux par tête. (743.)

Quanticumque fuerint, tantam ex hæreditate percipiant portionem quantam eorum parens futurus esset accipere, si superstes fuisset. (*Nov.* 118, *cap.* 3.)

Toutes les règles exposées sous ce premier article sont communes aux enfans adoptifs et à leurs descendans légitimes. (350.)

Art. 2. *Succession* quasi-directe *des frères et sœurs, ou descendans de frère et sœur.*

A défaut de postérité légitime, les frères et sœurs et leurs descendans qui, dans l'esprit de la loi, tiennent lieu au défunt d'enfans et de descendans, succéderont à l'exclusion de tous autres parens collatéraux, et même de tous ascendans, sous la seule exception des père et mère. (750, 751.)

Et les droits de successibilité de ceux-ci seront alors renfermés dans les mêmes limites que leur réserve ; c'est-à-dire que chacun d'eux ne succédera que pour un quart, à supposer que le défunt n'ait fait aucune disposition imputable sur la quotité disponible. (748, 749, 915.)

La succession, quant au surplus qui sera de la moitié ou des trois quarts, suivant que les père et mère, ou l'un d'eux seulement aura survécu, demeurera dévolue aux frères et sœurs ou descendans de frère et sœur, de la même manière que l'aurait été la totalité, si les père et mère eussent l'un et l'autre prédécédé. (748, 749, 751.)

En appelant immédiatement après la descendance directe, les frères et sœurs, et leurs descendans, à succéder seuls ou concurremment avec les père et mère, la loi fait abstraction de leur degré, et qui plus est, de la nature du lien qui les unissait au défunt ; c'est-à-dire qu'elle ne considère pas s'ils sont issus du même père et de la même mère que lui, ou bien seulement du même père ou de la même mère ; ce qui est une dérogation remarquable au principe de la division des biens entre les deux lignes. (746, 748 à 752.)

Mais il n'en est pas de même, alors qu'elle règle entr'eux, soit l'ordre dans lequel chacun doit succéder, soit la quotité de leurs droits respectifs.

Toutefois, le plus proche n'exclura pas toujours le plus éloigné, la représentation étant admise en faveur des enfans et descendans de frère et sœur, sous les mêmes conditions et absolument de la même manière qu'elle l'est dans la ligne directe descendante. (742.)

Ils succéderont aussi par tête ou par souche, d'après la distinction établie pour les enfans et descendans. (742, 743.)

Enfin, si tous n'étaient pas frères et sœurs ou neveux du défunt, du même côté, la succession ou la partie de cette succession qu'ils sont appelés à recueillir, serait d'abord divisée par moitié entre ceux qui appartiendraient à la ligne paternelle, et ceux qui appartiendraient à la ligne maternelle, sans que l'on dût, dans le cas même où les neveux et petits-neveux d'une ligne se trouveraient privés du secours de la représentation, avoir égard à la proximité du degré ; en quoi cet ordre de succession se rapproche des troisième et quatrième, où le principe général de la division entre les lignes paternelle et maternelle reçoit toujours son application. (733, 752.)

Quant aux subdivisions entre les frères et sœurs, ou descendans de frère et sœur appartenant à la même ligne, elles se feront conformément aux principes qui viennent d'être exposés.

Que s'il existe des frères et sœurs ou neveux germains, c'est-à-dire qui soient issus du même mariage que le défunt, ils n'excluront pas les utérins ou les consanguins ; (et de la sorte se trouve aboli, ce que l'on appelait le privilège du double lien;) mais ils prendront part dans les deux lignes, à supposer que leur degré ou le bénéfice de la représentation les rende successibles dans l'une comme dans l'autre. (733, 2ᵉ *al.*, 734, 752.)

Art. 3. *Succession directe des ascendans.*

A défaut d'enfans ou descendans, de frères et sœurs ou descendans d'eux, la succession est déférée pour moitié aux ascendans de la ligne paternelle, et pour moitié à ceux de la ligne maternelle. (746.)

Le plus proche dans chaque ligne exclura le plus éloigné, la représentation n'ayant point été admise dans la ligne directe ascendante. (741, 734, 746, 2ᵉ *al.*)

Et si plusieurs sont au même degré dans la même ligne, ils succéderont par tête. (746, 3ᵉ *alin.*)

Enfin, à supposer qu'il n'y ait des ascendans que dans une ligne, ils ne recueilleront toujours que la moitié affectée à cette ligne, à moins qu'il ne se trouve dans l'autre aucun collatéral au degré successible. (733, 753.)

Toutefois, le père ou la mère, en concours avec de simples collatéraux, aura l'usufruit du tiers des biens auxquels, par l'effet de cette division entre les deux lignes, il ne succédera pas en toute propriété; droit d'usufruit qu'il ne pourrait d'ailleurs réclamer dans le cas d'un partage avec des frères et sœurs ou descendans de frère et sœur, alors même que ces collatéraux privilégiés seraient étrangers à sa ligne. (754, 751, 752.)

Au surplus, si le défunt avait fait quelques dispositions imputables sur la quotité disponible, il ne saurait y avoir lieu à un partage entre les ascendans d'une ligne et les collatéraux de l'autre, qu'autant que ce partage donnerait aux premiers la quotité de biens à laquelle leur réserve est fixée. (915, 2ᵉ *al.*)

Art. 4. *Successions collatérales.*

En supposant toujours qu'il n'existe ni enfans ou descendans, ni frères et sœurs ou descendans d'eux, la succession, à défaut d'ascendans dans l'une des deux lignes, sera, comme on vient de le dire, déférée pour moitié aux collatéraux de l'autre ligne, sauf l'usufruit réservé au père ou à la mère.

Et à défaut d'ascendans dans l'une et l'autre lignes, elle le sera pour moitié aux collatéraux du côté du père, et pour moitié aux collatéraux du côté de la mère. (753, 1ᵉʳ *al.*)

Dans tous les cas, le collatéral le plus proche recueillera la moitié affectée à sa ligne, à l'exclusion du plus éloigné ; et si plusieurs se présentent à la même proximité de degré, ils succéderont par tête et par portions égales, sans qu'on doive avoir égard à la diversité de leur origine ou de leur lien de parenté avec le défunt ; à moins que, comme on l'a déjà dit, ils ne se trouvent appartenir tout à la fois à la ligne paternelle et à la ligne maternelle. (753, 2ᵉ *al.*)

Car, d'une part, la première division opérée entre les deux lignes, il ne doit pas s'en faire d'autres entre les différentes branches de la même ligne ; par où se trouve abrogé le principe de *la refente,* consacré par quelques-unes de nos anciennes coutumes ; et d'autre part, la représentation n'a point été admise en faveur des collatéraux autres que les enfans et descendans de frère ou sœur. (734, 742.)

Il n'importe aussi que le collatéral le plus proche soit issu d'un ascendant plus éloigné ; l'on ne doit, en un mot, considérer dans chaque ligne que la proximité du degré.

Il ne doit d'ailleurs se faire aucune dévolution d'une ligne à l'autre ; et cependant, ainsi qu'on l'a déjà dit, à défaut de parens successibles dans l'une, les parens de l'autre succéderont pour le tout. (733, 755.)

Il n'y a plus de parenté civile, ni dès-lors de droits de successibilité, au-delà du douzième degré. (755, 1er al.)

SECTION II.

DES SUCCESSIONS IRRÉGULIÈRES OU DÉVOLUES A D'AUTRES QUE LES PARENS LÉGITIMES.

Il y a, comme on l'a vu, trois classes distinctes de *successeurs* dits *irréguliers.*

La première comprend tous ceux que leur parenté naturelle avec le défunt rend habiles à lui succéder.

L'époux survivant forme à lui seul la seconde.

La troisième se compose de l'Etat et des établissemens publics qui peuvent être substitués à ses droits.

ART. 1er. *Des droits de successibilité attachés à la parenté naturelle.*

C'est une règle générale qui n'admet aucune exception, que la parenté naturelle ne peut rendre apte à succéder, qu'autant qu'elle se trouve constatée par une reconnaissance légale, volontaire ou forcée. (756, 334, 340, 341.)

Et la reconnaissance légale ne sera même pas toujours un titre suffisant. — D'abord celle qui est volontaire ne pourra donner des droits de successibilité vis-à-vis d'enfans légitimes, si elle n'a été faite que depuis la célébration du mariage, dont ceux-ci sont issus, ou par lequel ils ont été légitimés ; à moins toutefois qu'elle n'émane de l'un et de l'autre époux. (337.)

En second lieu, qu'elle soit volontaire ou forcée, elle ne saurait dans aucun cas en attribuer à des enfans naturels incestueux ou adultérins. (762.)

Il n'est dû aux uns et aux autres que des alimens dont la quotité sera réglée, eu égard aux facultés du père ou de la mère, au nombre et à la qualité des héritiers légitimes. (763, 337.)

Et lorsque le père ou la mère d'un enfant naturel *non successible* lui aura donné une profession utile, ou fait apprendre un art mécanique, ou lui aura, de son vivant, assuré des alimens, cet enfant ne pourra élever aucune réclamation contre sa succession.

Il serait également sans action alors qu'il aurait précédemment trouvé des moyens d'existence ou des secours alimentaires suffisans, dans la succession ou dans les dispositions de l'autre auteur de ses jours. (764.)

Cela posé, il faut de nouveau distinguer dans la parenté *naturelle* trois ordres d'héritiers :

Celui des enfans ;

Celui des père et mère ;

Celui des frères et sœurs ou descendans d'eux.

§ 1er. *Succession des enfans naturels.*

L'enfant naturel, légalement reconnu, n'exclut aucun ordre d'héritiers réguliers ; mais aussi il n'est entièrement exclu par aucun d'eux.

Ses droits de successibilité *ab intestat* sont ;

comme ses droits de réserve, limités au tiers, à la moitié, aux trois quarts de ceux que lui aurait conférés la légitimité, suivant qu'il se trouve en concours avec des descendans ; ou avec des ascendans, des frères et sœurs ou descendans d'eux, quand même il n'y en aurait que dans une ligne ; ou avec des collatéraux plus éloignés, n'y en eût-il aussi que dans une ligne. (757, 742.)

Que s'il y a deux enfans naturels ou un plus grand nombre, leurs droits de successibilité *ab intestat* seront, comme leurs droits de réserve, toujours renfermés dans les mêmes limites ; c'est-à-dire que les héritiers réguliers, en concours avec eux, auront également, soit un quart, soit une moitié de la succession, ou conserveront, indépendamment de leur portion, les deux tiers de celle qu'aurait eue chacun des enfans naturels, en les supposant simultanément légitimes.

A défaut d'héritiers collatéraux dans l'une et dans l'autre ligne, l'enfant naturel ou les enfans naturels succéderont pour le tout. (758.)

Les père et mère d'un enfant naturel reconnu, pourront d'ailleurs, sans faire aucune disposition entre-vifs ou testamentaire, le réduire à la moitié de ce qui lui est attribué dans leur succession *ab intestat*, de la même manière qu'ils pourraient le réduire à la moitié de sa réserve, dans le cas où ils auraient épuisé la quotité disponible par des donations en faveur d'autres personnes. (761.)

La reconnaissance légale ne faisant point entrer l'enfant qui en est l'objet dans la famille de celui dont elle émane, cet enfant n'aura aucun droit sur la succession des parens légitimes en ligne directe ou collatérale du père ou de la mère qui l'a reconnu. (756.)

Et dès-lors, en cas qu'il prédécède l'auteur de la reconnaissance, les droits que la loi lui attribue dans la succession de celui-ci pourront bien être réclamés par ses enfans et descendans légitimes, mais non par l'enfant naturel qu'il aurait lui-même reconnu. (759.)

§ 2. *Succession des père et mère naturels.*

Si l'enfant naturel n'a point d'héritier dans sa descendance légitime ou dans sa descendance naturelle, suivant ce qui vient d'être exposé, sa succession sera dévolue au père ou à la mère qui l'a reconnu ; et s'il a été reconnu par l'un et l'autre, à tous les deux par moitié ; ou pour le tout au survivant; sauf l'exercice du droit de retour successoral établi en faveur des père et mère donateurs, ou des frères et sœurs légitimes nés du prédécédé. (765, 766, 747.)

§ 3. *Succession des frères et sœurs naturels et de leurs descendans.*

En cas de prédécès de ses père et mère, l'enfant naturel, qui ne laisse pas d'enfans, aura pour héritiers ses frères et sœurs naturels ou leurs descendans ; sauf aussi l'exercice du droit de retour successoral attribué aux frères et sœurs légitimes de l'un ou l'autre côté. (766.)

Art. 2. *Du droit de succession attaché à la qualité d'époux.*

Le conjoint survivant, le seul parmi les alliés qui puisse être successible *ab intestat*, ne concourt avec aucun ordre d'héritiers réguliers, ni même avec aucun de ceux que la loi établit dans la parenté naturelle ; il n'est appelé qu'à défaut des uns et des autres (1).

Si donc un époux ne laisse pour lui succéder personne qui lui soit uni par les liens d'une parenté légitime ou d'une parenté naturelle légalement constatée, son patrimoine appartiendra à son conjoint, en supposant que celui-ci ait d'ailleurs la capacité d'acquérir par voie de succession. (768.)

Le conjoint d'un enfant naturel décédé sans postérité, et qui ne laisse ni père, ni mère, ni frères ni sœurs naturels ou descendans d'eux, sera également admis à sa succession ; et il le sera à l'exclusion des frères et sœurs légitimes, si ce n'est par rapport aux biens qui doivent faire retour à ceux-ci. (765, 766, 767.)

Art. 3. *Du droit de succession attribué à l'État, et à certains établissemens publics.*

L'Etat ou les établissemens qui lui sont préférés ne deviennent *successibles* qu'à défaut de tous autres héritiers, soit réguliers, soit irréguliers. (768.)

De-là vient que ce droit de succession a été appelé *droit de déshérence.* (33, 1er al.)

Les successions en *déshérence* sont généralement acquises à l'Etat, et recueillies par l'administration des domaines.

Toutefois, lorsqu'un enfant, admis dans un

_____

(1) On doit regretter que la novelle de Justinien, qui attribuait à la *veuve*, dans la succession du mari mort *ab intestat, l'usufruit* d'une portion de biens plus ou moins considérable, suivant la qualité des héritiers, n'ait pas été reproduite dans le Code. — *Id quisque voluisse præsumitur quod honestissimum.*

hospice, y décédera avant sa majorité ou son émancipation, et qu'il ne se présentera aucun héritier; sa succession sera dévolue à l'hospice de préférence à l'Etat. (*L. du 15 pluv. an XIII, art. 8.*)

De même, toujours en cas de *déshérence*, les effets mobiliers apportés dans un hospice par les malades qui y sont traités gratuitement, seront recueillis par l'administration de l'hospice à l'exclusion du domaine. (*Avis du Conseil d'Etat, du 8 octobre 1809.*)

SECTION III.

DES SUCCESSIONS ANOMALES, OU DU DROIT DE RÉVERSION (OU RETOUR SUCCESSORAL).

Le droit de réversion ou retour successoral peut être défini : le *privilège* accordé par la loi, à certains parens, de succéder, à l'exclusion de tous autres, par voie de prélèvement, et alors même qu'ils ne seraient point successibles d'après le droit commun, aux choses qu'ils auront eux-mêmes transmises au défunt à titre gratuit, soit immédiatement, soit médiatement, ou qu'à son défaut, ils auraient recueillies dans la succession d'un auteur commun. (747, 351, 352, 765, 766.)

Jure succursum patri, ut filiâ amissâ solatii loco cederet, si redderetur dos ab eo profecta, ne et filiæ amissæ et pecuniæ damnum sentiret. (*L.* 8, ff. *de jur. dot.*)

Prospiciendum est ne hâc injectâ formidine parentum circà liberos munificentia retardetur. (*L.* 2, *c. de bon. quae lib.*)

C'est un droit essentiellement exceptionnel ; et dès-lors il ne saurait être étendu à d'autres personnes que celles qui en sont nommément investies, à d'autres choses que celles qui sont spécialement désignées, à d'autres cas que ceux qui sont expressément déterminés par la loi même.

C'est d'ailleurs un véritable droit de succession anomale ; et comme tel, tout indépendant qu'il est de la qualité de successible, il ne saurait être exercé que par ceux qui ont les capacités généralement requises pour être apte à succéder.

Il a été limitativement établi par le Code :

1° En faveur des père et mère et autres ascendans légitimes, par rapport aux choses données par eux à leurs enfans ou descendans, et pour le cas où le donataire prédécède sans postérité, c'est-à-dire sans laisser d'héritier dans la ligne directe descendante (747, 1er al.);

2° En faveur de l'adoptant, par rapport aux choses par lui données à l'adopté, soit pour le cas où le donataire prédécède sans postérité, soit pour celui où sa succession ayant été recueillie par ses enfans ou descendans, ceux-ci prédécèdent à leur tour sans laisser d'héritiers réguliers qui soient nés de lui (351, 352);

3° En faveur de la descendance tout à la fois naturelle et légitime de l'adoptant, par rapport aux choses que l'adopté a reçues de lui ou recueillies dans sa succession, mais pour le cas seulement du prédécès sans postérité de cet enfant adoptif donataire ou héritier (*Art. précités*);

4° En faveur du père ou de la mère d'un enfant naturel légalement reconnu, par rapport aux choses par lui données à cet enfant, et pour le cas où le donataire prédécède sans postérité (747, 756 *in fin.*, 765);

5° Enfin, en faveur des frères et sœurs légitimes d'un enfant naturel légalement reconnu, par rapport aux choses que ce dernier a reçues de l'auteur commun, ou recueillies dans sa succession, pour le cas encore où il décéderait sans postérité. (766.)

Régulièrement les enfans ou descendans nés du mariage ou légitimés par le mariage sont les seuls qui puissent empêcher l'exercice du retour successoral ; les enfans adoptifs et les enfans naturels légalement reconnus n'y mettraient obstacle qu'en tant qu'ils ne trouveraient pas leur réserve, ou le complément de leur réserve dans les autres biens dont se compose la succession *ab intestat.* (747, 351.)

L'un des caractères essentiels de la réversion, est, qu'elle ne s'applique qu'aux choses mêmes que le défunt possédait comme lui ayant été transmises par voie de donation ou de succession ; en sorte que si ces choses ne se retrouvaient pas en nature dans sa succession, ou qu'elles eussent cessé d'être possédées par lui, au même titre, le droit s'évanouirait. (351, 747, 766.)

Toutefois d'après cette double maxime, qui est de droit commun, *pretium succedit loco rei venditæ* (*L.* 22, *ff. de pet. hæred.*) ; *qui habet actionem ad rem recuperandam, ipsam rem habere videtur* (*L.* 15, *ff. de reg. jur.*), ceux en faveur desquels la réversion doit avoir lieu, recueilleraient également en cas d'aliénation de la chose, le prix ou la portion du prix qui serait encore due ; comme aussi ils succéderaient à l'action en rescision, ou en résolution, ou en reprise, dont le défunt aurait été investi. (747, 2ᵉ *al.*, 766.)

Du reste la question de savoir si les choses trouvées dans la succession sont bien identiquement celles que le défunt tenait de l'héritier anomal ou de son auteur, à titre de donation ou de succession, est une question de fait que la loi laisse dans le domaine du juge.

Enfin s'agissant d'un pur droit de succession
ab intestat, il ne pourra être exercé qu'autant que
les choses données ou transmises héréditairement
au défunt, n'auront été de sa part l'objet d'aucune
disposition, ou ne se trouveront pas nécessairement affectées à la réserve d'un ascendant plus
proche, ou, comme on l'a déjà énoncé, à celle
d'un enfant adoptif ou d'un enfant naturel légalement reconnu.

Il suit encore de là que ce droit de retour opère
une véritable mutation de propriété, à la différence du retour conventionnel qui a les caractères
et les effets d'une condition résolutoire.

Bien plus, quoique successeur à titre particulier, l'héritier anomal sera personnellement tenu
en cette qualité de contribuer au paiement des
dettes et des charges de la succession, proportionnellement à la valeur de ce qu'il prendra dans
l'actif. (351.)

CHAPITRE III.

DE L'OUVERTURE DES SUCCESSIONS, OU DE L'ÉPOQUE
A LAQUELLE IL FAUT, POUR ÊTRE SUCCESSIBLE,
RÉUNIR LES CAPACITÉS ET QUALITÉS REQUISES.

En principe, les successions ne s'ouvrent que
par la mort naturelle ou par la mort civile; *ejus
qui vivit non est hæreditas* : et l'époque de l'ouverture est irrévocablement fixée soit par l'instant
précis du décès, soit par le commencement du jour
où la mort civile a été encourue. (718, 719. —
L. 1, ff. *de hæredit. et act. vendita.*)

Cependant une succession peut encore s'ouvrir,
du moins provisoirement, par un jugement de
déclaration d'absence ; mais alors elle est *rétroactivement* réputée s'être ouverte du jour de la dis-

parition ou des dernières nouvelles, tant qu'il ne
sera pas prouvé que l'absent a vécu à une époque
postérieure. (120 , 130.)

Et comme la place que nous occupions dans la
société ne doit pas rester vide un seul instant ;
que c'est à l'époque même de l'ouverture de la
succession que s'opère la subrogation de la personne civile de l'héritier à la personne du défunt ;
ou, si l'on veut, la translation des droits de l'un,
sur la tête de l'autre ; c'est aussi à ce même instant qu'il faudra toujours se reporter, pour juger
de l'habileté à succéder de celui qui réclame, ou
au nom duquel l'on réclame la succession.

Ainsi l'enfant non conçu au moment de l'ouverture de la succession, ne peut devenir successible, alors même qu'il naîtrait avant que la succession ne se trouvât déférée aux parens de son
degré, par l'effet de la renonciation ou de l'indignité déclarée des parens du degré le plus
proche.

De même, l'enfant conçu en état de bâtardise,
ne pourra recueillir, comme membre de la famille, une succession ouverte avant la célébration du mariage qui lui a conféré le bénéfice de la
légitimation expresse ou tacite.

Ainsi encore, le père d'un enfant naturel ne
deviendrait point son successible, par une reconnaissance postérieure à son décès.

Du reste, conformément aux principes du droit
commun, c'est à celui qui réclame une succession,
à prouver que la personne dont il exerce les droits,
ou que lui-même, si c'est en son propre nom qu'il
agit, était à l'époque de l'ouverture, habile à
succéder, soit comme ayant la vie naturelle et
la jouissance des droits civils, soit comme parent

légitime ou par l'effet d'une reconnaissance légale. (1315.)

La preuve que l'enfant successible était conçu au moment de l'ouverture de la succession, pourra être faite par l'acte de naissance, ou par le témoignage des personnes présentes à l'accouchement, joint à la présomption qui règle la paternité dans le mariage ; cette présomption établissant tout à la fois, par la force même des choses, et la légitimité de l'enfant et ses droits de successibilité dans la famille. (57, 312, 315.)

De même, la preuve qu'une personne décédée a survécu à une autre personne également décédée dont elle était successible, pourra être établie soit par les actes de décès, soit par la déclaration des personnes qui auront été témoins de ce double événement, soit même par de simples présomptions, si elles sont graves, précises et concordantes. (79, 1353.)

En l'absence de toute preuve contraire, les deux personnes successibles l'une de l'autre, seront censées avoir quitté la vie au même instant. *Neutri eorum alter superstes fuit; ultimi primique obierunt;* et leurs successions seront dévolues chacune dans l'ordre de leur parenté respective. (*L.* 8 *et* 9, ff. *de rebus dub.*)

Mais afin que l'ordre naturel des successions soit autant que possible toujours conservé, la loi a établi des règles spéciales pour décider la question de survie dans le cas où deux personnes, dont l'une doit succéder à l'autre *ab intestat,* auront péri ensemble dans un même événement, comme dans une bataille ou dans un naufrage.

Elle veut d'abord que le juge puisse admettre comme preuve toute espèce de présomption, alors même qu'elle serait isolée ou n'aurait pas les caractères de précision et de gravité généralement requis. (720.)

Ainsi le militaire faisant partie du corps d'armée pourra être présumé avoir survécu à celui qui était à l'avant-garde.

En second lieu, à défaut de toute circonstance connue, d'où puisse naître une présomption de survie, la loi lève elle-même l'incertitude par une présomption *absolue* déduite de la différence d'âge ou de sexe. (720.)

Généralement le plus jeune sera présumé avoir survécu. (721, 2ᵉ et 3ᵉ *al.*; 722, 2ᵉ *al.*)

Cependant si ceux qui ont péri ensemble avaient tous moins de quinze ans accomplis, ce serait le plus âgé. (721, 1ᵉʳ *al.*)

Il en serait de même si l'un était au-dessous de quinze ans, tandis que l'autre avait quinze ans accomplis, mais moins de soixante.

Enfin, si ceux qui ont succombé dans le même événement étaient entre quinze ans accomplis et soixante ans accomplis, et qu'en outre il n'y eût pas entre eux une différence d'âge de plus d'une année, le mâle serait présumé avoir survécu à la femme. (722, 1ᵉʳ *al.*)

CHAPITRE IV.

COMMENT LE SUCCESSIBLE PEUT ENCOURIR LA DÉCHÉANCE DU DROIT QUE LUI DÉFÈRE LA LOI; OU DE L'INDIGNITÉ.

Comme l'ingratitude opère la résolution d'une donation entre-vifs, ou d'une donation testamentaire qui a eu son effet, ainsi l'indignité exclut du droit de succéder *ab intestat* celui qui a d'ailleurs les capacités et qualités nécessaires pour l'exercer. (727, 1ᵉʳ *al.*)

Mais les dispositions de la loi qui règlent la dévolution des biens dont le défunt n'a pu ou n'a
voulu disposer lui-même, n'étant point fondées
sur des considérations de pure bienfaisance envers le successible, il faudra, pour constituer
l'indignité, des faits plus graves que ceux qui ca-
ractérisent *l'ingratitude*.

Ceux-là seuls peuvent être déclarés indignes,
qui auront été frappés d'une condamnation pé-
nale, pour avoir volontairement donné ou tenté
de donner la mort au défunt; ou qui auront
porté contre lui une accusation capitale, jugée
calomnieuse; ou qui enfin, instruits du meurtre
commis sur sa personne, ne l'auront pas dénoncé à la Justice, un silence affecté de leur
part pouvant faire supposer que ce sont eux-
mêmes qui ont conduit le bras du meurtrier,
quoiqu'il n'existe aucune preuve directe de cette
complicité. — Le délai dans lequel ils doivent
révéler le crime pour se soustraire à cette présomption morale, est d'ailleurs laissé entièrement à l'arbitrage du juge. (727.)

Is fecit cui prodest scelus.

Celui-là fit le crime à qui le crime sert. (CORN.)

Toute autre cause, quelque grave et quelque
avérée qu'elle fût, ne donnerait pas lieu à cette
sorte *d'exhérédation légale*. — Ainsi l'indignité
ne pourrait résulter d'un simple jugement de séparation de corps prononcé contre le conjoint
survivant. (767.)

De plus, le défaut de dénonciation ne sera
jamais opposable à l'héritier *mineur*. (727, 3°.)

Il ne le sera point également aux ascendans
et descendans du meurtrier ou à ses alliés dans
les mêmes lignes; à son époux ou à son épouse;
à ses frères et sœurs ou à ses alliés au même

degré ; à ses oncles et tantes; enfin à ses neveux et nièces. (728. — *Inst.*, 156, 322, 3° et 4°.)

Du reste, il importerait peu, dans le premier cas d'indignité, que le crime eût été déclaré *excusable* (*Pén.*, 321, 322, 324); dans le second, que l'imputation du crime capital supposé eût été faite par une plainte ou dénonciation, par un faux témoignage en justice, ou extrajudiciairement avec les circonstances caractéristiques du délit de calomnie (*Inst.*, 30, 31, 63 à 66, 330. — *Pén.*, 373, 374, 361, 365, 367, 371; dans le troisième, que le successible fût encore mineur au moment de l'ouverture de la succession, si ce n'est que, depuis sa majorité acquise, que le crime a été dénoncé par d'autres aux ministres de la justice. (727, 3°, 1310.)

L'indignité n'est, dans aucun des trois cas déterminés par la loi, encourue de plein droit; elle doit être prononcée par les tribunaux civils contre l'indigne se portant héritier, sur la demande de ceux qui se trouvent appelés à succéder à son défaut, ou concurremment avec lui; ou qui, comme donataires d'une portion de biens excédant la quotité disponible, seraient passibles de la réduction nécessaire pour compléter la réserve.

Et de là il suit, que la question d'indignité ne pourrait être élevée, si au moment de l'ouverture de la succession, le coupable était décédé, ou mort civilement; ou si ayant survécu à sa victime, il avait répudié la qualité d'héritier.

La déclaration de l'indignité par jugement du tribunal civil, aura pour effet, ainsi qu'on l'a déjà annoncé, de résoudre ou révoquer dans son principe le droit de succession dont l'indigne était investi. — Cet héritier dépossédé sera même tenu, ainsi qu'un possesseur de mauvaise foi, de restituer tous les fruits qu'il a perçus ou dû percevoir depuis l'ouverture de la succession.

Et néanmoins, comme cette cause de résolution est d'une nature semblable à celle que produit l'ingratitude par rapport aux donations, les aliénations ou charges réelles que l'indigne aura consenties avant sa dépossession devront être maintenues en faveur des acquéreurs ou des créanciers de bonne foi, sauf aux héritiers à réclamer contre lui personnellement la valeur des objets aliénés, ou tels dommages et intérêts qu'il appartiendra. (729, 958.)

D'un autre côté, l'indignité étant une cause d'exhérédation dont la loi s'est réservé exclusivement l'application, elle ne saurait être effacée par le pardon de la personne offensée, qui n'aura dès-lors d'autre moyen d'assurer à l'indigne sa portion héréditaire, que d'en disposer en sa faveur par donation entre-vifs ou testamentaire.

Enfin l'action en déclaration d'indignité ne se prescrira que par le laps de temps requis pour la prescription de toute pétition d'hérédité (789); et elle pourra être intentée contre ceux auxquels l'indigne aura transmis son droit de succession résoluble, à titre universel, ainsi qu'elle aurait pu l'être contre lui-même, à la différence de l'action en révocation d'une donation pour cause d'ingratitude. (957.)

Au surplus, les enfans et descendans de l'héritier indigne, ne seront point, par la faute de leur père, privés du droit de succéder eux-mêmes, s'ils se trouvent d'ailleurs au degré successible; mais ils ne pourront monter à son degré de parenté, en invoquant le secours de la représentation, d'après la maxime que l'on ne représente que les personnes, qui au moment de l'ouverture de la succession étaient mortes naturellement ou civilement. (730, 744.)

Et dans le cas où ils recueilleraient tout ou partie de la succession, l'indigne ne pourrait réclamer sur leurs portions héréditaires, l'usufruit que la loi accorde aux père et mère, sur les biens de leurs enfans mineurs. (730, 384.)

CHAPITRE V.

COMMENT S'OPÈRE LA TRANSLATION DES DROITS ACTIFS ET PASSIFS DU DÉFUNT EN LA PERSONNE DE L'HÉRITIER; OU DE LA SAISINE DE DROIT ET DE FAIT, ET DE SES CONSÉQUENCES.

Tous les droits de propriété et de possession dont le défunt était activement ou passivement investi, sont, dès l'instant de sa mort naturelle ou civile, ou de son décès présumé, et par la seule autorité de la loi, réputés acquis au successible, alors même que celui-ci aurait été incapable de vouloir ou aurait ignoré que la succession lui était dévolue.

Quod receptum est, possessionem rerum hœreditariarum quœ est facti, ab ipso defuncto, protinùs et ipso jure ad hœredes transire, nec opus esse ad eam acquirendam facto et hœredum apprehensione, illud ducitur ex pravâ interpretatione horum verborum quia possessio quasi juncta descendit in hœredem; qui tamen hodiè error plane abiit in mores; undè illa vox de viâ collecta : Le mort saisit le vif. (Cuj. ad leq. 30, ff. ex quib caus.)

Et néanmoins, l'effet de cette transmission immédiate ou saisine légale, est subordonné à une acceptation ultérieure de sa part, ou de la part de ceux qui ont l'exercice de ses actions, comme à l'événement d'une condition suspensive; en sorte que s'il accepte, il aura bien été saisi du jour de l'ouverture de la succession; mais que s'il répudie, il sera considéré comme n'ayant jamais eu le bénéfice de cette saisine, qui alors appartiendra, et toujours avec le même effet rétroactif, aux héritiers appelés concurremment avec lui, ou à son défaut, suivant qu'il a été précédemment expliqué.

C'est là ce qu'exprimaient ces deux adages de notre ancien droit coutumier : *Le mort saisit le vif, son plus proche hoir, habile à lui succéder.* — *Il ne se porte héritier qui ne veut.*

C'est également ce que fait entendre le Code, en disant d'une part : *que nul n'est tenu d'accepter une succession qui lui est échue;* d'autre part : *que l'effet de l'acceptation remonte au jour de l'ouverture de la succession; et que l'héritier qui renonce est censé n'avoir jamais été héritier.* (775, 777, 785.)

Et comme la disposition de la loi est nécessairement toujours *pure* et *simple;* que l'acceptation, à défaut de laquelle la saisine demeure en suspens, est, non une condition proprement dite, mais bien plutôt la déclaration d'un quasi-contrat, que la loi suppose avoir été formé entre le défunt et son héritier au moment même de son décès; il s'ensuit, que le droit de succéder *ab intestat*, une fois ouvert, est essentiellement réel, en ce sens que le successible le transmettra, avec ses autres biens, à ses propres héritiers; de manière que ceux-ci pourront de son chef accepter ou répudier la succession qui lui est échue, s'il est décédé sans l'avoir lui-même acceptée ou répudiée, comme on l'exposera au chapitre suivant. (781.)

Il n'y a, par rapport à la transmission immédiate sur la tête du successible, des droits de propriété et de possession qui étaient dans la main du défunt, aucune différence à établir entre l'héritier régulier, le successeur irrégulier et l'héritier purement anomal; tous ont la saisine de droit; *saisina juris.*

Mais tous n'ont pas également la saisine de fait, *saisina facti*; c'est-à-dire que tous ne peuvent pas, de leur propre autorité, prendre la possession réelle des biens ou exercer les droits et actions dont se compose la succession. (724.)

Les héritiers réguliers, quels qu'ils soient, sont autorisés par la loi même, à se mettre en jouissance du patrimoine du défunt, et à en disposer comme bon leur semblera, sans remplir aucune formalité préalable, sous l'obligation d'acquitter toutes les charges de la succession. (724, *init.*)

Mais l'enfant naturel qui se trouve en concours avec un héritier régulier, doit lui demander la délivrance de sa portion héréditaire, de la même manière que les légataires universels ou à titre universel doivent, pour obtenir la délivrance de leurs legs, s'adresser à l'héritier réservataire ou autres; mais avec cette différence, qu'à quelqu'époque qu'il forme sa demande, il aura droit aux fruits, à compter du jour même de l'ouverture de la succession, à moins que l'héritier régulier, ignorant son existence, ne puisse être considéré comme un possesseur de bonne foi, (756, 757.)

Les mêmes principes doivent être appliqués à un héritier anomal qui est en présence d'un héritier régulier; mais il ne serait pas soumis à une demande en délivrance vis-à-vis d'un successeur irrégulier, (747, 351, 352, 766.)

Enfin, lorsqu'il ne se présente aucun héritier régulier, et que ceux qui sont connus ont répudié la succession, le successeur irrégulier qui la réclame ne peut se mettre en possession des biens, que par l'autorité de la justice. (724, *in fin.*, 765, 766. — *Loi du* 13 *pluviôse an* XIII, *art.* 8.)

A cet effet, il doit avant tout requérir l'apposition des scellés, et faire faire inventaire dans les formes établies pour l'acceptation des successions à bénéfice d'inventaire. (769, 773.)

Il formera ensuite sa demande, afin d'être envoyé en possession des biens, au tribunal de première instance du lieu de l'ouverture de la succession. (770, 773.)

Le tribunal décernera acte de cette demande, et pourra ordonner qu'une expédition de son jugement sera adressée au grand juge, pour être insérée par extrait dans le Moniteur. (*Instr. du* 8 *juillet* 1806.)

Dans tous les cas, trois publications et affiches seront faites et apposées dans l'étendue de son ressort, suivant les formes que l'usage a consacrées, et de trois mois en trois mois. (770, *même instr.*)

Enfin, le jugement d'envoi en possession ne sera rendu qu'un an après la demande, sur les conclusions du procureur du roi. (770, *même inst. Loi du* 13 *pluv. an* XIII, *art.* 8.)

Le successeur irrégulier envoyé en possession, doit faire vendre le mobilier dans les formes prescrites à l'héritier sous bénéfice d'inventaire. (769, 771, 805.)

Le parent naturel et le conjoint seront en outre tenus de faire emploi du prix, ou de donner caution suffisante pour en assurer la restitution, dans l'intérêt des héritiers réguliers qui pourraient se présenter plus tard.

Mais la caution sera déchargée après trois ans, vis à vis de ceux de ces héritiers qui n'auront point dans cet intervalle formé leur demande en revendication d'hérédité, action qui ne peut du reste être soumise qu'à la prescription la plus longue des droits personnels ou réels. (771, 773.)

Le successeur irrégulier qui n'aura point rempli les formalités auxquelles il est assujetti par la loi, sera, jusqu'à la preuve du contraire, présumé possesseur de mauvaise foi, et pourra être condamné comme tel, soit à la restitution des fruits, soit aux dommages et intérêts résultant de sa mauvaise administration. (772, 773, 549.)

Autrement, les héritiers demandeurs ne pourront lui réclamer les fruits que du jour où ils auront dirigé leur action contre lui, à moins qu'ils ne fournissent la preuve directe de sa mauvaise foi. (550. *Loi du* 13 *pluv. an* XIII, *art.* 8, 2ᵉ *al.*)

Et ceux qui se présenteraient pour recueillir la succession d'un enfant admis dans un hospice et décédé avant sa sortie, son émancipation ou sa majorité, seront tenus d'indemniser l'établissement, même sur les capitaux, des frais de nourriture, d'entretien et d'éducation de cet enfant; sauf néanmoins en ce cas à faire entrer en compensation, jusqu'à due concurrence, les revenus perçus par l'administration, avant et depuis le décès. (*Loi du* 13 *pluv. an* XIII, *art.* 9.)

CHAPITRE VI.

COMMENT LA DISPOSITION DE LA LOI PRODUIT SON EFFET; ET COMMENT ELLE DEVIENT CADUQUE.

La disposition de la loi produit son effet par l'*acceptation*; elle devient caduque par la *renonciation*.

SECTION PREMIÈRE.

DE L'ACCEPTATION, OU ADITION D'HÉRÉDITÉ.

L'acceptation peut être définie : un acte par lequel celui que la disposition de la loi ou de l'homme investit du droit de succéder, témoigne la volonté d'être en effet subrogé aux droits actifs et passifs du défunt, ou en d'autres termes, d'*être son héritier*.

Dans les rapports qu'elle établit entre l'héritier, d'une part, et les créanciers ou les légataires à titre particulier, d'autre part, l'acceptation ou adition d'hérédité est un quasi-contrat qui se forme sans le concours du consentement de ces derniers, et qui oblige personnellement le premier à l'acquittement de toutes les dettes et charges de la succession.

L'acceptation ne peut être scindée ni subordonnée à une condition suspensive, ou soumise à une condition résolutoire. (*L.* 1 , *ff. de acq. vel omitt.*)

Mais il est loisible au successible de la modifier dans ses conséquences à l'égard des créanciers et légataires, par la déclaration solennelle qu'il n'entend prendre la qualité d'héritier que *sous bénéfice d'inventaire*.

La nature et les effets du bénéfice d'inventaire seront exposés sous le chapitre suivant.

Art. 1er. *Comment accepte-t-on une succession ?*

L'acceptation pure et simple d'une succession *ab intestat,* n'est, ainsi que celle d'une succession testamentaire ; soumise à aucune forme spéciale.

Elle peut être expresse ou tacite.

Elle est expresse quand le successible déclare en termes formels qu'il se porte héritier ; mais la preuve testimoniale de cette déclaration ne serait en aucun cas admissible. (778.)

Nulu possunt significare velle se periculo suo hæreditatem adire, quomodo absentes per nuntium. (*L.* 65, § 3, ff. *ad senatusconsult. Trebell.*)

L'acceptation *tacite* résultera de tout acte que

le successible n'a pu faire qu'à titre de maître des
biens héréditaires, ou qui suppose nécessairement son intention d'être héritier, et de s'imposer les obligations qu'entraîne cette qualité.

Quæ citrà jus et nomen hæredis fieri non possunt. (*L.* 20, § 4, ff. *de acq. vel omitt.*)

Il y aurait donc acceptation tacite ou *immixtion*, si le successible vendait ou hypothéquait un
immeuble qui appartenait ou passait pour appartenir au défunt, et cela quand même il aurait en
même temps protesté qu'il n'entendait pas par là
se porter héritier ; car cette protestation se trouverait démentie par la nature même de l'acte.

Interdum solus animus adstringet hæreditati, ut-
putà, si re non hæreditariâ, quasi hæres usus est.
(*L.* 21, § 1. ff. *de acq. vel omitt. hæredit.*)

Il en serait de même, si par un acte de donation
en forme, ou par un contrat à titre onéreux, il
cédait ses droits successifs, soit à un étranger, soit
à tous ses cohéritiers ou à quelques-uns d'eux.
(780, 1er *al.*)

Et par application du principe *que la nature
des actes doit être déterminée par leurs clauses
substantielles, et non par la qualification qui leur
a été donnée*, il faudrait considérer, comme une
véritable donation, la renonciation qui serait faite
gratuitement au profit de quelques-uns des cohéritiers, à l'exclusion des autres ; et comme une
véritable cession à titre onéreux, celle qui serait
faite en faveur de tous les cohéritiers indistinctement, si le renonçant en recevait le prix. (780,
2e *et* 3e *al.*)

Au contraire, les actes purement conservatoires, de surveillance, ou d'administration provisoire, ceux qui ne seraient que l'accomplissement d'un devoir de famille, de piété filiale ou

d'humanité, n'imprimeront jamais par eux-mêmes le titre d'héritier. (779.)

L'habile à succéder pourra même, en cette qualité, et sans que l'on puisse en induire de sa part une acceptation, vendre les objets mobiliers susceptibles de dépérissement, ou dispendieux à conserver, à la charge néanmoins par lui de faire procéder à la vente dans les formes prescrites pour les ventes publiques, après qu'elle aura été autorisée par un jugement sur requête du tribunal du lieu de l'ouverture de la succession. (796. *Proc.*, 945, 986.)

Quant aux actes d'administration qui n'auront point ce caractère d'urgence ou de nécessité morale, ils feront bien présumer l'adition, mais seulement jusqu'à la preuve d'une intention contraire, preuve qui pourra être faite par une simple présomption.

Quæ vel jure et titulo hæredis vel sine jure et tit. hæredis agi possunt. (*L. 20, pr.,* ff. *de acq. vel omitt.*)

Ainsi, les actes de cette nature n'emporteraient point acceptation, si en les exerçant le successible protestait qu'il n'entend point par là se porter héritier, ou se réservait de renoncer ultérieurement à la succession; ou bien s'il avait pour les faire une autre qualité que celle d'héritier; qu'il fût par exemple l'associé, le codébiteur solidaire ou la caution du défunt; ou encore si, payant une dette de la succession, il y employait ses propres deniers; car un tel paiement ne suppose pas nécessairement en lui la volonté d'être héritier, attendu qu'il a pu le faire comme *negotiorum gestor.* (778, 1236, 1372, 1375.)

Cependant l'acceptation tacite pourrait, même en l'absence de tout fait d'immixtion, résulter d'un jugement passé en force de chose jugée qui, sur la poursuite des créanciers ou autres parties intéressées, condamnerait l'habile à succéder, en qualité d'héritier, faute par lui d'avoir renoncé dans les délais de droit, suivant qu'on l'expliquera sous la seconde section de ce chapitre.

Pareillement, ainsi qu'on l'exposera au même lieu et dans le chapitre suivant, il y aurait encore acceptation pure et simple, par cela même que la prescription du droit de renoncer ou d'accepter sous bénéfice d'inventaire se trouverait acquise contre l'habile à succéder.

Art. 2. *Quand une succession peut-elle être acceptée?*

Il est dans la nature même des choses qu'une succession ne puisse être acceptée, que lorsqu'elle est ouverte; car jusque-là il n'y a point de succession.

Neminem pro hærede gerere posse, vivo eo cujus in bonis gerendum sit, Labeo ait. (*L.* 27, ff. *de acq. vel omitt.*)

Mais l'acceptation n'en sera pas moins valable et obligatoire, bien qu'elle paraisse antérieure à la renonciation de ceux qui précédaient l'acceptant dans l'ordre de successibilité établi par la loi, ou devaient concourir avec lui. (785.)

La succession une fois ouverte peut d'ailleurs être utilement acceptée, tant qu'elle est vacante; et si elle a cessé d'être vacante, tant que l'action en revendication d'hérédité n'est point prescrite; sans préjudice néanmoins des droits qui peuvent être acquis à des tiers, par prescription, ou en vertu d'actes consentis, soit par le curateur à la vacance dans les limites de ses pouvoirs, soit par l'héritier apparent, si ce sont des actes de simple administration ou d'aliénation nécessaire. (137, 772, 790, 2265, 1240, 1375.)

Par rapport au successible du premier degré qui s'est abstenu, une succession (ainsi qu'on le verra au chapitre 8ᵉ), ne peut cesser d'être vacante ou jacente que du moment où un tiers l'a acceptée, soit comme héritier légitime ou testamentaire, soit comme successeur irrégulier; ou du moins l'administre provisoirement comme étant habile à la recueillir en l'une ou l'autre qualité. (811.)

L'action en revendication d'hérédité et par suite la faculté d'accepter est prescrite, lorsqu'un tiers, héritier ou successeur apparent, ayant accepté la succession, ou l'administrant provisoirement comme étant habile à la recueillir, il s'est écoulé trente ans depuis le jour de son ouverture, sauf les suspensions ou interruptions de droit. (789, 790, 137, 2262, 2251, *etc.*)

ART. 3. *Par qui une succession peut-elle être ac-*
ceptée?

L'acceptation devant former le lien d'un *quasi-contrat*, ceux-là seuls peuvent valablement accepter une succession, qui sont capables de s'obliger.

Ainsi, les successions échues à un mineur non émancipé ou à un interdit, devront être acceptées par son tuteur, en vertu d'une autorisation spéciale du conseil de famille.

De plus, l'acceptation n'aura lieu que sous bénéfice d'inventaire. (461, 509, 776.)

Quant au mineur émancipé il acceptera lui-même, mais avec l'assistance de son curateur, et toujours en vertu d'une délibération du conseil de famille, et sous bénéfice d'inventaire. (484.)

Ainsi encore, la femme mariée ne pourra accepter une succession qui lui est échue, sans l'autorisation de son mari ou de la justice. (217, 218, 219, 221, 222, 224, 1427, 776.)

Le mari ne pourrait d'ailleurs l'accepter lui-même, si ce n'est comme procureur fondé de la femme successible.

Cependant, s'il y avait société de biens entre les époux, le mari aurait, comme chef et administrateur de la communauté, la faculté d'accepter la succession échue à la femme, pour la partie qui, en vertu des stipulations du contrat de mariage, doit accroître le fonds social. — C'est une conséquence du principe que *l'ayant-cause est investi des mêmes droits que son auteur.* (818.)

En cas de négligence du successible à prendre le titre d'héritier et à en exercer les droits, il y aurait également lieu à l'application de cet autre principe que les créanciers peuvent se faire subroger judiciairement, jusqu'à concurrence de ce qui leur est dû, dans les droits et actions de leur débiteur. (1166.)

Enfin, lorsque le successible sera décédé sans avoir irrévocablement consommé son option, il appartiendra à ses propres héritiers d'accepter la succession qu'il leur a transmise avec la sienne.

Et si ceux-ci, après avoir accepté la dernière, ne sont pas d'accord sur le parti qu'il convient de prendre par rapport à l'autre ; que les uns veuillent l'accepter, et les autres la répudier, ce dissentiment emportera acceptation, l'adition d'hérédité étant un acte essentiellement indivisible. — Mais c'est encore un cas, où l'acceptation à bénéfice d'inventaire est prescrite par la loi, comme indispensable ; tandis que de droit commun elle est de pure faculté. (782.)

Aʀt. 4. *Comment et pour quelles causes le quasi-contrat d'adition d'hérédité peut être rescindé ?*

D'après le principe *que les contrats ou quasi-
contrats tiennent lieu de loi à ceux qui les ont formés,* l'acceptation, une fois donnée, est irrévocable de la part de l'héritier. (1134.)

Hæres manebit, qui semel extitit hæres. (*L.* 9,
§ 10, ff. *de min.*)

Mais elle est aussi soumise aux mêmes causes
de rescision que les conventions en général.

Ainsi, l'héritier pourra se faire restituer contre
son acceptation expresse ou tacite, lorsqu'elle
lui aura été surprise par des manœuvres frauduleuses, ou extorquée par violence ; ou qu'il y
aura eu erreur substantielle dans son consentement, comme s'il était constant que l'acte d'a-
dition dont on excipe contre lui, s'appliquait
dans son opinion à une autre succession qu'il
était également appelé à recueillir. (1109, 1110,
1112, 1116.)

Et contrairement au droit commun, le dol
opérera la rescision même vis à vis des créanciers
et légataires demeurés étrangers aux manœuvres
qui ont déterminé l'acceptation. (783, 1111,
1116.)

Mais par application de la maxime, *nemo ex
facto alterius prægravari debet*, la restitution ne
préjudiciera point aux cohéritiers du successible
relevé de son engagement, lorsqu'ils n'auront
d'ailleurs accepté que dans la persuasion que
lui-même était irrévocablement lié par son acceptation antérieure. —Ils auront alors la faculté
de se décharger de sa portion dans les dettes,
en abandonnant aux créanciers et légataires sa

portion dans l'actif. (*L.* 61 *et* 98, *ff. de acq. vel omitt. hæred.*)

Enfin, l'héritier ne sera restituable pour cause de lésion que vis à vis de ses cohéritiers auxquels il devrait le rapport, ou des légataires à titre particulier ; et seulement dans le cas où l'on aurait, depuis l'acceptation, découvert un testament qui absorbe la totalité ou plus de moitié de l'actif de la succession, déduction faite des dettes et charges et des legs déjà connus. (783, 1118, 843.)

D'après les principes généraux exposés au titre des tutelles, les mineurs ou interdits héritiers ne pourront eux-mêmes se faire relever de l'obligation du rapport, que sous cette même condition, lorsque d'ailleurs la succession aura été acceptée en leur nom par leur représentant légal dûment autorisé à cet effet. (1314.)

SECTION II.

DE LA RENONCIATION.

La renonciation ou répudiation peut être définie : un acte par lequel le successible déclare sa volonté de n'être point héritier, ou témoigne son refus de profiter de la disposition de la loi.

Celui qui répudie une succession ne contracte d'engagement envers personne ; il est seulement par là retranché du nombre des successibles ; de sorte que son droit héréditaire accroît aux héritiers avec lesquels il aurait concouru, ou demeure dévolu à ceux qui doivent succéder à son défaut, suivant qu'il a été précédemment exposé. (785, 786.)

La répudiation ne peut d'ailleurs non plus que l'acceptation être partielle ou conditionnelle.

Art. 1er. *Comment une succession doit être répudiée.*

La loi suppose que l'héritier qu'elle désigne dans la parenté légitime et qu'elle investit de la saisine de fait, doit accepter ; et elle autorise les créanciers et légataires de la succession à diriger à l'instant même leurs actions contre lui, ou du moins à l'assigner ou interpeller en sa qualité d'*habile à succéder*, pour la conservation de leurs droits. (784, 797, 798, 2259.)

Cette présomption d'acceptation qui est d'ailleurs purement provisoire et essentiellement résoluble dans ses effets, ne doit céder qu'à une déclaration contraire en termes formels, et ayant un caractère de publicité tel que les créanciers et autres parties intéressées ne soient pas exposés à exercer des poursuites frustratoires, faute de la connaître.

En conséquence la renonciation à un droit de succession légitime ne sera valable et obligatoire qu'autant qu'elle aura été faite au greffe du tribunal de première instance du lieu de l'ouverture, sur un registre particulier tenu à cet effet. (784. *Proc.*, 997.)

La déclaration est reçue par le greffier, et signée par le renonçant. Si celui-ci ne peut ou ne sait signer, l'officier public en fera mention. — Si c'est un fondé de pouvoir qui se présente, la procuration demeurera annexée au registre.

Ce mode solennel de renonciation n'a été prescrit, ni aux successeurs irréguliers, ni aux héritiers testamentaires ; le titre de ceux-ci étant renfermé dans le secret d'un acte ; la qualité de ceux-là étant subordonnée à un jugement ; et les uns et les autres ne pouvant dès-lors, par la force même des choses, être exposés à l'action des créanciers, tant qu'ils n'ont point obtenu l'envoi en possession ou fait connaître leur droit héréditaire. (724, 1006, 1008, *etc.*)

Leur renonciation pourrait donc être implicite, ou résulter de leur silence même; comme si, sur la demande d'un autre successeur irrégulier, d'un légataire substitué ou conjoint, ou d'un héritier ab intestat, un jugement avait fixé un délai dans lequel ils seraient tenus d'accepter, *faute de quoi ils seraient réputés avoir renoncé*; ce que le juge ne pourrait sans excès de pouvoir prononcer à l'égard d'un héritier légitime régulier, dont l'acceptation doit au contraire être toujours présumée, au moins provisoirement, à défaut d'une renonciation expresse sur le registre public indiqué par la loi.

ART. 2. *Quand et dans quel délai une succession peut et doit être répudiée?*

Une succession ne peut être répudiée d'une manière efficace qu'au moment où elle pourrait être utilement acceptée.

C'est ainsi qu'on ne peut, même par contrat de mariage, renoncer à la succession d'un homme vivant; ni aliéner éventuellement de son consentement même, et à quelque titre que ce soit, les droits que l'on peut être appelé à exercer sur ses biens, en qualité d'héritier. (791, 1130, 920, 930.)

Mais la loi ne voit une renonciation à des droits de succession non ouverte, ni dans la reconnaissance que fait un successible de la sincérité d'un acte de vente à fonds perdu consenti à un autre successible, comme on l'a dit précédemment, ni, suivant qu'on l'exposera plus tard, dans l'accep-

tation d'un partage anticipé entre enfans par
acte entre-vifs. (918, 1076, 1079.)

Quant au délai dans lequel la renonciation doit
être faite, la règle générale est qu'on ne peut
être déchu du droit de répudier une succession,
que par une acceptation expresse ou tacite.

Cependant le successible ne sera plus admis à
renoncer, alors que par un jugement passé en
force de chose jugée, il aura été condamné en
qualité d'héritier pur et simple, sur des conclusions
tendant directement et principalement à le faire
déclarer tel ; et en cela conçues, comme si le
demandeur agissait au nom de toutes les parties
intéressées : car autrement la qualité d'héritier ne
serait jugée que pour l'objet du litige. (800,
1351. *L.* 1, *C. de ord. judic.*)

Pertinet enim ad officium judicis qui de hæreditate cognoscit universam incidentem quæstionem
quæ in judicium devocatur examinare ; *quoniam non
de eâ, sed de haereditate pronunciat.*

C'est par la nature des demandes, et non par le
jugement qui intervient, qu'on doit juger de la compétence des tribunaux. Ainsi toutes les fois que la
demande roule uniquement sur *la qualité de ceux
qui sont assignés, et que son objet est de faire prononcer sur cette qualité,* la matière est indéfinie, et
par conséquent elle ne regarde point les juges *pré-
sidiaux* (sorte de justice de paix connaissant seulement des causes dont l'objet était au-dessous de 500
liv.) ; le *bailliage* de Vesoul (tribunal ayant une
juridiction illimitée) paraît donc avoir eu raison,
lorsque, suivant ce principe, il n'a point renvoyé
au présidial la demande au sujet de laquelle vous
m'avez écrit, *attendu que les conclusions directes de
cette demande tendaient à faire expliquer les défendeurs sur leur qualité.* (D'Aguesseau, à un magistrat de Franche-Comté, le 26 mai 1731.)

Mais la loi n'a point voulu que l'on pût ainsi

11*

contraindre un successible à prendre ou à répudier le titre d'héritier, sans lui permettre de s'assurer des forces de la succession, et de faire son
option avec la maturité et la circonspection con-
venables.

En conséquence, l'héritier aura trois mois pour
faire inventaire, à compter du jour de l'ouverture de la succession. Il aura en outre, pour délibérer sur son acceptation ou sur sa renonciation,
un délai de quarante jours qui commenceront à
courir de l'expiration des trois mois accordés
pour faire l'inventaire, ou du jour de la clôture
de cet inventaire, s'il a été terminé dans un moindre temps. (795.)

Pendant la durée de ce double délai, il ne
pourra être obtenu aucune condamnation contre
l'héritier, en cette qualité; et s'il renonce à l'é-
poque déterminée, les frais légitimement faits
par lui jusqu'alors, seront à la charge de la succession. (797. *Proc.*, 174.)

Bien plus, ce même double délai étant expiré,
le successible, en cas de poursuite dirigée contre
lui, aura la faculté d'en solliciter un nouveau,
que le tribunal saisi de la contestation accordera,
si les droits des parties intéressées ne sont point
par là compromis, et qu'il n'apparaisse d'aucun
fait d'*immixtion*. (798.)

Mais, dans cette hypothèse, les frais d'instance resteront à la charge personnelle du successible, à moins qu'il ne justifie, ou qu'il n'a
pas eu connaissance du décès, ou que les délais
ont été insuffisans, soit parce qu'un successible
qui le précédait les aurait lui-même épuisés en
délibérant sur sa renonciation; soit à raison des
contestations élevées sur la qualité de ceux qui
prétendent droit dans la succession, où relativement aux biens dont elle se compose; soit encore

parce que ces mêmes biens se trouveraient situés et dispersés dans des pays éloignés. (799.)

Enfin, à supposer que les poursuites auxquelles le successible a été en butte n'aient point été suivies d'un jugement déclaratif du quasi-contrat d'adition d'hérédité, il aura encore la faculté de renoncer, nonobstant l'expiration du délai fixé par la loi ou prorogé par le tribunal; et il la conservera pendant tout le temps requis pour la prescription, si d'ailleurs il n'a point fait acte d'héritier. (800, 789.)

Le droit de renonciation est prescrit contre le successible qui a provisoirement administré les affaires du défunt, et a été poursuivi en qualité d'habile à succéder, lorsqu'il s'est écoulé trente ans depuis que la succession est ouverte; après un aussi long laps de temps, la loi présume qu'il y a eu de sa part immixtion ou acceptation tacite. Tel est le fondement de cette prescription. (789, 2262.)

Par rapport au successible qui est demeuré absolument étranger à la succession, le droit de renonciation sera imprescriptible, comme tout ce qui est de pure faculté. (2232.)

Art. 3. *Par qui une succession peut être répudiée ?*

Ceux-là ont la capacité de renoncer à une succession, qui pourraient valablement l'accepter. (776.)

Cependant le prodigue, auquel il a été donné un conseil judiciaire, ne pouvant, sans l'avis et le concours de ce conseil, aliéner des droits immobiliers ou des capitaux mobiliers, la même assistance doit être nécessaire pour l'habiliter à répudier une succession, bien qu'il paraisse par lui-même capable du quasi-contrat d'adition, attendu qu'il ne lui est interdit de s'obliger que pour des causes spécialement déterminées, au nombre desquelles n'est point celle-ci. (499, 513.)

Art. 4. *Comment la renonciation peut être révoquée, rescindée ou annullée ?*

La renonciation est, à la différence de l'acceptation, révocable par un simple changement de volonté.

Elle est d'ailleurs, comme l'acceptation, susceptible de rescision pour vice radical dans le consentement.

Elle peut enfin être déclarée nulle sur la demande des créanciers du renonçant, comme ayant été faite en fraude de leurs droits, ou pour cause de recélé, sur la demande des créanciers de la succession, ou de toute autre partie intéressée.

I. Celui qui renonce à une succession, ne contractant par-là d'obligation envers personne et exerçant une pure faculté, est libre de revenir sur ses pas et de prendre la qualité d'héritier, aussi long-temps que la succession est *vacante*.

Il le pourra, dans le cas même où, sans se porter héritier, un parent plus éloigné administrerait provisoirement la succession comme étant habile à la recueillir; à moins que le droit d'accepter ne se trouve prescrit conformément au principe précédemment développé.

Mais il ne le pourra plus du moment où la succession aura été acceptée, ne fût-ce que par un successeur irrégulier; car alors il y a droit acquis à un tiers. (790.)

Et dans le cas où une succession répudiée au

nom d'un mineur n'aurait pas été acceptée par
un autre successible, elle pourra de même être
reprise, soit par le tuteur, en vertu d'une nouvelle délibération du conseil de famille, soit par
le mineur devenu majeur, sans qu'on puisse lui
opposer la prescription ; mais aussi sans qu'il ait,
non plus qu'un renonçant majeur, le droit d'attaquer les ventes et autres actes qui auraient été
légalement faits durant la vacance. (462, 2252,
790.)

II. La renonciation ne pourra être rescindée
pour vice radical dans le consentement, que
conformément aux principes généraux de la matière. (1109, 1116.)

Du reste, par application de ces mêmes principes, l'héritier renonçant sera encore restituable à raison de la fausseté de la cause finale
et déterminante de sa renonciation, comme s'il
ne l'avait faite que pour s'en tenir au don dont
il était gratifié par un testament, qui depuis a
été déclaré nul. (1131.)

Mais la simple lésion, quelque considérable
qu'elle soit, ne viciera point la renonciation, s'il
n'y a d'ailleurs absence de cause ou erreur substantielle. (1118.)

III. Si les créanciers du successible n'ont point,
par une demande en subrogation au droit d'accepter, prévenu sa renonciation, ils pourront la
faire annuller en établissant qu'elle a eu lieu en
fraude et au préjudice de leurs droits. (788, 1er al.,
1167.)

Et ils ne seront point tenus de faire la preuve
directe de la complicité des successibles en faveur desquels doit s'opérer l'accroissement ou la
dévolution du droit héréditaire de leur débiteur,
attendu que la répudiation d'une succession utile

a tous les caractères d'une aliénation à titre gratuit.

L'annullation pour cette cause ne doit au surplus, dans aucun cas, profiter au renonçant ; elle est prononcée en faveur des créanciers seulement, et limitée au montant de leurs créances. (788, 2ᵉ *al.*)

IV. Celui qui a soustrait frauduleusement des effets de la succession, ne doit pas être d'une meilleure condition que celui qui en a disposé ostensiblement et de bonne foi.

Il demeurera donc héritier pur et simple nonobstant sa renonciation, et alors même qu'elle serait antérieure au divertissement ou recélé, si, au moment de cette soustraction, la succession n'était encore acceptée par aucun autre successible. — De plus il ne pourra prétendre aucune part dans les objets divertis ou recélés, à supposer qu'il y ait lieu à un partage. (792.)

Toutefois ses cohéritiers, ou ceux qui ont accepté à son défaut, pourront, au lieu de faire prononcer la nullité de sa renonciation, se borner à exercer contre lui telles poursuites et à réclamer tels dommages-intérêts qu'il appartiendra.

CHAPITRE VII.

DES OBLIGATIONS DE L'HÉRITIER, ET SPÉCIALEMENT DU BÉNÉFICE D'INVENTAIRE.

En acceptant la succession qui lui est déférée, l'héritier se constitue débiteur direct et personnel de tout ce que devait son auteur, et par là même devient passible de toutes les actions ou poursuites auxquelles celui-ci était sujet.

Ce principe est tellement absolu que les titres

exécutoires contre le défunt le seront pareillement contre l'héritier.

Et néanmoins, comme en fait, celui-ci pourrait ignorer l'état de la succession, les créanciers ne pourront se livrer à des actes d'exécution contre lui que huit jours après la signification de leur titre à sa personne ou à son domicile. (877.)

Le successible par le quasi-contrat d'adition se trouve en outre aussi personnellement obligé envers les légataires, quoiqu'on ne puisse dire que le défunt ait été personnellement le débiteur de ceux-ci. (1017, 802, 783.)

Ainsi tout héritier pur et simple sera tenu, même sur ses biens propres, d'acquitter intégralement soit les dettes et charges de la succession, soit les legs à titre particulier, sans pouvoir opposer l'insuffisance des biens du défunt.

L'héritier *anomal* lui-même, bien que successeur à titre particulier, sera également tenu par l'action personnelle indéfinie, de contribuer au paiement des dettes et charges, non toutefois des legs, au prorata de ce qu'il prend dans l'actif de la succession. (351, 747, 766.)

Mais, ainsi qu'on l'a déjà annoncé, cette conséquence rigoureuse du principe que *l'héritier est la continuation de la personne du défunt*, peut être écartée, et l'obligation personnelle de l'un, restreinte à la mesure des biens de l'autre, au moyen du bénéfice d'inventaire dont on va faire connaître la nature, les conditions et les effets.

Art. 1er. *De la nature du bénéfice d'inventaire.*

Le bénéfice d'inventaire est une faculté que la loi accorde à tout héritier, de ne point confondre ses biens personnels avec ceux du défunt, à la charge par lui de se conformer à ce qu'elle prescrit ; de telle sorte qu'il ne pourra être contraint à payer les dettes et charges de la succession que jusqu'à concurrence de l'actif, et qu'il pourra même se soustraire à toute poursuite de la part des créanciers, au moyen d'une cession dans laquelle ne seront compris que les biens du débiteur originaire.

L'héritier sous bénéfice d'inventaire est aussi bien que l'héritier pur et simple, le représentant civil du défunt ; la même subrogation de personne ou translation de droits s'opère en sa faveur ou contre lui ; mais sa propre personne demeure distincte de celle qu'il continue civilement ; et ses droits actifs et passifs, entièrement séparés de ceux dont l'investit sa qualité d'héritier.

Le bénéfice d'inventaire a lieu à l'égard des légataires à titre particulier comme à l'égard des créanciers proprement dits ; car , bien que le droit de créance de ceux-là ne soit né que depuis l'ouverture de la succession, ce n'est toujours que comme représentant du défunt, que l'héritier peut être obligé envers eux. (802 , 803 , *etc*.)

Quant aux légataires universels ou à titre universel, soumis à la demande en délivrance, il résulte de la nature même de leur titre , qu'ils ne sauraient avoir qu'une action en dommages-intérêts contre l'héritier qui , de mauvaise foi et sans inventaire préalable, se serait entremis dans la possession des biens héréditaires dont ils ont le droit de réclamer le partage.

De droit commun , la faculté d'accepter à bénéfice d'inventaire appartient à tout successible.

Mais elle n'est point d'ordre public, et dès-lors elle pourra être interdite par une disposition testamentaire, à tout autre qu'à un héritier réservataire. (6.)

Enfin, si plusieurs personnes sont conjointement appelées à recueillir la succession, chacune d'elles est individuellement libre d'accepter à bénéfice d'inventaire, ou purement et simplement, l'acceptation ne pouvant par là se trouver scindée comme elle le serait, alors que le désaccord existe entre plusieurs héritiers au 2e degré, représentant le même successible. (782.)

Art. 2. *Des conditions et des formes de l'acceptation sous bénéfice d'inventaire.*

Aucun héritier ou successeur ne peut jouir du bénéfice d'inventaire si, avant tout acte d'immixtion de sa part, il n'a été dressé dans la forme ordinaire un inventaire fidèle des biens de la succession. (794.)

Ainsi, celui qui se rend coupable de recélé, ou qui omet sciemment et de mauvaise foi, de comprendre dans l'inventaire, des effets de la succession, est par là-même irrévocablement déchu du bénéfice d'inventaire, sans préjudice de la peine qu'il encourt vis-à-vis de ses cohéritiers. (801, 792.)

Il faut en outre, du moins en thèse générale, une déclaration authentique, que l'on entend en effet ne prendre la qualité d'héritier que sous bénéfice d'inventaire.

Cette déclaration qui peut précéder, comme elle peut suivre l'inventaire, devra nécessairement être faite au greffe du tribunal de première instance dans l'arrondissement duquel la succession s'est ouverte, et inscrite sur le registre destiné à recevoir les actes de renonciation. (793, 794.)

Mais elle n'est point toujours nécessaire pour repousser l'action des créanciers et des légataires.

D'abord, le jugement d'envoi en possession suf-fira au successeur irrégulier, qui a d'ailleurs fait ce qui lui est spécialement prescrit; le bénéfice d'inventaire est inhérent à son titre. (724, 769.)

En second lieu, dans le cas du concours d'un héritier réservataire avec un légataire universel ou à titre universel de la quotité disponible, le premier, après la délivrance de ce legs, se trou-vera par là même dégagé de toute obligation per-sonnelle envers les légataires à titre particulier, pourvu que la consistance des biens du défunt ait été constatée par un inventaire régulier. (1009, 1013.)

Du reste, la faculté d'accepter à bénéfice d'in-ventaire ne se perd ou ne se prescrit qu'avec la fa-culté de renoncer. (795, 797, 798, 800, 789.)

Art. 3. *Des devoirs qu'impose la qualité d'héritier bénéficiaire.*

En acceptant sous bénéfice d'inventaire, l'hé-ritier prend envers les créanciers et légataires du défunt l'engagement personnel d'administrer la succession en bon père de famille, et d'en appli-quer l'actif à l'acquittement intégral des dettes et des legs, sans pouvoir jusque-là en distraire la moindre partie pour ses propres affaires. (803, 1er al., 802.)

Mais administrant aussi dans son intérêt, et avec la qualité de propriétaire, il ne sera tenu que des fautes graves. (804.)

Il demeure, sous la garantie de cette responsa-bilité, investi du droit de faire seul tous les actes de simple et de haute administration que doit entraîner la liquidation de la succession.

Cependant il sera tenu, si un créancier ou

toute autre personne intéressée l'exige, de donner, sur une simple sommation extrajudiciaire,
caution bonne et solvable de la valeur du mobilier inventorié, et de la portion du prix des immeubles aliénés, qui ne se trouve point affectée
au paiement des créanciers hypothécaires simples
ou privilégiés. (807, 1er al. — *Proc.* 992.)

Et faute par lui de fournir cette caution qu'il
devra présenter au greffe du tribunal du lieu de
l'ouverture de la succession , dans les trois jours
de la sommation , sauf la prorogation de droit à
raison des distances, les meubles seront vendus
et leur prix déposé, ainsi que la portion libre
du prix des immeubles, pour être employés à
l'acquit des charges de la succession. (807, 2e al.
— *Proc.*, 993, 994, 1033.)

En outre, s'il y a lieu à vendre volontairement les immeubles de la succession , une requête, en contenant la désignation , devra être
présentée par l'héritier bénéficiaire au président
du tribunal civil ; sur le rapport d'un juge commis
à cet effet, et sur les conclusions du procureur du
roi, il sera rendu un jugement qui ordonnera
préalablement que les immeubles seront vus et
estimés par un expert nommé d'office ; le rapport
sera, s'il y échet, entériné sur requête par le
même tribunal ; et le ministère public étant de
nouveau entendu , un second jugement ordonnera la vente, à laquelle il sera du reste procédé suivant les formalités prescrites pour les
ventes publiques immobilières, et les licitations
où sont intéressés des mineurs. (806. — *Proc.*,
987, 988, 966 à 984.)

De même, s'il convient de vendre les meubles
corporels et les capitaux de rente compris en
l'inventaire, l'héritier bénéficiaire ne pourra le
faire, en cette qualité, que dans les formes éta-

blics pour les ventes publiques de ces sortes de biens. (805, 1ᵉʳ *al.* ; *Proc.*, 989, 945.)

Néanmoins ces formes ne sont point applicables aux rentes sur l'État, que l'héritier bénéficiaire pourra transférer avec ou sans l'autorisation préalable du président du tribunal, suivant que l'inscription sera au-dessus ou au-dessous de cinquante francs de rente. (*Avis du conseil d'état du 11 janvier 1808.*)

Au surplus, l'aliénation consentie par l'héritier bénéficiaire, hors des limites de son mandat, comme administrateur, n'en sera pas moins valable; mais alors il sera réputé héritier pur et simple. (*Proc.*, 988, 989.)

De quelque manière que la vente ait eu lieu, volontairement, ou à la suite d'une saisie, le prix du mobilier sera distribué par contribution entre les créanciers saisissans ou opposans, conformément au droit commun. (808, 1ᵉʳ *al.* — *Proc.*, 990, 656 *et suiv.*)

Le prix des immeubles sera distribué suivant l'ordre des privilèges et des hypothèques. (806. — *Proc.*, 991, 749 *et suiv.*, 775, 776.)

S'il n'y a ni privilège, ni hypothèque, ni saisie ou opposition, l'héritier bénéficiaire paiera les créanciers et les légataires, à mesure qu'ils se présenteront. (808, 2ᵉ *al.*)

Et les sommes ainsi payées seront irrévocablement acquises aux créanciers du défunt, en vertu de la maxime, *repetitio nulla est ab eo qui suum recepit*; mais non à ses légataires, dont le titre est purement lucratif. (*L.* 44, ff. *de condict. indeb.*)

En conséquence, le créancier non opposant qui ne se présentera qu'après l'apurement du compte et le paiement du reliquat, ne pouvant rien de-

mander à l'héritier bénéficiaire, n'aura un recours à exercer que contre les légataires. (809,
1er al., 802.)

In eo, quod vel is, qui petit, vel is a quo petitur,
lucri facturus est, durior causa est petitoris. — Cùm
de lucro duorum quæratur, melior causa est possi-
dentis. (*L.* 33, 126, § 2, ff. *de reg. jur.*) — Melior
conditio ejus qui certat de damno vitando; deterior,
ejus qui certat de lucro captando.

Et même ce recours se prescrira par le laps de
trois ans, à partir du jour de l'apurement du
compte, ou du jour du paiement fait postérieurement au légataire qui est en butte à l'action en répétition. (809, 2e al., 2279, 1379 à 1381.)

Le compte du bénéfice d'inventaire sera rendu et apuré dans les formes établies pour tout
comptable. (*Proc.*, 995, 527 *et suiv.*)

Art. 4. *Des avantages que le bénéfice d'inventaire procure à l'héritier.*

Ce mode d'acceptation empêchant la confusion
des personnes et des patrimoines, l'héritier bénéficiaire ne sera tenu de payer les dettes du défunt, les legs et les autres charges de l'hérédité,
que jusqu'à concurrence de la valeur des biens
qu'il aura recueillis dans la succession même.
(802, 1°.)

Et dans les charges de l'hérédité, il faut comprendre les frais de scellés, s'il en a été apposé,
d'inventaire, de reddition de compte, comme
aussi ceux des poursuites auxquelles se seraient
livrés les créanciers ou autres parties intéressées,
pour contraindre l'héritier à prendre qualité,
s'ils n'ont été mis par un jugement à la charge
personnelle de celui-ci, suivant qu'on l'a expliqué
dans le chapitre précédent. (810, 799.)

Toutefois, il convient de faire observer, 1° que les fautes que l'héritier bénéficiaire aurait commises dans son administration, et dont la loi le déclare responsable, ne le seraient pas à la vérité déchoir du bénéfice d'inventaire, sauf ce que l'on a dit par rapport aux actes d'aliénation; mais qu'elles le rendraient personnellement passible de dommages-intérêts envers ceux des créanciers et légataires auxquels elles seraient préjudiciables, ou qui seraient évincés de tout ou partie de leurs droits, par le résultat de la liquidation.

2° Qu'en cette qualité d'administrateur, il pourra même être contraint indéfiniment sur ses biens personnels, après avoir été mis en demeure de rendre son compte, et faute par lui d'avoir satisfait à cette obligation; mais que le compte une fois rendu et apuré, les créanciers et légataires ne pourront plus agir contre lui que pour le montant des sommes dont il se trouvera reliquataire. (803, 2ᵉ *et* 3ᵉ *al.*)

Par une autre conséquence immédiate du même principe, l'héritier bénéficiaire pourra, ainsi que tout autre créancier, réclamer contre la succession ce qui lui était dû par le défunt à quelque titre que ce soit, et exercer contre les tiers les actions qui donneraient lieu à un recours en garantie contre lui-même, en sa qualité d'héritier, sans qu'on puisse lui opposer la maxime, *quem de evictione tenet actio eumdem agentem repellit exceptio.* (802, 2°.)

Bien plus, s'il paie de ses deniers les dettes de la succession, il sera légalement subrogé aux droits des créanciers qu'il désintéresse. (1251, 4°.)

Les actions de l'héritier bénéficiaire contre la succession seront intentées contre les autres héritiers; et à défaut d'héritiers qui puissent y défendre, contre un curateur au bénéfice d'inventaire nommé en la même forme que le curateur à une succession vacante. (*Proc.*, 996.)

Et nonobstant que cette voie légale d'agir lui soit ouverte, la prescription ne courra point contre lui. (2258.)

Mais il n'en sera pas ainsi à l'égard des autres créanciers; la prescription court contre eux, même pendant les délais accordés au successible pour faire inventaire et délibérer, attendu qu'ils ont toujours la faculté de faire des actes conservatoires de leurs droits. (2259.)

Enfin, et toujours en vertu du même principe, l'héritier bénéficiaire pourra en cette qualité invoquer le bénéfice de cession, et se mettre à l'abri de toute action de la part des créanciers et légataires du défunt, en leur abandonnant les biens de la succession, ou le prix qui en provient. — Il sera seulement tenu, à supposer qu'il les représente en nature, de la dépréciation ou détérioration causée par sa négligence. (802, 1°, 805, 2° al., 1269.)

CHAPITRE VIII.

DES DROITS QUE LES CRÉANCIERS PARTICULIERS DE L'HÉRITIER ACQUIÈRENT SUR LES BIENS DE LA SUCCESSION ACCEPTÉE PUREMENT ET SIMPLEMENT ; ET SPÉCIALEMENT DU BÉNÉFICE DE LA SÉPARATION DES PATRIMOINES QUE PEUVENT LEUR OPPOSER LES CRÉANCIERS ET LÉGATAIRES DU DÉFUNT.

Si, par son acceptation, l'héritier rend aux créanciers de la succession le débiteur que la mort leur a enlevé, il se trouve par une corrélation nécessaire, et à partir du jour même du décès, possesseur de tout ce que possédait le défunt, propriétaire de tout ce qui lui appartenait, créancier de tout ce qui lui était dû. (724.)

Or, les biens de la succession se confondant ainsi dans son propre patrimoine, deviendront par là même, comme ceux qu'il possédait déjà ou qu'il pourrait acquérir par d'autres voies, le gage commun de ses créanciers particuliers, et des créanciers ou légataires du défunt. (2092.)

Et dès-lors, en cas d'insuffisance, les derniers, s'ils n'ont d'ailleurs ni privilège ni hypothèque, seront forcés de venir à contribution avec les premiers, sur les biens de leur débiteur originaire, comme sur ceux de leur débiteur subrogé. (2093.)

Mais de même que l'héritier peut en acceptant sous bénéfice d'inventaire, se soustraire à l'action indéfinie des créanciers et des légataires du défunt, de même ceux-ci pourront empêcher une confusion qui leur serait préjudiciable, en invoquant *le bénéfice de la séparation des patrimoines.*

Le bénéfice de la séparation des patrimoines est le droit accordé par la loi aux créanciers et légataires du défunt, de se faire payer sur le prix des biens de la succession, par préférence à tout créancier particulier de l'héritier, quelle que soit la cause de sa créance. (878.)

Ce privilège peut être réclamé, soit par voie d'action, soit par voie d'exception, la loi n'en soumettant l'exercice à aucune forme spéciale.

Il ne préjudiciera point d'ailleurs aux droits acquis avant la demande à des tiers acquéreurs ou créanciers, par actes faits de bonne foi avec l'héritier qui, en sa qualité de maître, conserve la libre disposition du patrimoine du défunt. (880, 2ᵉ al., L. 2, ff. de separat.)

Quæ medio tempore gesta sunt per hæredem, conservari solent.

Ainsi, il ne pourra être exercé sur des biens aliénés sans fraude, et dont le prix a été intégralement payé.

Il ne pourra l'être également sur ceux que l'héritier aura hypothéqués ou donnés en nantissement à ses créanciers particuliers, du moins jusqu'à concurrence de la valeur pour laquelle ces mêmes biens se trouvent engagés; car il y a transmission d'un droit réel dans la main d'un tiers.

Mais outre le droit de préférence qui constitue, à proprement parler, le bénéfice de la séparation des patrimoines, la loi donne accessoirement aux créanciers et légataires du défunt, qui réclament ce même bénéfice, une hypothèque privilégiée sur les biens de la succession susceptibles d'une semblable affectation. (873, 1017, 2111, 2113, 2134, 2166. — *Proc.*, 834.)

Le mode de conservation de cette hypothèque légale, et ses effets, soit contre les créanciers hypothécaires de l'héritier, soit au regard des tiers acquéreurs, seront expliqués au titre des hypothèques.

Le bénéfice de la séparation des patrimoines et le droit d'hypothèque qui y est attaché, appartiennent aux légataires du défunt, aussi bien qu'à ses créanciers proprement dits; mais, en cas de concurrence, ceux-ci seront préférés à ceux-là, par application de la maxime, *nemo liberalis nisi liberatus.* (809, *L.* 6, *ff. de sep.*, 2111.)

Les uns et les autres seront déchus du bénéfice et de l'hypothèque qui en est l'accessoire, s'ils se sont eux-mêmes constitués volontairement créanciers particuliers de l'héritier, par une véritable novation dans leur créance, ou simplement en acceptant de lui, soit un gage, soit une caution. (879, 1271, 1273, 1278. *L.* 1, § 10, 11, *ff. de separat.*)

Sed et si usuras ab eo, eâ mente, quasi eum eligendo, exigerunt, commodum separationis amiserunt. — Quæsitum, si fortè plures sint creditores, quidam secuti hæredem, quidam non, et hi qui hæredem secuti non sunt, impetraverint separationem, an eos secum admittant, qui secuti sunt? Et putem nihil eis prodesse; hos enim cum creditoribus hæredis numerandos. (*Dict. leg.*, § 10, 16.)

Il y aura aussi déchéance partielle, par rapport aux biens qu'il ne serait plus possible de distinguer avec certitude de ceux qui constituaient le patrimoine propre de l'héritier. (*L.* 1, § 12, *ff. de separat.*)

Et afin de prévenir cette confusion de fait, et la déchéance qui en est la conséquence nécessaire, tout créancier fondé en titre exécutoire, ou muni d'une permission spéciale du juge, pourra faire apposer les scellés sur les effets mobiliers de la succession, et requérir l'inventaire. (820. *Proc.*, 930, 941.)

La permission nécessaire au créancier dont le titre n'est point exécutoire, peut être accordée, soit par le président du tribunal de première instance, soit par le juge de paix du canton où le scellé doit être apposé. (*Proc.*, 909, 2°.)

Et lorsque le scellé aura été apposé à la requête d'autres parties intéressées, ainsi qu'on l'expliquera plus tard, tous créanciers pourront y former opposition, encore qu'ils n'aient ni titre exécutoire, ni permission du juge. (821.)

Enfin, le droit de demander la séparation des patrimoines se prescrira par trois ans, du jour de l'ouverture de la succession, quant aux biens purement mobiliers, et par trente ans, quant aux biens ou droits immobiliers; sauf en ce qui concerne l'hypothèque attachée accessoirement à ce bénéfice, l'application des principes spéciaux qui régissent la matière des hypothèques. (880, 2252, 2111, 2113, 2154, 2180.)

Chacun étant libre de contracter de nouvelles dettes, les créanciers particuliers de l'héritier ne seront point admis à demander la séparation des patrimoines contre les créanciers et les légataires de la succession, sauf l'exercice de l'action paulienne, alors que l'héritier débiteur n'aura accepté la succession purement et simplement, que par une collusion frauduleuse avec ces derniers. (881, 1167. *L.* 1, § 2 et 5, ff. *de separat. L.* 3, ff. *quæ in fraud.*)

Licet alicui adjiciendo sibi creditorem, creditoris sui facere conditionem deteriorem.

Les principes exposés sous ce chapitre sont, ainsi que ceux développés dans le précédent, applicables aux successions testamentaires ou contractuelles, aussi bien qu'aux successions déférées par la loi.

CHAPITRE IX.

DES SUCCESSIONS VACANTES.

Une succession est vacante ou jacente lorsqu'il n'existe point d'héritiers réguliers connus, contre lesquels les créanciers puissent diriger leurs actions; ou s'il en existe, lorsque ceux du plus proche degré ont régulièrement répudié cette qualité, et qu'il ne se présente d'ailleurs personne pour réclamer les biens du défunt, soit

comme parent successible à défaut des renon-
çans, soit comme successeur irrégulier, soit
comme légataire universel ou héritier contractuel. (811. — *Proc.*, 998.)

En cas de vacance, toute personne intéressée
pourra se pourvoir devant le tribunal de première instance du lieu où la succession s'est ouverte, pour faire nommer un curateur; et si
personne n'agit, le tribunal en nommera un
d'office sur la réquisition du procureur du roi.
(811, 812.)

S'il arrivait qu'il y eût concurrence entre deux
ou plusieurs curateurs, le premier nommé serait
préféré, sans qu'il fût besoin de jugement.
(*Proc.*, 999.)

Les fonctions du curateur consisteront généralement, sauf les restrictions exprimées dans le
jugement de nomination, d'abord à faire constater par un inventaire l'état de la succession,
si fait n'a été; puis à en exercer les droits ou
poursuivre les actions, et à répondre aux demandes formées contre elle; enfin à l'administrer et à en opérer la liquidation. (813. —
Proc., 1000.)

Que si, y ayant urgence, il avait été nommé
pendant les délais pour faire inventaire et délibérer, ses pouvoirs, jusqu'à l'expiration de ces
délais, seraient activement et passivement limités
aux actes purement conservatoires. (811,
2258, 2ᵉ *al.*)

Le mode d'administration d'une succession
vacante sera du reste le même que celui d'une
succession bénéficiaire. (814. — *Proc.*, 1002.)

Ainsi le curateur pourra faire vendre les
biens meubles et immeubles de la succession, en
procédant dans les formes prescrites à l'héritier
bénéficiaire. (*Proc.*, 1000, 1001.)

Mais, simple administrateur du bien d'autrui, ses pouvoirs ne s'étendront pas à d'autres actes de propriété, tels que le compromis et la transaction. (1988, 1989.)

Bien plus, il sera tenu de faire verser la portion du prix des ventes, non affectée aux créanciers hypothécaires ou privilégiés, comme aussi le montant des créances actives et tout le numéraire de la succession dans la caisse des dépôts et consignations, par qui les dettes seront payées sur une ordonnance du juge. (813. — *L. du 28 avril* 1816, *art.* 110. — *Ordonn. du 3 juillet* 1816, *art.* 13. — *Circul. du 12 messid. an* XIII.)

Par le même motif, il sera responsable, non pas seulement des fautes graves, mais encore des fautes légères qu'il pourra commettre dans son administration. (804, 1137, 1992.)

D'un autre côté, il lui sera alloué dans son compte, un salaire que ne peut, en aucun cas, réclamer l'héritier bénéficiaire.

Il reste à faire observer que bien qu'une succession vacante soit sans curateur, la prescription de ses droits actifs ou passifs n'en courra pas moins contre elle ou en sa faveur, toute personne intéressée pouvant, comme on l'a vu, faire cesser, quand bon lui semble, un semblable état de choses. (2258, 2ᵉ *al.*)

TITRE TROISIÈME.

DU PARTAGE,

EN TANT QU'IL CONSTITUE UN MODE D'ACQUÉRIR ACCESSOIRE AUX DONATIONS ET SUCCESSIONS.

NOTIONS GÉNÉRALES

SUR LA NATURE DU PARTAGE OU DES ACTES QUI EN TIENNENT LIEU, ET SUR L'INALIÉNABILITÉ DE L'ACTION EN PARTAGE.

Le partage est un acte par lequel plusieurs personnes indivisément investies de la propriété ou seulement de la jouissance d'une même chose, ou d'une même universalité de choses, se concèdent respectivement leurs droits indivis sur des portions distinctes de la masse commune, et acquièrent en conséquence chacune divisément la propriété ou la jouissance exclusive d'une de ces portions déterminées.

Ainsi envisagé dans ses caractères essentiels, le partage est un moyen d'acquérir, accessoire au titre qui a produit l'indivision.

Si les choses communes ne pouvaient être divisées en autant de parts qu'il y a de copartageans, sans subir une détérioration ou dépréciation notable, ou que quelques-unes ne pussent commodément entrer dans la composition des lots, alors il y aurait lieu à licitation. (827, 1686.)

Si divisio prædii, *sine cujusquam injuria*, commodé fieri non potuerit.... (L. 1, *C. com. divid.*)

La licitation, considérée comme mode de partage, peut être définie : un acte par lequel les copropriétaires par indivis d'une chose que, pour leur plus grand avantage, il ne convient pas de partager matériellement, la concèdent tout entière à celui d'entre eux qui en fait l'appréciation la plus élevée, à la charge par lui de payer à chacun des cédans une portion du prix correspondante à la quotité de ses droits indivis.

La licitation participe de la nature du partage proprement dit ; et entre les communiers, elle en produit tous les effets. (883.)

L'on ne devra également voir qu'un *mode de partage* dans la vente pure et simple que l'un des communiers aura consentie à l'autre, de toute sa portion indivise ; et généralement dans toute convention qui aura pour objet de faire cesser entre eux l'indivision. (888.)

Le partage est *définitif* ou *provisionnel* ;

Définitif, lorsqu'il fixe irrévocablement la portion divise de chaque communier, et le rend propriétaire incommutable des biens qui s'y trouvent compris ;

Provisionnel, lorsque, dans l'intention des parties, il n'est qu'un partage de jouissance essentiellement temporaire.

Tout partage sera présumé définitif, à moins que le contraire ne résulte de la loi ou de la convention. (818, 840, etc.)

C'est d'ailleurs un principe auquel la loi civile ne permet pas de déroger, *qu'un communier*, à quelque titre qu'il le soit devenu, *ne peut être contraint à demeurer dans l'indivision*, soit quant à la jouissance, soit quant à la propriété, sauf les règles spéciales à la communion de pleine propriété ou de simple jouissance, que doit entraîner une convention de société, ou qui peut résulter soit de l'établissement d'une servitude réciproque, soit de la concession d'un droit d'usage. (815,

1837, 1871, 653, 661, 701, *etc.* — *L.* 19, § 1, ff. *de com. divid.*)

Si duæ ædes unum habeant vestibulum, ex quo ad utrasque pateret aditus, invito altero nec divisio nec licitatio admittenda est; quia iniquum esset, *tàm vilis accessionis nomine*, cogi totas ædes distrahere. (Brunem., *ad l.* 29, § 1, ff. *com. div.*)

Ainsi, le partage définitif d'une chose commune pourra toujours être provoqué, nonobstant toutes conventions ou prohibitions contraires.

Néanmoins l'on pourra convenir et le testateur pourra ordonner que l'action en partage ne sera point exercée pendant un temps limité; mais quel que soit le terme fixé, la convention, comme la prohibition, cessera d'être obligatoire après cinq ans, sauf aux parties intéressées à la renouveler autant de fois qu'elles le jugeront convenable. (815, 2° *al.*)

Le droit de réclamer le partage étant inaliénable, il est par là même imprescriptible.

Ainsi, quelque laps de temps qu'ait duré la possession commune, l'action en partage pourra toujours être utilement intentée.

Mais si, en fait, l'indivision a cessé, que l'un ou l'autre des communiers ait joui séparément à titre de maître unique (*pro suo*), pendant le temps requis pour la prescription, d'une partie plus ou moins considérable des biens communs, cette longue possession *exclusive* fera présumer en sa faveur qu'il y a eu dans l'origine licitation ou partage définitif; et en conséquence l'action ne sera plus admissible. (816, 2229, 2262, 2279.)

Tels sont les principes fondamentaux de la matière: les règles qui vont suivre ont plus particulièrement trait au partage de la masse active et passive des biens d'une personne décédée, entre ses héritiers et autres successeurs à titre universel ; mais, sauf quelques exceptions qu'il sera facile de reconnaître, elles sont également applicables au partage des choses comprises dans un legs à titre particulier ou dans une donation entre-vifs, entre plusieurs légataires ou donataires conjoints.

CHAPITRE PREMIER.

DES PERSONNES QUI ONT ACTIVEMENT OU PASSIVEMENT L'EXERCICE DE L'ACTION EN PARTAGE ; ET DE L'EXCEPTION DE SUBROGATION QUI PEUT ÊTRE OPPOSÉE AU CESSIONNAIRE D'UN COHÉRITIER OU AUTRE CO-SUCCESSEUR A TITRE UNIVERSEL.

ART. 1er *Par qui le partage peut être provoqué ?*

Le partage participant de la nature des actes de cession, celui-là seul pourra le provoquer, qui a la faculté d'aliéner.

Ainsi, le prodigue auquel il a été donné un conseil judiciaire ne pourra faire procéder à un partage définitif, qu'avec l'assistance de ce conseil. (499, 513.)

Ainsi, le tuteur agissant en cette qualité, ne le pourra qu'avec l'autorisation du conseil de famille, alors même que les biens indivis seraient tous d'une nature mobilière ; et le partage, suivant qu'on l'exposera plus tard, devra être fait en justice et homologué par le juge. (817, 465.)

Cependant le mineur émancipé n'aura besoin que du concours de son curateur, les formalités du partage judiciaire auxquelles il est également assujetti, ayant paru une garantie suffisante que ses intérêts ne seront point lésés. (840, 482, 484.)

12*

Ainsi, encore, la femme mariée ne pourra user du droit qu'a tout communier de sortir de l'indivision, sans y être autorisée par son mari ou par le juge, à moins qu'elle ne soit séparée de biens, que la chose à partager ne soit purement mobilière, et que l'opération du partage ne se fasse amiablement. (215, 217, 1449, 1538, 1576.)

De son côté le mari ne pourrait sans le consentement de son épouse, provoquer le partage d'une chose appartenant à celle-ci pour une portion indivise, à moins que cette chose ne dût entrer en toute propriété dans la communauté qui existerait entre les deux époux ; ou qu'elle ne fît partie de la dot constituée à la femme mariée sous le régime dotal. (818, 1401, 1505, 1549.)

Que si d'après les stipulations du contrat de mariage, le mari avait seulement le droit d'en jouir, soit comme chef de la communauté, soit comme usufruitier des biens de la femme simplement non commune, il ne pourrait, en procédant seul, demander qu'un partage provisionnel. (818 *in fin.*, 1404, 1421, 1500, 1531.)

Enfin, en ce qui concerne l'absent, le partage des biens dont il était co-propriétaire par indivis, pourra être provoqué pendant la présomption d'absence, par un curateur ; et depuis la déclaration d'absence, par ceux qui ont obtenu l'envoi en possession, ou par l'époux administrateur légal, qui a opté pour la continuation de la communauté. (817, 2ᵉ *al.*, 112, 134, 120, 124.)

ART. 2. *Contre qui le partage peut être provoqué.*

Ceux-là seuls peuvent répondre à une demande en partage, qui seraient eux-mêmes habiles à la former.

Ainsi, lorsque les biens mobiliers ou immobi-

liers qui appartiennent à la femme, pour une
portion indivise, devront, d'après les stipulations du contrat de mariage, lui demeurer propres, ses communiers ne pourront provoquer un
partage définitif, qu'en la mettant en cause.
(818, 2ᵉ al., 1428, 1549.)

Cependant le tuteur pourra répondre à une action en partage dirigée contre le mineur, sans
s'y faire autoriser par le conseil de famille, dont
l'avis ne saurait être un obstacle à cet acte d'a-
liénation nécessaire. (465, 815.)

ART. 3. *Comment un acquéreur de droits successifs peut être écarté du partage, par l'exception de subrogation.*

Cette exception introduite dans la législation
afin qu'il ne soit pas permis à un homme avide
de ruiner toute une famille, en y portant le
trouble et la division, consiste dans la faculté
d'écarter du partage d'une succession, le cessionnaire de l'un des ayant droits, en lui déclarant que l'on prend son marché, ou, en d'autres
termes, qu'on se substitue en son lieu et place.
(841.)

La loi autorise par là l'exercice d'une sorte de
retrait, qui a reçu la dénomination de *successoral,*
à raison de la chose à laquelle il s'applique.

L'exception de subrogation peut être proposée
soit dans le cours d'une instance en partage, soit
extrajudiciairement par une simple sommation.

Elle est opposable à tout cessionnaire *à titre
onéreux,* qui ne pourrait concourir au partage
en une autre qualité, fût-il d'ailleurs parent du
défunt, et son légataire à titre particulier.

Elle appartient à tout co-successeur à titre universel, mais ne saurait en aucun cas être invoquée par un colégataire ou co-donataire à titre particulier.

Quant à ses effets, elle transfère à celui qui s'en prévaut, tous les droits du cessionnaire, et le soumet aux mêmes charges envers le cédant.

Enfin, elle n'est éteinte que lorsque le partage de la masse a été irrévocablement consommé.

CHAPITRE II.

DU MODE DE CONSTATER LA NATURE ET LA QUOTITÉ DES BIENS COMMUNS; OU DES SCELLÉS ET DE L'INVENTAIRE.

Généralement, la nature et la quotité des biens à partager se trouvent déterminées par le titre même qui a produit l'indivision, si ce n'est toutefois lorsque ces biens consistent dans une universalité de choses telle qu'une succession.

En ce cas, les co-héritiers majeurs et maîtres de leurs droits peuvent, d'un commun accord, prendre la voie qui leur paraîtra la plus convenable pour s'assurer de ce qui compose l'universalité indivise, et empêcher qu'il n'en soit rien distrait à leur préjudice. (819, 1er al.)

Mais si tous ne sont pas présens ou qu'il y ait parmi eux un mineur, un interdit, alors la consistance des biens de la succession doit régulièrement être établie par les scellés et l'inventaire. (819, 2e al.)

Art. 1er. *Des scellés.*

Le scellé est à proprement parler l'application du sceau du magistrat sur des effets mobiliers, afin d'en empêcher le divertissement.

L'apposition des scellés est dans les attributions du juge de paix du lieu, et doit être faite avec un sceau particulier dont l'empreinte est déposée au greffe du tribunal de première instance. (*Proc.*, 907, 908, 910.)

Elle peut être requise sur les biens d'une personne décédée, par tous ceux qui prétendent droit dans sa succession, et, suivant qu'on l'a exposé précédemment, par ses créanciers. (819, 820. *Proc.*, 909.)

Si le prétendant droit ou le créancier était un mineur qui n'eût point de tuteur ou dont le tuteur fût non présent, la réquisition d'apposition de scellés pourrait être faite par un de ses parens; et s'il était émancipé, par lui-même avec ou sans l'assistance de son curateur. (*Proc.*, 910.)

En cas de non présence des héritiers ou de l'un d'eux, l'apposition des scellés pourra être demandée par les personnes qui demeuraient avec le défunt, ou par ses serviteurs et domestiques. (*Proc.*, 909, 3°.)

En outre, c'est un devoir pour l'exécuteur testamentaire de requérir cet acte conservatoire, du moment où il y a des héritiers mineurs, interdits, absens ou non présens, qui ne se trouvent point légalement représentés. (1031.)

Enfin, le scellé sera apposé à la diligence du ministère public, ou sur la déclaration du maire de la commune, et même d'office par le juge de paix, si un héritier *mineur* ou *interdit* étant sans tuteur, ou si un héritier majeur, maître de ses droits, étant absent ou non présent, personne ne se présente pour requérir l'apposition. (819. *Pr.*; 911, 1° et 2°; *L. des* 16-24 *août*, *tit.* 8, *art.* 3.)

Le scellé peut être apposé soit avant soit après l'inhumation, et même pendant le cours de l'inventaire, sur les objets non encore inventoriés. (819. *Proc.*, 913, 923.)

Le procès-verbal du juge de paix doit faire connaître les motifs de l'apposition et la qualité du requérant ; contenir pour lui une élection de domicile dans la commune, s'il n'y demeure ; reproduire analytiquement les dires des parties ; désigner particulièrement les lieux ou les gros meubles sur l'ouverture desquels le scellé a été apposé, ou décrire sommairement les objets non susceptibles de cette application ; énoncer le serment prêté par ceux qui habitent la maison, *qu'ils n'ont rien détourné, vu ni su qu'il ait été rien détourné ;* établir enfin un gardien qui ait les qualités requises. (*Proc.*, 914.)

Toute partie intéressée pourra d'ailleurs former opposition aux scellés, par une déclaration sur le procès-verbal, ou par exploit signifié au greffier du juge de paix.

Quelle qu'en soit la forme, l'acte d'opposition devra contenir, à peine de nullité, une élection de domicile dans l'arrondissement de la justice de paix, et l'énonciation précise de la cause de l'opposition.

Les scellés sont levés par le juge de paix qui les a apposés.

Ceux qui ont par eux-mêmes qualité pour requérir l'apposition, peuvent demander la levée. (*Proc.*, 930, 909, 3°; 910, 2° *al.*, 911.)

La levée ne pourra avoir lieu que trois jours après l'inhumation, ou que trois jours après l'apposition qui aurait été faite depuis l'inhumation, à moins que pour des causes urgentes il n'en soit ordonné autrement par le président du tribunal civil. (*Proc.*, 928.)

Et il n'y sera procédé, si les héritiers ou quelques-uns d'eux sont mineurs, que lorsqu'ils auront été pourvus d'un tuteur, ou émancipés.

Une ordonnance préalable du juge indiquera les jour et heure de l'opération à laquelle seront appelés les opposans par sommation aux domiciles par eux élus. (*Proc.*, 931.)

Seront en outre sommés d'y assister, l'exécuteur testamentaire et les prétendans droits à titre universel qui demeurent dans la distance de cinq myriamètres, s'ils sont connus. (*Proc.*, 931, 3°.)

Enfin, l'on appellera, dans tous les cas, pour les *absens* ou *non présens*, et pour les défaillans, un notaire que nommera d'office le président du tribunal. (*Proc.*, 928, *in fin.*, 931, *penult. al.*, 942.)

Quant au procès-verbal de levée, il énoncera la réquisition, l'ordonnance, la sommation, la reconnaissance des scellés ; et si l'inventaire doit suivre, la nomination des notaires, commissaires-priseurs et experts qui doivent opérer. (931, 1°, 936.)

Car les scellés, quand tous les intéressés sont présens, majeurs et maîtres de leurs droits, peuvent être levés, sans qu'il soit procédé à l'inventaire, cas auquel on dit que la levée a été faite *sans description*.

ART. 2. *De l'inventaire.*

L'inventaire est, en matière de succession, la description des objets mobiliers que possédait le défunt, et la déclaration de ses droits actifs et passifs.

Cet acte est dans les attributions des notaires.

Il peut être requis par ceux qui ont le droit de requérir la levée des scellés. (941.)

Il ne peut être commencé, dans le cas même où il n'aurait pas été précédé des scellés, que trois jours après l'inhumation. (*Proc.*, 928.)

Que si les scellés ont été apposés, il sera fait au fur et à mesure de leur levée, à moins que les intéressés majeurs et maîtres de leurs droits ne soient tombés d'accord d'une levée sans description immédiate. (*Proc.*, 937.)

Dans tous les cas, le notaire doit opérer en présence des mêmes personnes qu'il est indispensable d'appeler à la levée des scellés, en en exceptant toutefois les créanciers et légataires à titre particulier requérans ou opposans. (*Proc.*, 942.)

Outre la déclaration des titres actifs et passifs, et la description des effets mobiliers, avec une estimation à juste prix et sans crue de ceux qui ne portent pas avec eux leur évaluation, l'inventaire doit contenir la désignation de toutes les parties présentes ou appelées, la mention de l'ordonnance qui commet le notaire pour représenter les absens et défaillans, et l'énonciation du serment qui doit être prêté, lors de la clôture de l'acte, par ceux qui habitaient la maison, *qu'ils n'ont rien détourné, vu ni su qu'il ait été rien détourné.* (*Proc.*, 943.)

Il entre encore dans les fonctions du notaire de faire coter les papiers, livres et registres qui ne le sont pas ; de constater leur état, et de les parapher de sa main ; puis de les remettre, s'il y a lieu, à la personne dont les parties conviendront, ou qui sera désignée par le président du tribunal, en faisant du tout mention dans l'inventaire. (*Proc.*, 943, 6° et 9°.)

CHAPITRE III.

DE LA FORMATION DE LA MASSE, ET SPÉCIALEMENT DES RAPPORTS.

La masse à partager ne doit pas seulement se composer des biens originairement communs ; il faut y comprendre les fruits que ces biens ont produits, comme aussi tout ce qui, par droit d'accession, en est devenu une dépendance.

Et à cet effet, ceux des communiers qui les auront administrés, devront régulièrement rendre compte de leur administration, avant qu'il soit procédé à l'opération matérielle du partage, ou composition des lots. (828, 2ᵉ *al.*)

L'action en partage aura en outre pour objet, s'il s'agit d'une succession *ab intestat*, les rapports dont les co-héritiers donataires du défunt sont respectivement tenus l'un envers l'autre, suivant les règles qui vont être exposées.

ART. 1ᵉʳ. *De la nature et du fondement de l'obligation du rapport.*

L'on entend par rapport, en matière de partage de succession, la réunion à la masse commune des dons qui ont été faits par le défunt aux héritiers co-partageans, ou à quelques-uns d'entre eux.

L'obligation du rapport a pour fondement la volonté légalement présumée du donateur, dont la succession s'ouvre *ab intestat*.

Cette présomption légale que le don n'a été fait que sous la condition du rapport, est absolue, c'est-à-dire qu'elle ne peut être détruite par aucune présomption ou preuve contraire, si ce n'est celle résultant de la déclaration faite par le défunt, dans un acte ayant la forme d'une donation entre-vifs ou testamentaire, *qu'il a entendu donner par préciput, ou hors part, ou avec dispense de rapport;* cas auquel l'héritier donataire, tout en venant à partage, sera seulement passible de l'action en réduction, à supposer que la donation entame la réserve. (843, 844, 919.)

L'on peut du reste distinguer deux sortes de rapports, celui des dons entre-vifs, qui est le rapport proprement dit, et celui des legs ou dons à cause de mort, qui consiste en ce que l'héritier *ab intestat*, qui est en même temps légataire, ne peut également cumuler ces deux qualités sans une clause formelle de préciput.

ART. 2. *Par qui et à qui le rapport est dû.*

L'obligation du rapport pèse sur tout co-successeur qui prétend droit à la succession, en vertu des dispositions de la loi, quand même il ne l'aurait acceptée que sous bénéfice d'inventaire, et qu'il aurait fait abandon de sa portion dans les biens, aux créanciers et légataires à titre particulier du défunt. (843.)

Peu importerait aussi qu'il n'eût pas été héritier présomptif lors de la donation; il suffit, comme on l'a déjà exposé ailleurs, qu'il soit successible au moment de l'ouverture de la succession, ou de son chef, ou par droit de représentation, et qu'il prenne en effet la qualité d'héritier. (846.)

Réciproquement le rapport est dû à tout co-successeur *ab intestat*, quand même il appartiendrait à un autre ordre de successibilité ou à une autre ligne de parenté que le successeur donataire ou légataire. (857.)

Ainsi, l'enfant naturel sera soumis au rapport

envers l'héritier régulier, et *vice versâ*; l'ascén-
dant ou le collatéral d'une ligne en sera passible
vis-à-vis l'ascendant ou le collatéral de l'autre
ligne. (760, 908.)

Mais le rapport proprement dit ne peut en aucun cas être demandé par les légataires, même à
titre universel, sauf à former pour le calcul de la
réserve la masse computable d'après les règles
précédemment exposées, dans le cas où le legs
serait de la portion disponible, ou d'une quote-
part de la portion disponible. (857, 922.)

Bien plus, les créanciers du défunt eux-mêmes
ne pourront exiger le rapport des dons entre-
vifs, ni en profiter, si ce n'est comme ayant-
cause de l'héritier à qui il serait dû, dans le cas
d'une acceptation pure et simple. (857, 921.)

Quelqu'absolue que soit la règle du rapport
entre co-héritiers *ab intestat*, l'héritier purement
anomal ne peut l'invoquer, la nature exceptionnelle de ses droits de successibilité en repoussant
l'application.

Et il en sera aussi, en cette qualité, entièrement affranchi, soit à l'égard de l'héritier qui
recueille l'universalité des biens du défunt, soit
à l'égard du co-successeur au même titre que lui.
(747, 351, 352, 766.)

Art. 3. *Quels dons ou legs sont sujets au rapport.*

La présomption légale absolue qui sert de fondement à l'obligation du rapport entre co-héritiers ab intestat, ne doit pas être restreinte aux
donations proprement dites; elle s'applique à tout
acte de libéralité, quels qu'en soient la forme et
l'objet. (843.)

Ainsi, à moins d'une dispense dans la forme
solennelle qui est prescrite par la loi, l'héritier

devra rapporter toutes les sommes qui ont été employées à lui procurer un établissement, quel qu'il soit. (851.)

Cependant, de droit commun, cette obligation ne s'étendra, ni aux frais de nourriture, d'entretien, d'éducation, d'apprentissage ; ni aux frais ordinaires d'équipement ; ni aux cadeaux de noces, et autres présens d'usage, modiques eu égard à la fortune du défunt. (852.)

Il y aura également lieu au rapport des somme payées, *animo donandi*, pour affranchir le successible d'une charge personnelle, ou pour le libérer d'une dette légitime. (851.)

Quant aux dettes qu'il aurait directement contractées envers le défunt, et dont celui-ci ne lui aurait d'ailleurs pas fait remise, il devrait sans contredit les acquitter au terme fixé par la loi ou par la convention ; mais ce paiement ne serait point un rapport entre cohéritiers. (829.)

Seulement, si la dette résultait d'un prêt gratuit, l'héritier débiteur perdrait le bénéfice du terme, qui constituerait en effet, dans ce cas, un avantage indirect.

Enfin le rapport serait encore dû de l'avantage résultant indirectement au successible d'une renonciation faite en sa faveur à des droits acquis, d'un engagement contracté à sa décharge, d'une cession à titre onéreux avec remise de tout ou partie du prix, et de tous autres actes de cette nature. (843, 853.)

Que si un acte passé entre le défunt, et l'un de ses successibles, était, de la part des autres successibles, argué de fraude et présenté comme renfermant une libéralité cachée, alors la question du rapport devrait être décidée par l'application de ce double principe, à savoir :

Qu'un don déguisé sous une forme de contrat mensongère ne doit pas jouir de plus de faveur qu'une donation proprement dite, ou qu'un avantage indirect ostensible;

Mais que l'on ne peut présumer ni fraude, ni simulation, là où les parties auraient pu faire avec la pleine sanction de la loi, ce qu'on suppose qu'elles ont voulu faire pour en rendre les dispositions illusoires.

Et de là il suit que la preuve de la libéralité secrète alléguée ne devrait en aucun cas être admise entre des héritiers collatéraux; et qu'elle ne devrait l'être entre les héritiers réservataires eux-mêmes, qu'autant que l'on pourrait supposer avec quelque vraisemblance que la réserve a été entamée. (1353, 1838, 1840.)

Mais la simulation une fois prouvée, l'avantage indirect non avoué ne sera pas seulement réductible à la quotité disponible; il devra être rapporté en entier, à raison de la présomption établie par la loi. (843, 853.)

Il reste à faire observer que dans ces sortes de questions les successibles qui réclament le rapport sont des tiers auxquels l'on ne pourrait opposer un acte dont la date ne serait pas authentique ou certaine. (854, 1328.)

C'est au surplus un principe fondamental en cette matière, que l'héritier ne peut être tenu de rapporter que ce qui lui a été donné à lui-même.

Ainsi, le père ne devra point le rapport des dons et legs faits à son fils même mineur; ni le fils, si toutefois il succède de son chef, le rapport des dons faits à son père, quand même il aurait accepté la succession de celui-ci; sauf l'action en réduction, si la donation entame la réserve. (847, 848.)

Que si le petit-fils ou le neveu héritier ne venait à la succession que par droit de représentation, alors il devrait rapporter, *outre ce qui lui a été donné à lui-même*, tout ce qu'aurait dû rapporter celui qu'il représente ; et même peu importerait qu'il eût été ou non son héritier. — C'est une exception fondée sur ce que la charge imposée à l'*institué* doit être censée l'avoir été aussi au *substitué*, indépendamment de celles dont ce dernier aurait été personnellement grevé. (846, 848.)

Ainsi, les époux eux-mêmes ne seront point réputés personnes interposées l'un à l'égard de l'autre ; et celui qui est successible ne sera pas tenu de rapporter les dons faits à son conjoint, dans le cas même où, d'après les stipulations du contrat de mariage, il devrait en profiter.

Mais aussi il sera obligé au rapport de la donation qui aura été faite à lui personnellement, quand même il ne devrait rien avoir de la chose donnée, par l'effet de sa renonciation à la communauté où cette chose serait tombée.

Que si les dons et legs avaient été faits conjointement aux deux époux dont l'un seulement est successible, alors le rapport aurait lieu pour moitié. (849.)

Enfin, un autre principe également fondamental et corrélatif à celui dont l'on vient de déduire les conséquences, est que l'héritier ne peut devoir le rapport que de ce qu'il a reçu du défunt lui-même.

Ainsi, le petit-fils donataire de l'*aïeul* ne rapportera point la donation, à la succession du père, héritier du donateur prédécédé.

C'est cette règle qu'a consacrée le Code, en disant que *le rapport ne se fait qu'à la succession du donateur.* (850.)

Art. 4. *Quand le rapport est dû et comment il s'effectue.*

L'ouverture de la succession est l'événement qui réalise l'obligation conditionnelle du rapport.

Et dès-lors, c'est seulement à partir de cette époque que seront dus les fruits ou les intérêts des choses sujettes au rapport. (856.)

Quant au mode d'accomplissement de l'obligation du rapport, la règle générale, et d'ailleurs conforme au droit commun, est que la chose même qui a été donnée et se trouve due par l'événement de la condition, doit être rapportée sans que l'on puisse être tenu ou avoir la faculté de la remplacer par une autre.

De là, cet adage de notre ancien droit coutumier, que l'héritier donataire *est débiteur en essence et espèce de la chose sujette au rapport, lorsqu'elle consiste en un corps certain.*

Mais l'esprit de conciliation et d'équité dans lequel a été conçue la loi des rapports a fait modifier la règle en sens divers.

Et même, par application de cette maxime puisée dans la raison, *que ce qui est avantageux à l'un sans porter dommage à l'autre, constitue un droit et une obligation,* il a été admis en principe que le rapport pourrait, suivant les circonstances, être fait *en moins prenant.* (858.)

Le rapport a lieu *en moins prenant,* quand le cohéritier, auquel il est dû, prélève sur la masse une portion de biens de même valeur que l'objet de la donation, dont l'héritier donataire demeure par là propriétaire irrévocable.

Quand celui-ci se dessaisit au contraire de la chose donnée, de manière qu'il n'y conserve que les mêmes droits indivis qu'il a dans le surplus des biens communs, alors on dit que le rapport est fait *en nature*.

D'une part, l'héritier donataire entre-vifs de *meubles corporels dont il a été mis en jouissance*, ne sera point admis à les rapporter en nature; il est débiteur de leur valeur au temps de la donation, d'après l'état estimatif annexé à l'acte, et à défaut de cet état, d'après une estimation par experts à juste prix. (868.)

En ce cas, comme aussi lorsque la chose donnée sera une somme d'argent, ou soit une créance à terme, soit un capital de rente dont le remboursement aura été fait entre les mains du donataire, le rapport pourra avoir lieu *en moins prenant*, d'abord dans le numéraire de la succession; puis si le numéraire est insuffisant, dans le mobilier; enfin, à défaut de mobilier, dans les immeubles. (868, 869.)

D'autre part, le donataire entre-vifs d'un fonds de terre ou d'une maison, aura la faculté de rapporter, au lieu de la chose, sa valeur au temps de l'ouverture de la succession : 1° s'il l'a aliénée avant cette époque, n'y eût-il pas d'autre immeuble dans la masse à partager;

2° Dans le cas où il ne l'aurait pas aliénée, s'il existe d'autres biens de même nature et bonté dont on pourrait former des lots à peu près égaux pour chacun des autres copartageans.

Et dans cette double hypothèse, le rapport aura lieu en moins prenant dans les immeubles, et en cas d'insuffisance, dans les autres biens, au choix de ceux auxquels le rapport est dû. (830, 2ᵉ *al.*)

Hors de là, le rapport d'un immeuble pourra être exigé en nature. (859, 860.)

Dans tous les cas, il devra être fait état au donataire des impenses qui auront amélioré la chose, eu égard à ce dont sa valeur se trouve augmentée *au temps où le rapport est dû;* sauf ensuite à appliquer les principes qui régissent le quasi contrat de communion pour le temps qui s'écoulera jusqu'au rapport effectif. (861.)

Et les dépenses *nécessaires* que le donataire aura faites soit avant, soit depuis l'ouverture de la succession, pour la conservation de la chose sujette au rapport, devront lui être remboursées intégralement, encore qu'il n'en soit résulté aucune amélioration. (862, 1375.)

De son côté, le donataire devra tenir compte à la masse, des dégradations et détériorations qui proviennent de son fait, ou ont été occasionnées par sa négligence ou son imprudence. (863, 1374.)

De même, lorsque l'immeuble dont le rapport doit être fait *en moins prenant* aura été aliéné, il faudra, pour en estimer la valeur, faire abstraction des améliorations ou des détériorations qui sont du fait de l'acquéreur; comme aussi de l'augmentation ou de la dépréciation qui serait l'effet de circonstances extraordinaires qu'il était impossible de prévoir au moment de l'aliénation. (864, 860, 1150.)

En ce qui concerne les meubles corporels dont le donateur défunt s'était réservé l'usufruit, les créances non remboursées, les capitaux de rente, etc., le rapport restera soumis aux règles du droit commun en matière de paiement.

Art. 5. *Des effets du rapport.*

Le rapport en nature a, dans l'intérêt de ceux auxquels il est dû, tous les effets d'une condition résolutoire accomplie.

Ainsi, le droit de propriété du donataire sera rétroactivement anéanti ; et par là s'évanouiront les hypothèques et les autres droits réels qu'il aura pu conférer sur l'immeuble soumis au rapport. (865, 1135, 2135.)

C'est pourquoi les créanciers hypothécaires et les autres tiers intéressés pourront intervenir au partage, afin d'empêcher que le rapport ne se fasse au préjudice de leurs droits. (865.)

Le donataire perdra également pour l'avenir tout droit à la jouissance de la chose qui doit être rapportée en nature.

Cependant il pourra en retenir la possession jusqu'au remboursement effectif des sommes qui lui seront dues pour améliorations ou impenses nécessaires. (867.)

Art. 6. *Comment cesse et s'éteint l'obligation du rapport.*

D'abord le successible pourra se soustraire à l'obligation du rapport en répudiant la qualité d'héritier ; cas auquel le don ou le legs sera imputable sur la quotité disponible, comme s'il avait été fait à un non successible ; sauf au donateur entre-vifs à faire de la renonciation à sa succession de la part du donataire une condition résolutoire de la donation. (845.)

Et d'après le principe, qu'on ne peut être tenu de rapporter ce qui a été donné à un autre, l'obligation ne passera point passivement aux co-

héritiers de la même ligne ou de la même branche que le renonçant, bien que la portion de
celui-ci dans la succession doive leur accroître.

En second lieu, comme débiteur sous condition, l'héritier donataire sera affranchi du rapport pour le tout ou pour partie, si le corps certain qu'il aurait pu ou dû rapporter en nature, a
péri totalement ou partiellement entre ses mains
avant l'ouverture de la succession, sans qu'il y
ait eu de sa part imprudence ou négligence.
(855, 1182.)

Que si le corps certain, sujet au rapport en
nature, avait péri par cas fortuit entre les mains
d'un tiers acquéreur, l'obligation ne ferait que
changer d'objet; il y aurait subrogation du prix
à la chose; et d'autant mieux que par l'aliénation antérieure à l'ouverture de la succession, le
donataire a cessé d'être débiteur *d'une espèce*.
(1182, 1303, 859.)

Enfin, en vertu de la maxime, que chacun
doit être garant de sa propre faute, l'obligation
du rapport cessera à l'égard de la dot constituée
à une femme dont le mari est tombé en faillite ou
en déconfiture, si d'ailleurs celui-ci était déjà insolvable au temps de la constitution dotale, et
de plus n'avait ni profession, ni métier qui pût
lui tenir lieu de biens. (1382, 1383, 1573.)

Les cohéritiers de la femme aussi imprudem-
ment dotée, ne pourront demander que la cession de ses actions contre le mari dissipateur.
(1573.)

Toutefois, cet affranchissement du rapport ne
s'appliquerait qu'aux dégradations et détériorations commises par le mari, si la dot consistait en
immeubles qui ne pouvaient être aliénés sans le
consentement de la femme.

L'obligation du rapport, quand elle se réalise, est au surplus soumise aux mêmes modes d'extinction que les obligations en général. (1234, *et suiv.* 1302, 1303, 855.)

Et la preuve de la libération pourra aussi se faire par les mêmes moyens, notamment par la prescription qui sera acquise après 30 ans depuis l'ouverture de la succession, sauf les interruptions ou suspensions de droit. (2257, 2262.)

CHAPITRE IV.

MODE ET FORME DU PARTAGE; ET PARTICULIÈREMENT DU PARTAGE JUDICIAIRE.

Et d'abord en ce qui touche les créances et les dettes divisibles que peut comprendre la masse commune, la division qu'en fait activement et passivement la loi même, deviendra pour les communiers qui s'en tiendront là, un véritable partage. (1220.)

Mais ils ne sont point obligés d'adopter comme tel cette division mathématique qui, bien qu'elle ait été établie dans leur intérêt, afin de prévenir des actions en répétition ou en recours de l'un contre l'autre, peut néanmoins leur paraître incommode et désavantageuse par le morcellement qu'elle entraîne.

Ils pourront donc, nonobstant le principe de la divisibilité des obligations, partager les droits et actions auxquels il s'applique, de la même manière que les biens corporels eux-mêmes; sans préjudice toutefois des droits acquis aux tiers débiteurs ou créanciers, ainsi qu'on s'en expliquera plus tard. (832, 872, 1490.)

Cela posé, l'on peut, sous le rapport de la forme et du mode, distinguer deux sortes de partage : le partage *conventionnel* ou *amiable*, et le partage *judiciaire* ou *solennel*, ainsi appelés, l'un parce qu'il se fait de gré à gré et par une convention ordinaire; l'autre, parce que c'est dans l'intervention du juge et dans l'accomplissement de certaines formalités que réside sa force obligatoire.

Si tous les communiers sont présens, majeurs, maîtres de leurs droits, le partage pourra être amiable et conventionnel, c'est-à-dire qu'il pourra être fait de telle manière et par tel acte que les intéressés jugeront convenable, sauf l'application des principes généraux des obligations en matière de preuve. (819, 1325, 1341, 1348.)

Mais si parmi eux il se trouve un absent ou non présent, un mineur, un interdit, ou que tous ne soient pas d'accord d'opérer le partage de telle manière et par tel acte, alors ils ne pourront sortir d'indivision qu'en procédant en justice, ainsi que l'on va l'exposer. (823, 838, 466. — *Proc.*, 984.)

§ 1er. *Devant quel tribunal et comment la demande en partage doit être introduite et instruite ?*

Lorsque la demande en partage aura pour objet l'universalité des biens d'une personne décédée, elle devra être soumise au tribunal de première instance du lieu de l'ouverture de la succession. (822.)

Dans les autres cas, l'on suivra les règles de compétence établies en matière personnelle ou en matière mixte, suivant que les biens à partager seront mobiliers ou immobiliers. (*Proc.*, 59.)

Cette demande devra, comme toute autre demande en justice, être précédée du préliminaire de la conciliation, entre personnes capables de transiger. (*Proc.*, 48, 49.)

Entre deux demandeurs, la poursuite appartiendra à celui qui le premier aura fait viser l'original de son exploit par le greffier du tribunal ; visa qui, à cet effet, sera daté du jour et de l'heure. (*Proc.*, 966, 967.)

S'il y a plusieurs mineurs ou interdits qui aient dans le partage des intérêts opposés, il devra avant tout leur être donné à chacun un tuteur spécial, d'après les règles développées au titre des tutelles. (838. — *Proc.*, 968.)

En prononçant sur la demande en partage, le tribunal commettra, s'il y a lieu, un de ses membres, sur le rapport duquel il jugera sommairement les contestations qui pourront s'élever dans le cours de l'opération relativement à la manière d'y procéder ou de la terminer. (823. — *Proc.*, 969.)

§ 2. *Comment les biens doivent être estimés?*

Le tribunal ordonnera en même temps l'appréciation et estimation des biens qui doivent composer la masse. (*Proc.*, 969.)

Les immeubles seront estimés par trois experts qu'il désignera, si les parties intéressées, ou ceux qui ont l'exercice de leurs actions ne s'entendent pas sur le choix. (824. —*Proc.*, 971, 304 à 306.)

Il en sera de même des meubles, s'il n'y a pas eu de prisée faite dans un inventaire régulier. (825.)

Le procès-verbal des experts devra présenter les bases de l'estimation ; indiquer si l'objet estimé peut-être commodément partagé ; de quelle manière ; enfin fixer, en cas de division, chacune des parts qu'on peut en former, et leur valeur. (824, 2ᵉ *al.*)

§ 3. *Quand et comment les biens doivent être ven-*
dus?

Chacun des copartageans a le droit d'exiger
que les biens soient partagés en nature. (826.)

Mais cette règle admet une double exception.

Et d'abord, les immeubles reconnus impartageables seront, après l'entérinement ou homologation du rapport, vendus *par licitation* avec les
formalités prescrites pour les ventes de biens de
mineurs. (827, 839, 1686, 1687. — *Proc.*, 970,
972.)

Sur quoi il convient de faire observer que lorsque la situation des immeubles aura nécessité
plusieurs expertises, il n'y aura pas lieu à licitation, bien que chaque immeuble ait été déclaré
impartageable, s'il résulte du rapprochement
des rapports que la totalité des immeubles peut se
partager commodément. (*Proc.*, 974.)

En second lieu, les meubles, quoique parta-
geables, seront vendus publiquement en la forme
ordinaire, s'il y a des créanciers *saisissans* ou *opposans*; ou si la majorité des communiers juge la
vente nécessaire pour l'acquit des dettes et charges de la succession. (826.)

La majorité se déterminera par la réunion de
droits indivis excédant la moitié du tout. (*Com.*,
220.)

§ 4. *Comment les droits des parties doivent être*
établis?

Après que les biens auront été estimés et vendus, s'il y a lieu, le juge commissaire renverra
les parties devant un notaire qui doit encore être
délégué d'office par le tribunal, pour présider

aux opérations ultérieures du partage. (828, *Proc.*, 976.)

Généralement cet officier devra d'abord procéder à la formation définitive de la masse, suivant qu'on l'a précédemment expliqué, et à l'établissement des droits respectifs des parties. — Il n'aura pas besoin pour cette liquidation d'être assisté de témoins ou d'un second notaire. (828, 2ᵉ al. — *Proc.*, 976, 977.)

Et s'il s'élève devant lui des difficultés, il en dressera un procès-verbal séparé qu'il déposera au greffe, en renvoyant les parties devant le juge commissaire, qui pourra lui-même les renvoyer à l'audience; cas auquel l'indication par lui faite du jour où elles devront comparaître leur tiendra lieu d'ajournement. (837. — *Proc.*, 977, 2ᵉ et 3ᵉ alin.)

§ 5. *Comment les prélevemens doivent être faits et les lots composés?*

Lorsque les droits des copartageans auront été définitivement liquidés et établis, les prélevemens seront indiqués et les lots composés par un nouvel expert, que nommera d'office le juge commissaire, sur le renvoi du notaire liquidateur. (834. *Proc.*, 978.)

Que si la demande en partage n'avait pour objet qu'un ou plusieurs immeubles sur lesquels les droits des parties auraient été antérieurement liquidés, les experts chargés d'estimer les biens composeraient en même temps les lots d'une manière définitive; seulement, en ce cas, ils devraient nécessairement être nommés d'office par le tribunal, si des mineurs ou interdits se trouvaient intéressés au partage. (466. — *Proc.*, 975.)

Voici du reste les règles qui devront être observées par les experts dans la division matérielle
des biens :

1° Les prélevemens auxquels doit donner lieu
le rapport en moins prenant, se feront autant que
possible en objets de même espèce, qualité et
bonté que les objets non rapportés en nature
(830);

2° Après ces prélevemens qui constituent un
premier partage, le surplus de la masse sera divisé en autant de lots qu'il y a de copartageans,
ou de souches copartageantes. (831.)

Puis, la portion attribuée à chaque souche sera subdivisée en autant de lots qu'il s'y trouve de
têtes (836);

3° Dans ces divisions et subdivisions l'on évi-
tera, s'il se peut, de morceler les héritages ou
les exploitations; et l'on fera entrer dans chaque
lot, s'il se peut aussi, la même quantité de meubles ou d'immeubles corporels, de droits ou de
créances de même nature et valeur. (832.)

Et lorsqu'il sera impossible de composer avec
les biens communs des lots égaux, ou dont la valeur corresponde aux droits indivis de chacun des
copartageans, alors on obligera celui qui obtien-
dra le lot le plus fort, à payer de ses propres deniers, à celui qui aura le lot le plus faible, la
somme nécessaire pour opérer une juste compensation.

C'est ce que l'on a appelé *retour de lots* ou *soulte
de partage*.

La soulte ou le retour pourra d'ailleurs consister, suivant que le demandera la nature des biens
composant le lot qui en est chargé, soit en un
capital exigible, soit en une rente perpétuelle ou
viagère (833);

4° Lorsque l'un des immeubles à partager se

13*

trouvera grevé d'une rente perpétuelle par hypothèque spéciale, il n'en devra pas moins être estimé, comme s'il était libre ; mais il sera fait, sur le prix, déduction du capital de la rente ; et le copartageant qui aura dans son lot l'immeuble hypothéqué, sera exclusivement chargé du service des arrérages, sans préjudice des droits du créancier contre les autres communiers que le premier devra garantir de toutes poursuites, suivant qu'on le dira plus tard.

Toutefois en ce cas, chacun des copartageans pourra exiger que la rente soit remboursée, et l'immeuble rendu libre, avant qu'il soit procédé à la formation des lots. (872.)

Les prélevemens et les lots seront établis par un rapport que recevra et rédigera le notaire liquidateur à la suite des opérations précédentes ; et chaque copartageant sera admis à proposer ses réclamations contre ce rapport. (835. — *Proc.*, 979.)

§ 6. *Comment le partage judiciaire est terminé et exécuté.*

Le tribunal en homologuant ou entérinant, s'il y a lieu, le procès-verbal de partage, ordonnera que les lots seront tirés au sort, soit devant le juge commissaire, soit devant le notaire qu'il aura commis pour la liquidation, ou, si les droits des parties étaient déjà liquidés, qu'il commettra spécialement à cet effet, par le jugement même. (466, 2e al., 834, 2e al. — *Proc.*, 980, 981, 982, 975.)

Que si, à raison de l'inégalité des droits des copartageans et de la valeur respective des fonds dont il convient que chaque lot soit composé, le partage devait être fait par *attribution*, sans tirage au sort, alors il faudrait, par rapport à l'incapable mineur où interdit, remplir les formalités sans lesquelles on ne peut valablement transiger en son nom. (467, 2045.)

Et c'est nécessairement ainsi que l'on devra procéder toutes les fois qu'il y aura un prélevement à exercer par lui ou vis à vis de lui ; car le tirage au sort ne saurait s'appliquer à ce premier partage.

Enfin, après le tirage au sort ou l'homologation du partage par attribution, le juge commissaire ou le notaire fera la délivrance des lots. (466, 2ᵉ al., 1604, 1607. — *Proc.*, 982.)

Il remettra à chacun des copartageans les titres particuliers aux objets qui lui sont échus.

Que si une propriété a été divisée, les titres resteront à celui qui en a la plus grande part, à la charge d'en aider les autres, quand il en sera requis.

Quant aux titres communs à tous les biens ou droits compris au partage, ils seront déposés entre les mains de celui que les copartageans choisiront ; et s'il y a difficulté sur ce choix, le tribunal prononcera. (842.)

Quelle que soit la cause qui ait rendu nécessaire le partage en justice, les frais en seront supportés par la masse, sauf les honoraires du conseil dont l'une ou l'autre des parties jugerait à propos de se faire assister auprès du notaire commis à la liquidation. (*Proc.*, 977.)

§ 7. *Quelles sont les conséquences du défaut d'accomplissement des formalités substantielles du partage judiciaire, alors que les parties ne peuvent sortir définitivement de l'indivision que par cette voie?*

Quand les formalités substantiellement prescrites par la loi auront été remplies, le partage sera définitif et irrévocable, même à l'égard des absens ou non présens, des mineurs ou interdits. (840, 466, 1er al., 1314.)

Sinon, il sera réputé provisionnel et essentiellement temporaire dans l'intention commune des parties (840, 466, 3e al., 1157, 1158);

A moins qu'elles n'aient exprimé en termes formels une volonté contraire; cas auquel il y aura lieu à l'application des principes du droit commun, en matière d'actions en rescision ou en nullité pour cause d'incapacité civile, ou de défaut absolu de pouvoir dans la personne de celui qui a contracté. (1125, 1304 à 1307, 1311, 465, 1997, 1998.)

Au surplus, lorsque tous les copartageans se trouveront majeurs, auront le libre exercice de leurs droits civils, et seront présens ou représentés par un mandataire de leur choix, ils pourront en tout état de cause abandonner les voies judiciaires, ou, sans les abandonner entièrement, s'accorder pour procéder d'une autre manière que ne le prescrit la loi; et le partage n'en sera pas moins définitif. (*Proc.*, 985.)

Ainsi, le tribunal pourra de leur consentement unanime, ne nommer qu'un seul expert, pour l'estimation des biens. (*Proc.*, 971.)

Ainsi encore, ils auront la faculté de désigner eux-mêmes le notaire devant qui la licitation ordonnée aura lieu, celui qui devra procéder à l'établissement de leurs droits respectifs, l'expert qui sera chargé de composer les lots. —Ils pourront même confier ce dernier soin à l'un d'eux. (827, 2e al., 828, 1er al., 834. — *Proc.*, 970, 976, 978.)

§ 8. *Comment on doit procéder au partage entre des successeurs à titre universel dont les droits ne dérivent pas du même titre.*

Les mêmes règles générales qui viennent d'être exposées doivent également déterminer la forme et le mode du partage entre le légataire à titre universel et le successeur ab intestat ; entre le donataire de la quotité disponible et les héritiers de la réserve.

Que si la donation, quelle qu'en fût d'ailleurs la nature et la forme, avait pour objet spécial un immeuble qui excédât la quotité disponible, et ne fût pas susceptible d'être divisé, alors la licitation devrait être ordonnée, comme elle le serait entre tous copropriétaires d'un fonds impartageable. (1686.)

Cependant lorsque la disposition aura été faite avec dispense de rapport, en faveur d'un successible qui prend la qualité d'héritier, il faudra distinguer si la quotité disponible s'étend ou ne s'étend pas à plus de la moitié de la valeur de l'immeuble impartageable, objet de cette libéralité inofficieuse. Dans le premier cas, le donataire successible venant à partage, aura la faculté de retenir l'immeuble en totalité, sauf à imputer l'excédant sur sa portion héréditaire ; et, si cette imputation ne l'absorbe pas, à récompenser ses cohéritiers en argent ou autrement. — Dans le second cas, il devra remettre au contraire l'immeuble en totalité dans la masse, sauf à réclamer ensuite la quotité disponible, par voie de prélevement. (866, 2° al., 844.)

Mais si le retranchement pouvait s'opérer commodément, il n'y aurait plus de distinction à faire, et l'excédant devrait être réuni en nature à la masse, à moins qu'il n'y eût, pour remplir les autres héritiers de leur réserve, des biens de même espèce et bonté ; cas auquel le donataire successible avec dispense de rapport pourrait, outre la quotité disponible, retenir sur les biens donnés la valeur de sa portion héréditaire. (866, 1ᵉʳ *al.*, 924, 859.)

§ 9. *Comment enfin doit être liquidée et établie l'obligation aux dettes de plusieurs héritiers ou successeurs à titre universel à différentes espèces de biens?*

Entre un héritier anomal et les successeurs de l'universalité des biens du défunt, entre un légataire des meubles et un légataire des immeubles, il ne peut être question que de partager le passif ; et ce partage, ainsi qu'on l'a déjà remarqué, est fait par la loi même, à défaut par les intéressés de s'entendre à ce sujet.

Mais ils devront au moins faire déterminer la valeur respective de leurs droits héréditaires actifs, afin de connaître dans quelle proportion chacun d'eux sera tenu de contribuer au paiement des dettes, charges ou legs particuliers de quotité ; et cette évaluation ou ventilation ne pourra encore être faite que suivant les règles renfermées dans ce chapitre.

CHAPITRE V.

DES EFFETS DU PARTAGE.

Le principal effet du partage *provisionnel* est de dispenser les communiers de se rendre respectivement compte des fruits que chacun d'eux aura recueillis, au moment où le partage définitif est demandé, dans la portion de biens dont

la jouissance lui a été temporairement attribuée.
(466 , 840 , 828.)

De plus, le partage provisionnel constituant
les copartageans possesseurs précaires l'un à
l'égard de l'autre , sera par là même un obstacle
absolu à ce qu'aucun d'eux puisse se prévaloir
de la prescription. — C'est un des cas assez nom-
breux de l'application de cette maxime : *Me-
liùs est non habere titulum quàm ostendere vitio-
sum.* (2236 , 2229, 2231 , 2232.)

Quant au partage *définitif,* ses effets seront
différens , suivant qu'on l'opposera aux copartageans eux-mêmes ou à des tiers ; et parmi ces
derniers il est nécessaire de distinguer ceux qui ,
avant le partage , étaient créanciers ou débiteurs de la masse commune , et ceux qui n'ont
jamais été que créanciers particuliers ou ayant-
cause des copartageans.

Art. 1ᵉʳ. *Des effets du partage définitif entre les copartageans, et spécialement de l'obligation de garantie qui en résulte.*

Le premier et principal effet du partage , ou
des actes qui en tiennent lieu , est de rendre
chacun des copartageans propriétaire exclusif des
biens compris en son lot, ou à lui échus sur licitation.

Ces actes considérés en eux-mêmes, n'étant
d'ailleurs autre chose que des échanges ou des
ventes de droits indivis , et ayant par là le caractère d'un contrat commutatif , l'obligation de
garantie en est une suite naturelle.

Les mêmes causes qui donnent lieu à la garantie de droit dans les contrats commutatifs de
vente ou d'échange , feront également naître ici
cette obligation secondaire ; et généralement

aussi elle aura la même étendue et cessera dans les mêmes cas. (884 , 885.)

Cependant comme les copartageans ne sont pas plus en faute les uns que les autres , lorsqu'une chose qui ne leur appartenait pas a été comprise par erreur dans la masse commune, l'étendue de la garantie , pour cause d'éviction , sera toujours déterminée par le préjudice que le copartageant évincé éprouve d'après l'acte de partage même, c'est-à-dire eu égard à la valeur donnée dans cet acte à la chose dont il souffre la perte. (885 , 1er al. , 1630.)

Neuter magis asserit, neuter magis decipit quàm alter; facto vel culpa communi, res evincitur : undè nulla debet esse inter eos obligatio in id quod inter est extrinsecùs. (Mol., de eo quod int., n° 145.)

D'un autre côté , le partage étant un acte nécessaire où l'on doit , moins que dans toute autre convention , supposer aux parties l'intention de bénéficier l'une sur l'autre , les copartageans seront, du moins en ce qui concerne les capitaux de rentes, garans les uns envers les autres , sans qu'il soit besoin de le stipuler , de la perte résultant de l'insolvabilité des débiteurs. — Seulement cette garantie de fait ne pourra être exercée que dans les cinq ans qui suivront le partage. (886 , 1694.)

Et du reste, de même que la garantie de droit ne peut être due qu'à raison des troubles et évictions qui procèdent d'une cause antérieure au partage (car tel est le principe général), de même ici , à moins d'une stipulation contraire , l'insolvabilité du débiteur d'une rente ne donnera pas lieu à la garantie de fait, quand elle ne sera survenue que depuis le partage consommé. (884 , 1er al. , 1626 , 886 , 1695.)

En ce qui touche les capitaux exigibles, les copartageans ne se devront la garantie de fait qu'autant que les débiteurs auront été en faillite ouverte ou en déconfiture au moment même du partage. (1276.)

Enfin, dans tous les cas où la garantie est due, si parmi les copartageans il s'en trouve d'insolvables, la portion de ceux-ci sera répartie proportionnellement sur tous les autres, y compris le *garanti*, comme cela s'observe entre plusieurs codébiteurs solidaires. (885, 2ᵉ *al.*, 1214.)

L'obligation de garantie peut cesser en vertu d'une clause spéciale, rappelant en termes exprès l'espèce d'éviction ou de préjudice que les parties ont entendu excepter de la règle commune, chacune d'elles devant alors être présumée avoir accepté le risque auquel elle peut se trouver exposée. (884, 2ᵉ *al.*, 1629, 2ᵉ *al.*)

Mais l'on ne pourra pas convenir, d'une manière générale, qu'il n'y aura lieu à aucune garantie. (884, 2ᵉ *al.*, 1628, 1629, 1ᵉʳ *al.*)

Lorsque le partage aura été fait en justice, c'est au tribunal qui l'a homologué (c'est-à-dire au tribunal du dernier domicile du défunt, s'il s'agit d'une succession), qu'il appartiendra encore de connaître des demandes en garantie ; sinon, l'on suivra les règles de compétence en matière personnelle. (822, 2ᵉ *al. Proc.*, 59.)

Art. 2. *Des effets du partage, par rapport aux tiers créanciers ou débiteurs de la masse commune, et particulièrement de la contribution aux dettes entre plusieurs cohéritiers ou co-successeurs à titre universel.*

Le partage ne saurait, non plus que tout autre

acte de cession, préjudicier à la libération acquise antérieurement aux débiteurs de la masse ; c'est-à-dire que ceux qui, avant que l'acte de partage leur ait été notifié, se trouveront, par compensation ou autrement, libérés envers l'un des communiers, *héritier, légataire* ou *donataire*, le seront irrévocablement, quant à sa portion dans la créance, quoique cette créance ait été comprise tout entière dans le lot d'un autre héritier, légataire ou donataire. (1691.)

Planè ad oſicium judicis nonnunquàm pertinet ut debita et credita singulis pro solido alia aliis attribuat, quia sæpè et solutio et exactio partium non minima habet incommoda. *Nec tamen scilicet haec attributio efficit, ut quis solus totum debeat, vel totum alieni soli debeatur;* sed ut, sive agendum sit, partìm suo, partìm procuratorio nomine agat; sive cum eo agatur, partìm suo, partìm procuratorio nomine conveniatur. (*L.* 3. ff. *de fam. ercisc.*)

De même le partage ne pourra, dans aucun cas, préjudicier à l'action des créanciers ; car la division légale des dettes ayant été établie pour eux, comme pour les communiers leurs débiteurs, elle ne saurait à leur égard être changée par les conventions particulières de ceux-ci. (1165.)

Il importe donc essentiellement de distinguer comment les copartageans sont tenus entre eux des dettes et autres charges communes ; et comment ils le sont vis-à-vis des créanciers.

Ils seront obligés, l'un envers l'autre, de contribuer au paiement, de la manière dont ils l'auront réglé par l'acte de partage ; et dans le silence de cet acte, proportionnellement à la quotité de leurs droits indivis respectifs ; car alors ils seront censés avoir adopté, quant au passif, le par-

tage de la loi. (870 , 1009, 1012 , 1017 , 1er al. ,
1220 , 1490.)

Ce principe est général, n'admet de droit
commun aucune exception, et s'applique en particulier, dans le sens le plus absolu, aux légataires ou donataires à cause de mort, comme aux
héritiers et autres successeurs *ab intestat*, sauf
les dispositions contraires du testament ou de la
donation.

Seulement, il convient de faire observer que
le cohéritier ou le légataire à titre universel,
qui est en même temps légataire à titre particulier, ne sera point tenu, à raison de ce qu'il
doit prendre dans l'actif en cette dernière qualité, de contribuer au paiement des dettes et
charges. (871.)

En ce qui concerne l'obligation aux dettes vis-
à-vis des créanciers, il faut d'abord considérer
si le rapport des droits respectifs des communiers est établi par la loi même, ou bien s'il
ne l'est que par un acte privé, dont les dispositions ne peuvent être connues des tiers.

Dans le premier cas, les copartageans seront
obligés à l'égard de chaque créancier, comme
ils le sont entre eux, alors qu'ils s'en sont référés
à la loi pour le partage du passif. — Dans le second, ils seront tenus, chacun pour une part
égale, sauf à ceux qui auront par là payé plus
qu'ils ne devaient eu égard à la quotité de leurs
droits indivis, à exercer un recours tel que de
droit contre ceux qui se trouveront avoir moins
payé. (1220 , 1863.)

Ainsi, d'un côté, les héritiers réguliers et les
autres successeurs *ab intestat* devront répondre
à l'action des créanciers et des légataires à titre
particulier, chacun pour une part de la dette ou
du legs, corrélative à la quotité de ses droits

héréditaires ; à l'exception toutefois de l'héritier anomal, qui pourra être poursuivi pour une part égale à celle de l'un des autres héritiers, tant que la ventilation, qui seule peut déterminer l'étendue de son obligation, n'aura pas été notifiée aux créanciers. (873, 351, 747, 766, 1220.)

Ainsi, d'un autre côté, les légataires ou donataires par contrat de mariage, à titre universel, seront, de droit, passibles de l'action des créanciers, chacun pour une part égale ou virile, quelle que soit la différence de leurs droits héréditaires.

Mais ces héritiers testamentaires ou contractuels, continuant la personne civile du défunt, comme l'auraient fait les héritiers de la loi, qu'ils excluent, ils pourront aussi circonscrire dans les limites de leurs droits héréditaires respectifs leur obligation aux dettes vis-à-vis des créanciers, en leur notifiant le testament ou la donation, et, s'il y a lieu, la ventilation qui fixe la part qu'ils doivent chacun supporter dans le passif. (1009, 1012, 1017, 1er *al.*, 1082, 1085, 724, 1006, 770, 1004, 1011, 1010.)

Lorsqu'il y aura tout à la fois des héritiers légitimes ou autres successeurs *ab intestat,* et des légataires ou donataires à titre universel, les premiers seront bien, jusqu'à la délivrance des legs, obligés de payer les dettes au prorata des parts héréditaires dont ils ont été saisis à l'ouverture de la succession ; mais après la délivrance, leur obligation aux dettes vis-à-vis des créanciers subira la même réduction que leurs droits héréditaires, sauf l'application de la maxime : *Nulla est repetitio ab eo qui suum recepit.* (1220, 724, 1004, 1011, 1009, 1012, 1017.)

Si les communiers ne peuvent par le partage,

non plus que par toute autre convention, transporter passivement de l'un à l'autre l'action que
le créancier de la masse a contre chacun d'eux,
ils ne pourront à plus forte raison modifier les
droits d'hypothèque et autres semblables attachés
à sa créance.

Ainsi, les héritiers ou autres successeurs ab
intestat, les légataires ou donataires à titre universel, seront hypothécairement tenus pour le
tout des dettes ou charges de la succession, et des
legs à titre particulier ; soit que l'hypothèque as-
sise sur les biens qu'ils détiennent en vertu du
partage, ait été acquise contre le défunt ou consentie par lui ; soit que cette hypothèque ne soit
autre que celle que la loi accorde aux créanciers
et légataires sur tous les immeubles de la succession comme une conséquence du bénéfice de la
séparation des patrimoines. (873, 1009, 1012,
1017, 2ᵉ *al.*, 2111, 2113.)

Et ils pourront de même être contraints à payer
intégralement l'un pour l'autre les dettes indivisibles, et celles qui sans avoir ce caractère font,
comme les dettes hypothécaires, exception au
principe de la divisibilité des obligations. (1221.)

Du reste, le communier qui, par l'effet de
l'hypothèque ou à raison de la nature de l'obligation, aura payé au-delà de sa part de la dette
commune, n'aura de recours contre ses copartageans que pour la part que chacun d'eux doit
personnellement en supporter, et cela, alors même
qu'il se serait fait subroger *conventionnellement*
aux droits du créancier ; sans préjudice néanmoins des droits du cohéritier qui, par une acceptation à bénéfice d'inventaire, aura conservé
la faculté de réclamer le paiement de sa créance
personnelle, comme tout autre créancier. (875,
1251, 802.)

Que si l'un des copartageans se trouve insolvable, sa part dans la dette hypothécaire ou autre qui ne pouvait être acquittée partiellement, sera répartie sur tous les autres au marc le franc. (876, 885, 1214.)

Art. 3. *Des effets du partage à l'égard des tiers créanciers particuliers ou ayant cause des copartageans.*

Afin d'empêcher qu'un communier ne rende la composition des lots plus difficile, ou la licitation moins avantageuse, ou ne multiplie les causes d'éviction et par suite les actions récursoires, soit en aliénant ses droits dans quelques-uns des biens communs, soit en les affectant hypothécairement à l'acquittement de ses dettes propres, la loi a voulu que, *par rapport aux tiers acquéreurs ou créanciers particuliers des copartageans*, le partage et les actes qui en tiennent lieu fussent considérés non comme translatifs ou attributifs d'une propriété indivise qui reposait sur la tête d'un autre, mais comme simplement déclaratifs d'une propriété exclusive antérieurement acquise.

Divisio vel assignatio posteà inter eos secuta, non videtur esse nova mutatio, nec translatio in aliam manum, sed consolidatio in unum ex his, quæ (consolidatio) inter eos quibus res est communis, permittitur. (*Mol.*)

Ainsi, chaque cohéritier ou co-successeur à titre universel aura succédé seul et immédiatement à tous les biens meubles ou immeubles, corporels ou incorporels compris en son lot, ou à lui échus sur licitation; et ses droits de propriété dans les autres biens de la succession se seront évanouis comme par l'événement d'une condition résolutoire; il sera censé, dit la loi, *n'y en avoir jamais eu*. (883, 832.)

Pareillement, lorsqu'une chose aura été donnée à plusieurs indivisément par acte entre-vifs ou testamentaire, chacun sera considéré, après le partage, comme ayant été donataire ou légataire de tout ce que cet acte lui attribue, quand même il y aurait soulte; et bien plus, en cas de licitation, le communier adjudicataire sera censé avoir été seul donataire ou légataire; car la fiction doit s'étendre jusque-là.

Et comme avec cette fiction il peut arriver que les tiers créanciers ou acquéreurs des co-partageans soient entièrement évincés de leurs droits par le partage ou la licitation, ils auront la faculté d'y intervenir à leurs frais, et même ils devront y être appelés, lorsqu'ils se seront opposés à ce qu'on y procède hors de leur présence par une sommation extrajudiciaire signifiée aux copartageans. (882.)

Au surplus, ce principe que *le partage ou l'acte qui en tient lieu n'est point un titre d'acquisition, mais un acte purement déterminatif des choses dont chaque communier a toujours eu la propriété exclusive*, étant exorbitant du droit commun, l'on doit en restreindre l'application aux cas pour lesquels il a été spécialement établi.

Ainsi, l'on pourra bien l'invoquer contre celui auquel un communier aura cédé sa portion dans une créance même divisible, mais non contre le débiteur lui-même qui aurait acquis sa libération, en se conformant aux principes qui régissent les obligations divisibles ou indivisibles. (883, 832, 1220, 1224.)

Ainsi encore, les droits de mutation seront dus, au taux fixé pour les ventes, sur les soultes en rentes ou en argent, et sur le prix de la licitation, déduction faite de la part du communier adjudicataire. (*L. du 22 frimaire an 7 , art. 69 ,* § 5 , *n*ᵒˢ 6 *et* 7 ; § 7, *n*ᵒˢ 4 *et* 5.)

Cependant lorsque le partage aura été fait *sans soulte* , il ne sera dû aucun droit proportionnel de mutation, bien qu'en réalité il y ait échange de droits indivis, et même vente, si les créances actives et l'argent comptant, faisant partie de la masse, n'ont point été également répartis sur tous les lots. — Il importerait même peu qu'un lot fût entièrement composé de biens immeubles par nature, tandis qu'il ne se trouverait dans l'autre que de l'argent. (*Même loi, art.* 68, § 3, *n*ᵒ 2. *Proc.*, 976, 2ᵉ *al.*)

CHAPITRE VI.

DE LA RESCISION OU RÉVOCATION DU PARTAGE.

Un partage peut, ainsi qu'un contrat ordinaire, être rescindé ou annullé, à raison d'un vice radical dans le consentement, ou du défaut de cause.

Il peut en outre être révoqué sur la demande et dans l'intérêt d'un créancier au préjudice duquel il aurait été fait.

ART. 1ᵉʳ *De la rescision ou nullité du partage entre les copartageans.*

§ 1ᵉʳ. *Pour quelles causes un partage peut-il être rescindé?*

Le partage, quelle qu'en soit d'ailleurs la forme, pourra d'abord être rescindé si le consentement de l'une des parties a été vicié par l'erreur, la violence ou la fraude; et cette première cause de rescision sera entièrement régie par les principes du droit commun.

Ainsi, l'erreur ne pourra isolément servir de fondement à l'action qu'autant qu'elle aura été substantielle ; que, par exemple, elle aura porté sur la quotité des droits respectifs des copartageans, ou sur l'existence même des biens compris dans le lot de l'un d'eux. (887, 1er al., 1110, 1601.)

Et dès-lors, si un objet commun n'avait point été compris dans la masse partageable, cette omission, quelqu'influence qu'elle ait pu avoir sur la composition des lots, ne saurait seule et par elle-même donner lieu qu'à un partage supplémentaire. (887, 2e al.)

Ainsi encore la rescision pour cause de dol ne pourra être demandée que contre les copartageans auteurs ou complices des manœuvres frauduleuses ; sauf à les rendre en outre responsables du préjudice résultant au demandeur, de ce que le partage serait maintenu à l'égard des autres copartageans. (887, 1116, 1382, 1383.)

Pareillement, lorsqu'un mineur aura lui-même souscrit un partage amiable déclaré définitif, sous la condition tacite de sa ratification postérieure, il pourra, pour peu qu'il soit lésé, en demander la rescision à raison de son incapacité civile. (840, 1125, 1305, 1306.)

En outre, le partage étant de tous les contrats le plus essentiellement commutatif, celui où l'on doit le plus supposer à chaque partie l'intention de recevoir autant qu'elle donne, il pourra encore être rescindé, par cela seul que l'un des copartageans mineur ou majeur se trouve lésé par la composition des lots ; et il suffira, pour donner ouverture à l'action, que la lésion soit de plus du quart, eu égard à la valeur totale des biens compris au partage, suivant l'état dans lequel ils ont dû y figurer, et en se reportant, pour en faire une nouvelle estimation, à l'époque où cet acte a été consommé. (887, 2ᵉ al., 1674, 890, 1675, 861 à 864.)

Peu importe d'ailleurs, pour l'application de ce principe exceptionnel, la qualification donnée au partage ; un acte de vente, d'échange, celui-là même qui renfermerait une transaction *sur des contestations étrangères au fond du droit*, constituant toujours un véritable partage, lorsqu'il est le premier acte qui fait cesser l'indivision. (888, 1674, 1706, 2052, 1156.)

Mais l'action en rescision ne serait point admissible contre une transaction qui, portant par exemple sur la qualité de successible ou de légataire de l'un des cohéritiers ou colégataires, lui attribuerait certains biens pour tous droits héréditaires.

A plus forte raison ne pourra-t-on, après le partage ou l'acte qui en tient lieu, faire rescinder pour cause de lésion une transaction intervenue sur les difficultés réelles que présentait le premier acte ; même quand il n'y aurait pas eu à ce sujet de procès commencé. (888, 2ᵉ al., 2044.)

Bien plus, lorsqu'avant qu'une succession ait été liquidée, et que les forces en soient connues, un cohéritier achète de bonne foi, à ses risques et périls, les droits successifs de son cohéritier, cet acte, quoique faisant par le fait cesser l'indivision, ne sera pas susceptible d'être rescindé pour cause de lésion, parce que les caractères du contrat aléatoire y prédominent. (889.)

§ 2. Où la demande en rescision doit être portée ?

La demande en rescision devra, aussi bien que la demande en garantie, être portée devant les juges qui auront homologué le partage fait en justice. — Dans le cas d'un partage conventionnel, l'on en saisira le tribunal du lieu du domicile du défendeur ou de l'un des défendeurs. (822. *Proc.*, 59.)

§ 3. *Quelles sont les conséquences de la rescision du partage ?*

La rescision du partage étant prononcée, les droits de propriété exclusive et de possession du défendeur, sur les biens compris en son lot, se trouveront résolus dans leur principe, et il devra être procédé à un nouveau partage entre lui et le demandeur.

Cependant, lorsque la lésion sera le seul vice du premier, le défendeur pourra empêcher ce nouveau partage, en offrant au demandeur, avant le jugement définitif, et en lui fournissant en effet le supplément entier de sa portion, soit en nature, soit en rente ou en argent, suivant que le décidera le juge, en cas de contestation. (891, 1681.)

§ 4. *Comment la demande en rescision peut être écartée.*

Par application des principes généraux exposés au titre des obligations, la demande en rescision ne sera point recevable de la part du copartageant qui aura approuvé le partage, soit expressément ou tacitement, soit en laissant passer le temps de la restitution fixé par la loi. (1115, 1304.)

C'est ainsi, par exemple, que la prise de possession des biens compris en son lot, par celui dont le consentement a été extorqué par violence ou surpris par dol, et à plus forte raison l'aliénation par lui consentie de tout ou partie de ces mêmes biens, vaudra ratification, si toutefois la prise de possession ou l'aliénation a été postérieure à la cessation de la violence ou à la découverte du dol. (892, 1338, 1304.)

Mais, d'une part, l'exécution donnée au partage, ni même un acte d'aliénation, à quelque époque que l'un ou l'autre ait eu lieu, ne suffira pour couvrir la nullité résultant de la lésion. (892, 1681.)

Et, d'un autre côté, en ce qui touche cette même cause de rescision, la prescription de dix ans, qui fait supposer la ratification, devra, si son cours n'a d'ailleurs été suspendu par une autre cause (par exemple, la minorité du lésé), être toujours calculée, du jour même du partage, sans que le demandeur puisse être admis à prouver qu'il n'a connu que plus tard l'inégalité des lots. (1304, 1676.)

Art. 2. *De la révocation du partage par rapport aux créanciers et ayant-cause des copartageans.*

Les créanciers ou ayant-cause de l'un des copartageans pourront d'abord agir comme subrogés judiciairement à l'exercice de ses actions. (1166.)

Ils pourront ensuite, en leur nom personnel, attaquer le partage, comme étant à leur égard entaché de dol et de simulation, et en faire prononcer la révocation dans leur intérêt, en prouvant la complicité des autres copartageans à la fraude pratiquée contre eux. (1167, 788, 2° *al.*)

Mais, ce qui forme un droit spécial, un partage, quoique sincère et juste en lui-même, pourra encore être révoqué sur la demande du créancier *opposant* qui n'y a pas été présent, ou n'y a pas été dûment appelé, par cela seul qu'il se trouvera préjudiciable à ce créancier, à raison de la composition des lots ou de leur attribution à tel ou tel des copartageans. (882.)

APPENDICE AU TITRE III.

DES PARTAGES QUE LES PÈRE ET MÈRE OU AUTRES ASCENDANS SONT AUTORISÉS A FAIRE ENTRE LEURS ENFANS OU DESCENDANS.

Celui qui a la libre disposition de tous ses biens est par là même investi du droit d'en faire le partage entre ses héritiers *ab intestat*, par un acte en forme de donation entre-vifs ou testamentaire : c'est une conséquence nécessaire de ces deux maximes ; *Qui non adimit quod adimere potest, illud idem tacitè dare videtur; unicuique licet quem voluerit modum imponere liberalitati suæ* ; sur le fondement desquelles on peut grever ses héritiers *ab intestat* des mêmes charges que des héritiers testamentaires.

Eorum fidei committi potest, ad quos aliquid perventurum est morte testatoris, vel dum eis datur, vel dum eis non adimitur. (*L.* 1 , § 5 , ff. *ad senat. Treb.*)

La loi est allée plus loin en faveur des père et mère ou autres ascendans ; elle leur confère le droit de partager entre leurs enfans ou descendans, non seulement la quotité disponible, mais encore cette portion de leur patrimoine qu'il leur est interdit d'entamer par aucune disposition à titre gratuit , c'est-à-dire la réserve légale. (1075.)

Parentibus arbitrium dividendæ hæreditatis inter liberos adimendum non est. (*L.* 8 , c. *de inoff. test.*)

— C'est dans l'acte de partage que le père de famille peut réparer entre ses enfans, les inégalités naturelles ou accidentelles, combiner et réaliser la répartition de ses biens la plus propre à assurer leur bien-être, et la plus équitable. (*Big. Préam.*)

Quoique, dans l'esprit du Code civil, ce partage ne soit point un moyen d'établir des avantages entre enfans, il devra néanmoins être fait dans les mêmes formes, d'après les mêmes règles et avec les mêmes conditions que celles qui sont prescrites pour les donations entre-vifs ou pour les testamens. (1076, 1er *al.*)

Et de là il suit, que s'il est fait par acte entre-vifs, il ne pourra avoir pour objet que les biens présens. (1076, 2e *al.*, 943.)

Les père et mère devront d'ailleurs, dans cet acte de magistrature domestique, se conformer pour la composition des lots, aux mêmes règles générales qui doivent être observées dans les partages judiciaires. — Sinon le partage ne sera point obligatoire pour les enfans ou descendans qui ne l'auront point accepté. (827, 1er *al.*, 830, 831, 832, 833, 836.)

Legitima adscribenda in corporibus hœreditariis, non in pecuniâ aut aliâ specie quàm hereditariâ..... (*Pap.*) Tamen hoc jure utimur, ut parentes possint portionem uni vel pluribus assignare in nummis exsolvendis ab aliis quibus hœredia relinquuntur, *quasi benignâ licitatione a parentibus factâ,*.......... propter difficultatem divisionis corporum hœreditariorum. (*J. Decull.*)

Le partage entre-vifs ou testamentaire de l'ascendant aura les mêmes effets ; et il pourra être rescindé pour les mêmes causes qu'un partage ordinaire.

Si donc les père et mère ont erré sur la quotité des droits respectifs de leurs enfans ou descendans; que, par exemple, sans faire aucune disposition à titre de préciput, ils aient partagé leur succession par tiers, entre un fils survivant et deux enfans d'un fils prédécédé, le partage sera nul, comme entaché d'erreur substantielle.

Il le sera à plus forte raison s'il n'a pas été fait entre tous les enfans ou descendans nés d'enfans prédécédés, qui existeront à l'époque du décès. — Un nouveau partage pourra alors être provoqué dans la forme légale par ceux-là même qui auraient part dans le premier. (1078.)

Ex quibus liberis, aliquo præterito, facta divisio prorsùs corruit, etiamsi præteritus non conqueratur, dummodò instet alius. (*Duret* et *Semin,* sur *Cout. de Bourb.,* art. 216.

Mais aussi le partage n'en serait pas moins valable, si l'ascendant n'y avait pas compris tous ses biens. — Ceux qu'il aura omis d'y faire figurer, de même que ceux qu'il aura acquis postérieurement, seront partagés conformément à la loi. (1077, 887, 2ᵉ *al.*)

Pareillement, le partage fait par l'ascendant pourra être attaqué pour cause de lésion de plus du quart, quand même l'enfant qui se trouve ainsi lésé aurait encore plus que sa réserve. (1079.)

En outre, lorsqu'il existera des dispositions à titre de préciput, soit dans l'acte de partage même, soit dans un autre acte de donation, le partage inégal pourra également être attaqué, quoique la lésion soit moindre du quart, si l'avantage résultant de cette lésion, réuni aux donations hors part, excède la quotité disponible. — Le partage prend alors lui-même le caractère d'une libéralité déguisée. Il importerait même peu, s'il y a plus de deux enfans, que le don eût

été fait à un autre que celui qui profite de la lésion. (1079.)

Et comme la quotité disponible ne saurait être
liquidée que lorsque la succession du donateur
est ouverte, la demande en rescision, dans la
seconde hypothèse, ne serait point recevable du
vivant de l'ascendant auteur du partage; et
par suite, la prescription qui fait présumer la
ratification, ne pourrait courir que du jour de
son décès.

Dans l'un et l'autre cas, l'enfant qui réclame
comme lésé, devra faire l'avance des frais d'estimation; et si sa réclamation n'est point fondée,
il les supportera en définitif, ainsi que les frais
de la contestation. (1080. — *Proc.*, 130, 131.)

Il reste à faire observer que lorsqu'un partage d'ascendant aura été rescindé pour l'une
des causes dont on vient de parler, les dispositions par préciput, qu'il renferme, n'en devront
pas moins être maintenues jusqu'à concurrence
de la quotité disponible, si l'acte est d'ailleurs
valable, comme donation, au fond et à la forme.

FIN DU SECOND CAHIER.

Contraste insuffisant

NF Z 43-120-14

www.ingramcontent.com/pod-product-compliance
Lightning Source LLC
Chambersburg PA
CBHW060409200326
41518CB00009B/1300